Israel

UMA NAÇÃO FASCINANTE
E INCOMPREENDIDA

Noa Tishby

Israel

UMA NAÇÃO FASCINANTE E INCOMPREENDIDA

Tradução
Margarida Goldsztajn

editora contexto

Publicado em acordo com a editora do original, Free Press, parte da Simon & Schuster, Inc.

Foto de capa
Vanessa Pinsky

Montagem de capa e diagramação
Gustavo S. Vilas Boas

Preparação de textos
Lilian Aquino

Revisão
Bia Mendes

Dados Internacionais de Catalogação na Publicação (CIP)

Tishby, Noa
Israel : uma nação fascinante e incompreendida / Noa Tishby ;
tradução de Margarida Goldsztajn. –
São Paulo : Contexto, 2022.
352 p.

ISBN 978-65-5541-154-6
Título original: Israel: a simple guide to the most misunderstood country on Earth

1. Israel – História I. Título II. Goldsztajn, Margarida

22-4982 CDD 915.694

Angélica Ilacqua – Bibliotecária – CRB-8/7057

Índice para catálogo sistemático:
1. Israel – História

2022

Editora Contexto
Diretor editorial: *Jaime Pinsky*

Rua Dr. José Elias, 520 – Alto da Lapa
05083-030 – São Paulo – SP
PABX: (11) 3832 5838
contato@editoracontexto.com.br
www.editoracontexto.com.br

Para Ari

Sumário

PARTE III

SEJA

MAPA 1

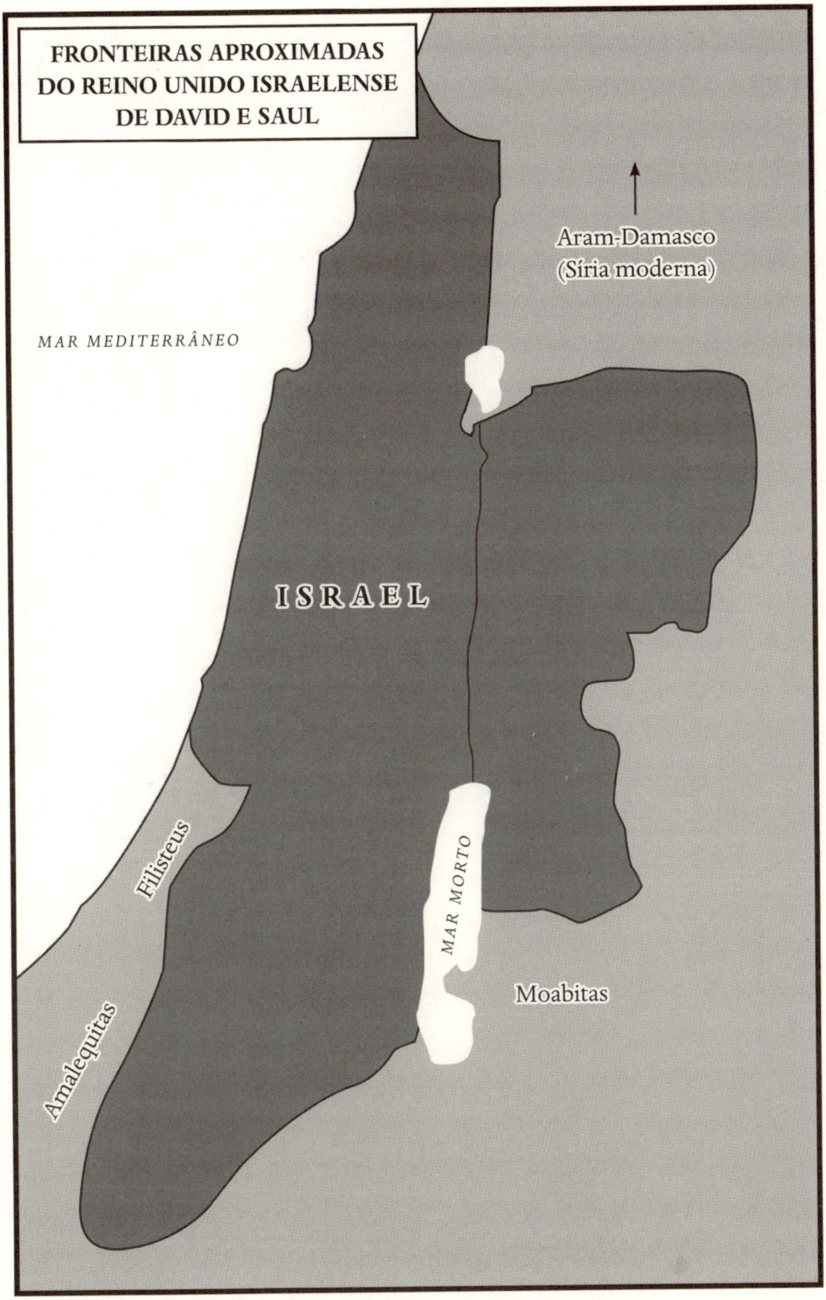
FRONTEIRAS APROXIMADAS
DO REINO UNIDO ISRAELENSE
DE DAVID E SAUL
Aram-Damasco
(Síria moderna)
MAR MEDITERRÂNEO
ISRAEL
Filisteus
MAR MORTO
Moabitas
Amalequitas

MAPA 2

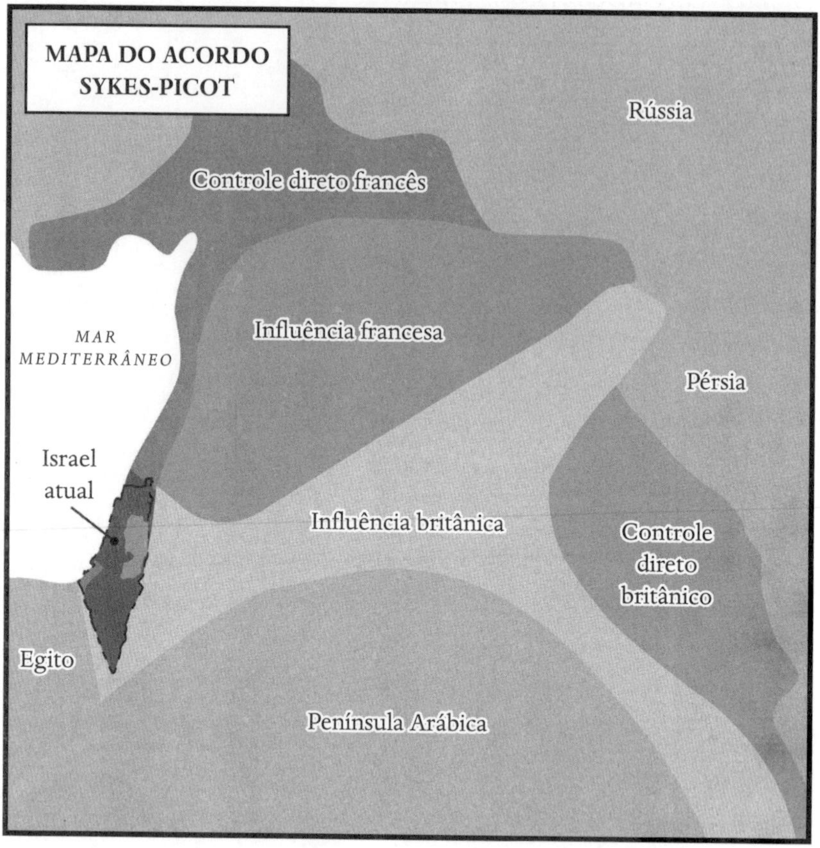
MAPA DO ACORDO SYKES-PICOT
Rússia
Controle direto francês
Influência francesa
MAR MEDITERRÂNEO
Pérsia
Israel atual
Influência britânica
Controle direto britânico
Egito
Península Arábica

MAPA 3

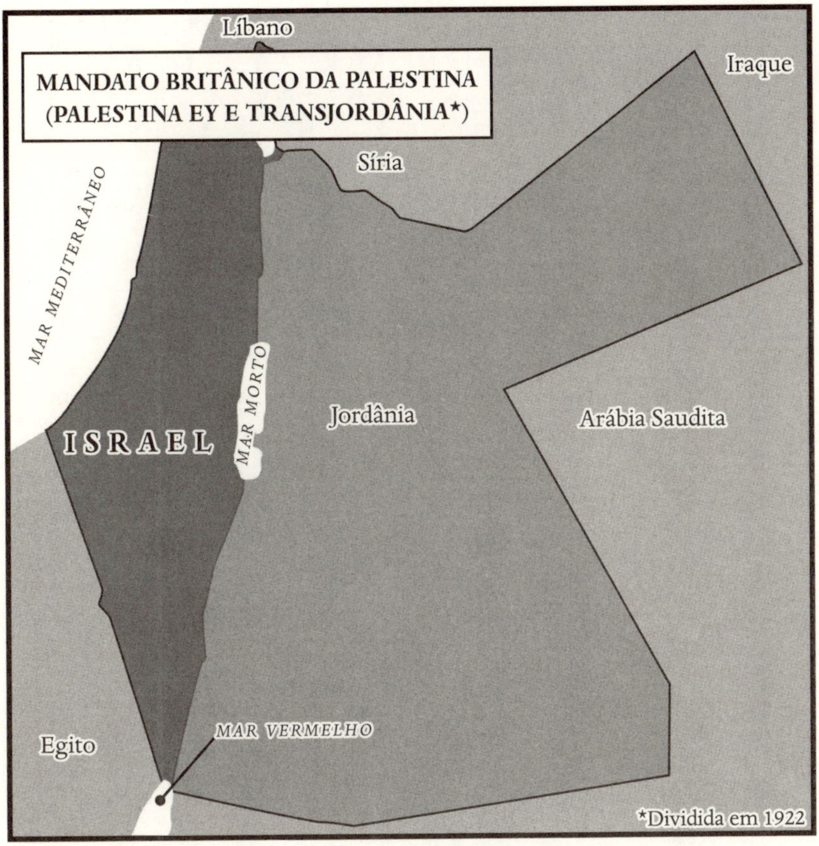
MANDATO BRITÂNICO DA PALESTINA
(PALESTINA EY E TRANSJORDÂNIA*)
Líbano
Iraque
Síria
MAR MEDITERRÂNEO
MAR MORTO
Jordânia
Arábia Saudita
ISRAEL
Egito
MAR VERMELHO
*Dividida em 1922

MAPA 4

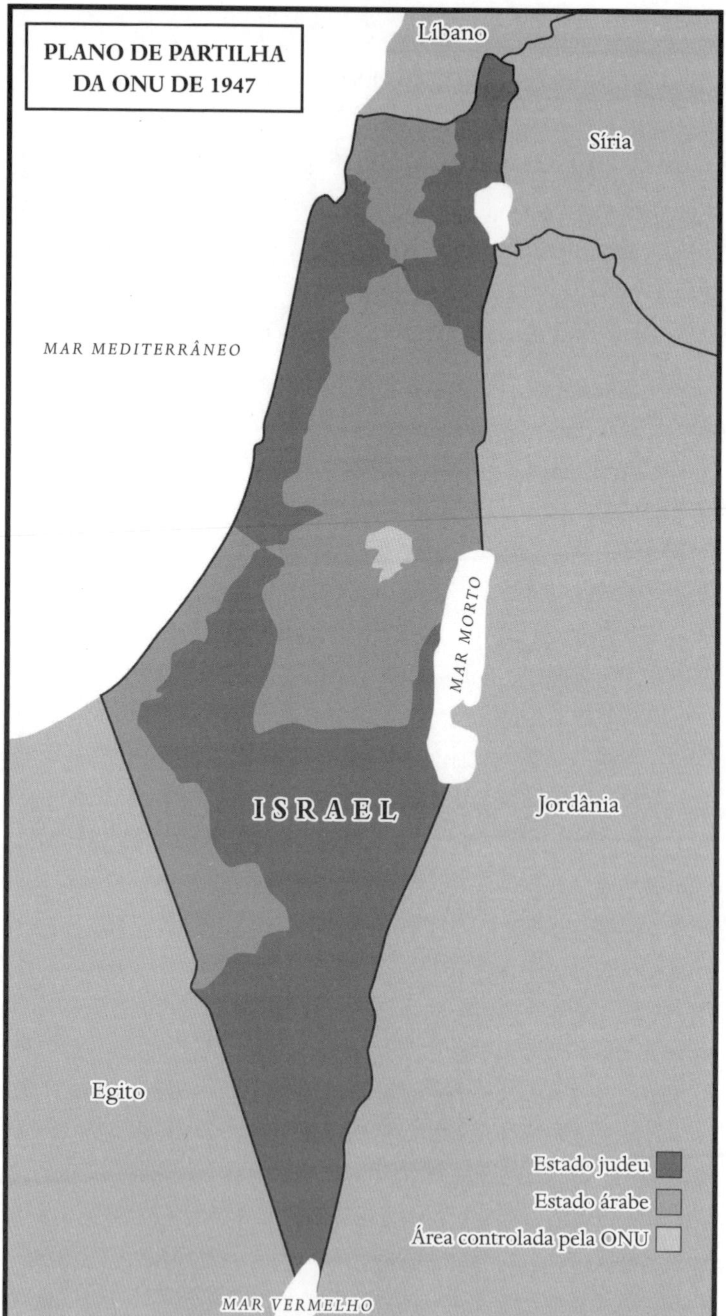
PLANO DE PARTILHA
DA ONU DE 1947
Líbano
Síria
MAR MEDITERRÂNEO
MAR MORTO
ISRAEL
Jordânia
Egito
Estado judeu
Estado árabe
Área controlada pela ONU
MAR VERMELHO

MAPA 5

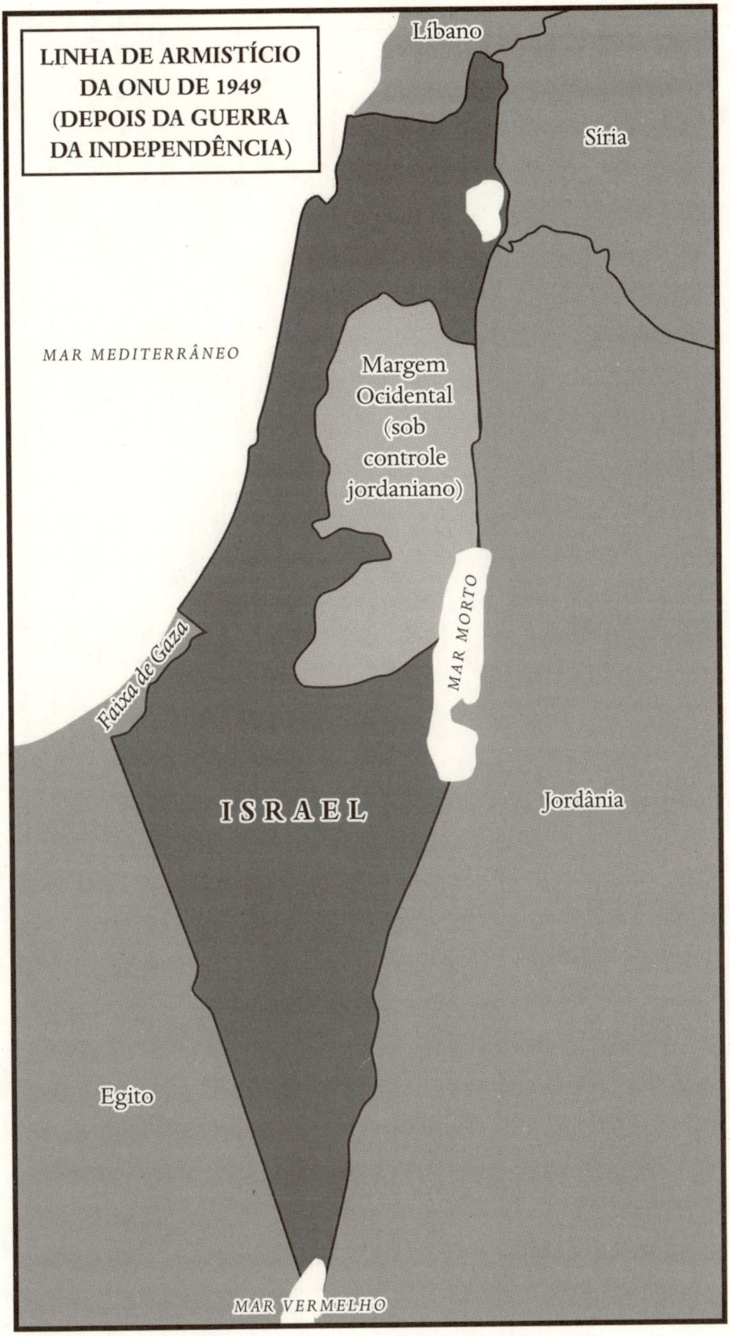
LINHA DE ARMISTÍCIO
DA ONU DE 1949
(DEPOIS DA GUERRA
DA INDEPENDÊNCIA)
Líbano
Síria
MAR MEDITERRÂNEO
Margem
Ocidental
(sob
controle
jordaniano)
MAR MORTO
Faixa de Gaza
ISRAEL
Jordânia
Egito
MAR VERMELHO

MAPA 6

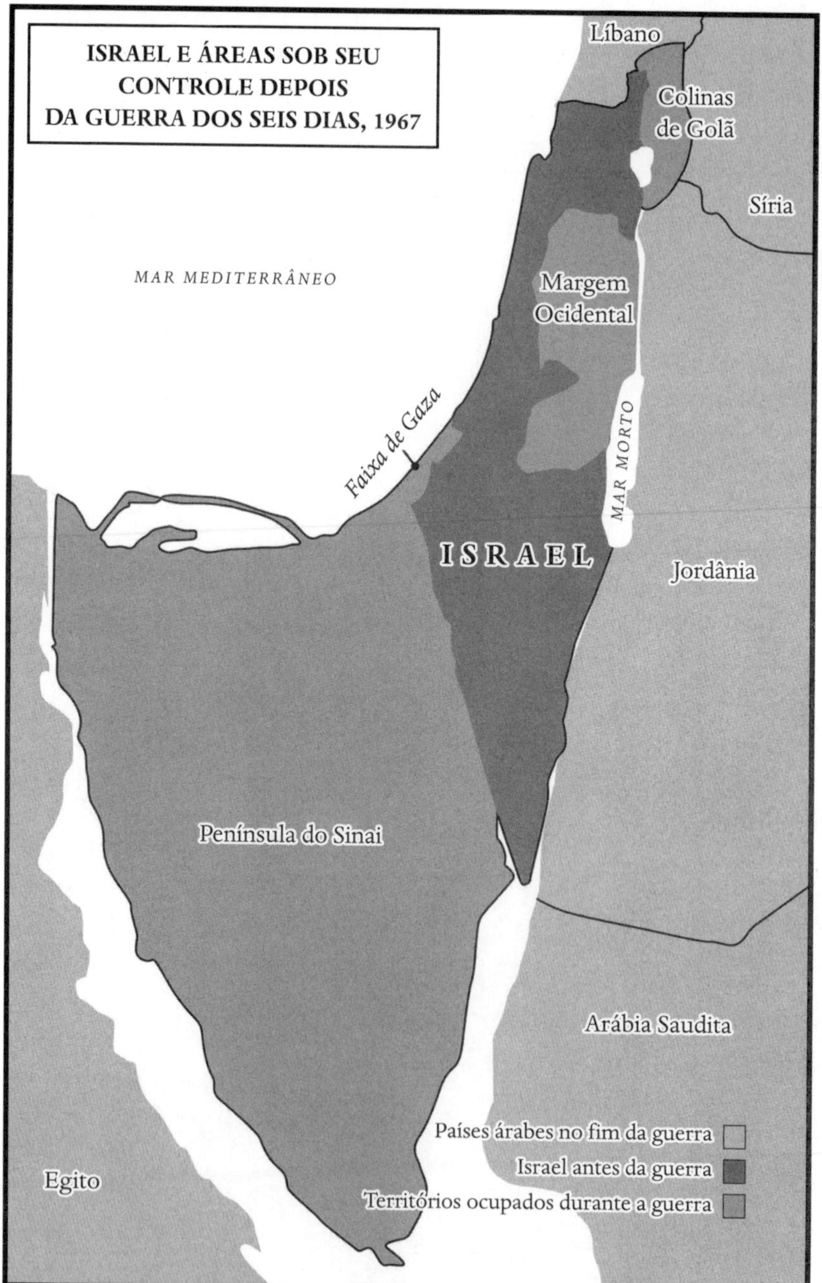
ISRAEL E ÁREAS SOB SEU
CONTROLE DEPOIS
DA GUERRA DOS SEIS DIAS, 1967
Líbano
Colinas
de Golã
Síria
MAR MEDITERRÂNEO
Margem
Ocidental
Faixa de Gaza
MAR MORTO
ISRAEL
Jordânia
Península do Sinai
Arábia Saudita
Países árabes no fim da guerra
Israel antes da guerra
Territórios ocupados durante a guerra
Egito

MAPA 7

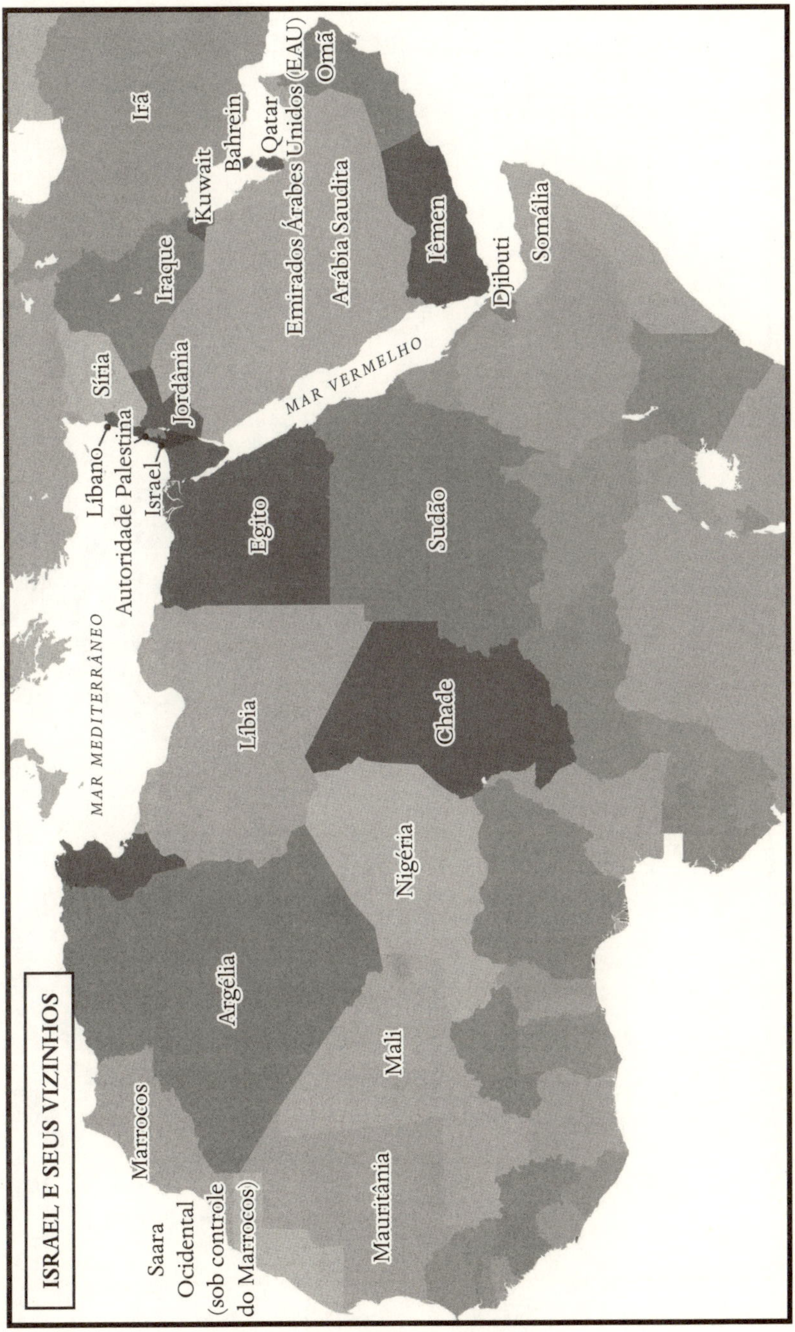
ISRAEL E SEUS VIZINHOS
Irã
Iraque
Kuwait
Bahrein
Qatar
Emirados Árabes Unidos (EAU)
Omã
Arábia Saudita
Iêmen
Djibuti
Somália
Síria
Jordânia
Líbano
Autoridade Palestina
Israel
MAR VERMELHO
Egito
Sudão
MAR MEDITERRÂNEO
Líbia
Chade
Nigéria
Argélia
Mali
Marrocos
Mauritânia
Saara
Ocidental
(sob controle
do Marrocos)

PARTE I

Sonhe

Uma breve história da minha vida e por que você pode confiar em mim

MUITO PODER TRAZ GRANDES... VOCÊ SABE O RESTO

Leva um segundo para uma pessoa perceber que sua vida mudou para sempre. Enquanto eu estava ali parada, uma soldada de 19 anos das forças militares israelenses, de costas para a parede, nervosa e suada, me dei conta de que era isso aí. Minha vida nunca mais seria a mesma.

A noite tinha realmente começado bastante fria. Era o aniversário de 12 anos da minha irmã mais nova, e meu pai, meu meio-irmão e eu iríamos levá-la junto com suas amigas para patinar no gelo e depois comer no McDonald's do shopping. Eu não estava em estado de alerta.

Um shopping não parecia algo ameaçador ou problemático. Era apenas o aniversário da minha irmã – e isso iria mudar a minha vida.

Antes de avançarmos, vamos dar um passo atrás. Meu nome é Noa Tishby e nasci em Israel. Fui criada nos subúrbios de Tel Aviv, em uma família de classe média politicamente ativa, que pode traçar sua linhagem desde a criação do Estado. Minha avó foi uma das fundadoras do primeiro *kibutz* (uma fazenda coletiva; falo mais sobre isso depois) em Israel, meu bisavô criou o Ministério da Indústria e Comércio e meu avô foi o primeiro embaixador de Israel nos países da África Ocidental e serviu como membro da delegação israelense nas Nações Unidas.

Desnecessário dizer que isso deixou uma cepa de curiosidade intrépida em meu DNA. Acompanhei meus pais em vários protestos e manifestações e tínhamos ministros e embaixadores convidados para jantar em casa várias vezes por mês. A política estava ao meu redor, e é por isso que foi um tanto surpreendente quando decidi entrar na indústria do entretenimento.

Comecei a ter o desejo de atuar ainda criança. Tipo muito criança. Eu via crianças na TV e *sabia* que era aquilo que eu queria fazer. Ninguém da minha família estava nessa indústria e minha mãe, sendo a ninja que é, não sabia e nem se importava muito com isso (um fato que permanece verdadeiro até hoje). Solidária, porém desconcertada, ela dizia o que qualquer mãe normal diria: "Quando você crescer, pode fazer o que quiser." Então eu esperei crescer, uma mirrada garota de 12 anos de idade, e comecei a ir a lugares em Tel Aviv nos quais ouvia dizer que diretores de elenco percorriam no país. Encontrei meu primeiro agente, ruinzinho, que me mandou de ônibus às audições. Nem sequer perguntei aos meus pais; eu apenas fazia.

Por volta dos 13 anos, comecei a aparecer em comerciais e programas de TV, o que, em última análise, fez com que meus pais descobrissem as minhas atividades extracurriculares. Fiz a matrícula para minha primeira aula de teatro e foi amor à primeira vista. Fiquei viciada.

Ganhei uma bolsa de teatro do Museu de Arte de Tel Aviv e passei a maior parte do ensino médio participando de peças e musicais da escola. Depois da formatura, fiz o que (quase) todo mundo no país faz: me alistei nas Forças de Defesa de Israel (FDI). O serviço militar era, e ainda é, obrigatório para a maioria dos israelenses; e como, na época, os soldados não tinham permissão para exercer outra atividade, deixei minha carreira em compasso de espera. Mas isso não significava que eu havia desistido do meu sonho. Em vez de botar mãos à obra em minhas flexões, fiz o teste para o corpo de performance das forças militares – as tropas de entretenimento. Por mais engraçado que pareça, as tropas são extremamente seletivas. Seu processo de audição é o equivalente teatral do *krav magá*.* É sério. Passaram-se vários meses cansativos até que os militares decidiram que, em vez de me colocar em uma posição tipo Nikita ou, alternativamente, fazer com que eu servisse café para um comandante aleatório, eles poderiam usar minhas habilidades de canto. Eu estava dentro!

Posso não ter sido a agente secreta mais foda possível, mas eu era um valioso membro do The IDF Circus Show (não, não havia elefantes envolvidos). Viajávamos de uma base militar para outra todos os dias, e todas as noites fazíamos esquetes e apresentávamos *hits* musicais. Basicamente, uma turnê noturna da USO** (United Service Organizations). A novidade se desgastou bem rápido, porém a vista da parte de trás do ônibus era de valor incalculável. Das Colinas de Golã para Hebron e para a Faixa de Gaza, vi como as pessoas viviam e como os militares trabalhavam. As forças militares eram de fato um verdadeiro caldeirão cultural, e pude ver lugares e conhecer pessoas que eu não teria a chance de encontrar de outra forma. Ali fui também apresentada ao método mágico de "depilação com linha", ou como arrancar as sobrancelhas com apenas um único fio. Isso, como o próprio serviço militar, mudou minha vida para sempre.

---

* N.T.: Literalmente, "combate de contato", é um sistema de defesa pessoal criado por Imi Lichtenfeld como um modo de defender os quarteirões judeus, durante o período de ativismo antissemita em Bratislava, nos anos de 1940. Depois de imigrar para Israel, ele aperfeiçoou as técnicas que se tornaram conhecidas como *krav magá*.

** N.T.: O United Service Organizations Inc. (USO) é uma ONG que oferece entretenimento ao vivo aos militares em bases americanas mundo afora.

Perto do fim do meu serviço militar, recebi uma ligação do meu agente sobre algumas perspectivas de trabalho. A primeira oferta era incrível. Ofereceram-me o papel de Rizzo em uma nova produção teatral de *Grease: nos tempos da brilhantina*, dirigida pelo maior diretor do país e estrelada por grandes nomes da época. Só para deixar claro, eu estava obcecada por *Grease*. Obcecada. Eu sabia a peça de cor, *amava* o papel de Rizzo e fiquei extasiada. A segunda oferta tinha a ver com um teste para o piloto de uma nova série de TV. O diretor de elenco estava procurando uma garota ingênua de 16 anos e eu, com pouco mais de 19, cabia no papel.

Fui à audição e esperei do lado de fora com todas as outras adolescentes. Eles não nos deram textos para memorizar com antecedência. apenas nos entregaram um pedaço de papel na hora, para fazer uma "leitura a frio". Passei os olhos naquele texto, e cara, era uma porcaria. Era a conversa telefônica mais clichê do mundo entre uma adolescente e sua mãe, e não era do agrado desta pirralha. Quando me chamaram, entrei na sala, me sentei e perguntei ao diretor se eu poderia improvisar. Ele ficou um pouco chocado, mas disse que sim, então eu joguei o texto no chão e improvisei uma ligação, fingindo segurar um telefone ao meu ouvido e tudo o mais. Quando terminei, o diretor olhou para o monitor e então olhou de volta para mim. "Você pode sorrir para nós, por favor?" Sorri. Ele olhou para o monitor novamente, olhou para mim e disse: "Eu tenho um papel para você, mas não é este." Eu não consegui o papel da inocente adolescente. Consegui o papel da vilã principal. O principal interesse romântico. A filha da puta principal.

Com essas duas ofertas sobre a mesa, fui ao meu comandante implorar por uma pausa. Contei a ele sobre o musical e o piloto e perguntei se, talvez, eu poderia começar minha carreira enquanto completava meu serviço militar como uma boa soldada. Ele nem parou para pensar. Sobre o musical foi um não. Se eu estivesse no palco em *Grease* todas as noites, não poderia fazer as apresentações para os soldados todas as noites Mas e aquele pequeno programa de TV? Tudo bem. Era apenas um piloto. Ele me disse para filmá-lo e voltar. E foi o que eu fiz. Essa mudança de carreira foi uma das maiores reviravoltas da minha vida.

Grease veio e se foi sem deixar nenhuma impressão duradoura em ninguém. No entanto, aquele pequeno piloto acabou por se transformar na definição dicionaresca de um sucesso da noite para o dia. A série de TV *Ramat Aviv Gimel* – assim chamada em homenagem a um dos bairros mais ricos de Tel Aviv – foi criada a partir das novelas americanas do horário nobre da época, como *Melrose Place* e similares. Passava-se em uma empresa de moda e eu interpretava a nova designer famosa, trazida para renovar a marca e que, naturalmente, tinha um caso com o chefe e depois se envolvia em uma série de brigas deliciosas com a esposa mais velha, má e superchique do CEO. Era uma série tola e exagerada, e o público israelense a devorou. Foi um grande sucesso.

Ignorando tudo isso, eu ainda estava na bolha do serviço militar ativo. Meus companheiros soldados zombavam de mim por interpretar uma megera mais velha naquele programa de TV, mas, fora isso, tudo funcionava normalmente. Até naquele dia fatídico no McDonald's.

Foi assim que começou a minha jornada, nos anos de 1990, minhas costas contra a parede, meu pai e meio-irmão me arrastando para longe de um punhado de crianças gritando o nome do meu personagem (Daphne, caso queira saber) e implorando por um autógrafo naqueles dias mais simples pré-*selfie*.

UM SONHO AMERICANO

Aos 22 anos, eu já era uma completa veterana na indústria de entretenimento israelense. Fui contratada para o papel de Anita na produção do *West Side Story* do Habima National Theatre (um enorme *upgrade* com relação a *Grease*!) e lancei um álbum de R&B em inglês com meu namorado (pela primeira vez em Israel um artista local cantava em inglês!), que chegou ao topo das paradas musicais, tudo isso enquanto filmava a série de maior audiência no país. Meus dias começavam às 5 horas da manhã no set de *Ramat Aviv Gimel* e terminavam por volta da meia-noite, depois da minha apresentação noturna de *A Boy Like That*. Eu não dormia muito e amava cada minuto. Inclusive me propuseram que eu apresentasse um programa israelense equivalente ao *The Tonight Show* no verão, e pensei em aceitar – até ter uma reunião não tão casual em um restaurante em Tel Aviv.

Era um dia quente e pegajoso de julho quando recebi um convite para que eu e um convidado participássemos de um jantar oferecido pelo megaprodutor israelense Arnon Milchan. Minha cabeça girou quando imaginei Arnon me vendo, falando comigo e dizendo inequivocamente: "Vou fazer de você a próxima Julia Roberts." Ele havia produzido *Uma Linda Mulher*, o que parecia prova suficiente de que essa seria a minha tão esperada passagem para Los Angeles.

Na verdade, eu sonhava com os Estados Unidos desde pré-adolescente (e não era apenas um lance de Hollywood). Tive minha primeira fantasia sobre o país na segunda série, quando fui atacada por uma praga de piolhos. Ressalto, *muitos* piolhos. Tantos piolhos que meu travesseiro às vezes parecia se mexer sozinho. Não importava o que meus pais fizessem, não conseguíamos nos livrar deles, e a única ideia inteligente que meu pai teve foi raspar o meu cabelo. RASPAR O CABELO! Aos 8 anos foi bem dramático, então, sim, pode-se dizer que eu fiquei totalmente traumatizada. Ia à escola de moletom com capuz e sonhava com o dia em que eu poderia exibir de novo meu rabo de cavalo. Levei meses para me acostumar com minha nova aparência andrógina (antes de virar moda) e, nesse meio tempo, planejei minha grande escapada – eu deixaria meu cabelo crescer e me mudaria para uma nova escola nos Estados Unidos, na qual as crianças nada saberiam do meu passado cheio de piolhos e em que eu falaria inglês com sotaque 100% americano.

Demorou um pouco mais de uma década, porém minha fantasia finalmente estava se concretizando e eu estava pronta – sotaque americano e tudo. Fui ao evento de Arnon Milchan com meu acompanhante – meu pai, é claro – e, quando chegamos, nosso pequeno grupo de dois ocupou uma mesa. Alguns minutos se passaram antes que Arnon viesse dizer oi e, sem mais nem menos, comecei a falar com ele em inglês. Ele pegou a "deixa" e, depois de uma breve conversa conosco, nos convidou para uma reunião no dia seguinte.

Naquela reunião, Arnon me informou que, embora não tivesse nenhum papel para me oferecer, ele tentaria me ajudar, e que eu deveria me mudar para Los Angeles. Ele disse a seguinte frase, que ficou na minha cabeça por anos: "Se você faz vinho, você precisa morar na França. Se você faz relógios, você precisa morar na Suíça. E se você está no *show business*, você precisa morar em Los Angeles".

DING.

Eu o ouvi. Em alto e bom som.

Quatro meses depois, pedi demissão do *Ramat Aviv Gimel*, parei a gravação do meu segundo álbum, desisti de apresentar o *The Tonight Show*, deixei o papel de Anita – que foi para minha substituta –, meu apartamento e meu namorado de três anos, arrumei duas malas e peguei o avião para Los Angeles. Claramente, eu estava um pouco louca.

Agora, deixe-me dizer o que é bastante óbvio para você – não me tornei Gal Gadot. Nem cheguei perto. Minha carreira nos EUA teve alguns avanços incríveis, como assinar um contrato para produzir seis discos com uma grande gravadora, e alguns fracassos épicos, como ver essa gravadora falir quando a indústria musical desmoronou na virada do milênio. Eu trabalhava de forma constante, interpretava alguns papéis aqui e ali, e consegui muitos fãs na indústria, mas em contrapartida *não* me ofereceram muitos papéis, ficando frustrantemente perto de conseguir alguns. Acabei me convertendo regularmente em uma forte segunda opção para papéis principais, o que me deixou com, bem, basicamente nada.

Sempre fui uma pessoa empreendedora, mesmo quando criança. Quando eu estava no ensino médio e não fui aceita em um grupo de canto para adolescentes, decidi criar por conta própria um grupo novo concorrente. Montamos um musical de rock sobre a vida do rei Davi que virou um fenômeno *cult* e ficou em cartaz por dez anos. Eu precisava ser criativa e me envolver em algo e, portanto, fiquei intensamente frustrada com a eterna espera em LA, junto com a expectativa geral de que, como uma jovem mulher, eu deveria ficar ali sentada, linda e silenciosa, até que eu fosse chamada. Comecei então a procurar projetos para criar e produzir. Li em um jornal israelense sobre um novo programa de TV que estava fazendo sucesso no país. Chamava-se *BeTipul* (Sessão de Terapia) e era sobre um terapeuta que, por meia hora, simplesmente ficava sentado em uma sala com outros atores e fazia uma sessão. *Talking heads*. "Que conceito brilhante", pensei. E foi assim que encontrei meu primeiro formato.

Um formato?, você poderia perguntar. Deixe-me explicar. No jargão da televisão, o conteúdo é dividido em dois campos principais, com roteiro e sem roteiro. Os programas com roteiro são todos os dramas e as séries que você conhece e os não roteirizados são *reality shows*, *game shows* etc. Programas que literalmente não têm um roteiro. Tradicionalmente, o formato sem roteiro tem sido mais fácil de "adaptar" ao público internacional, razão pela qual praticamente cada país tem sua própria versão do *American Idol*. No mundo roteirizado, no entanto, a coisa é um pouco mais complicada. Os roteiros precisam ser traduzidos, reescritos e adaptados culturalmente a cada novo território. Um ano ou algo assim antes, eu tinha um papel em um sitcom para a NBC baseado em uma série britânica chamada *Coupling*. Não falo isso para me gabar, mas era a prova de que, muito embora as adaptações roteirizadas não fossem muito realizadas na época, eu sabia que *poderiam* ser feitas. E eu sabia que *BeTipul* poderia ser a primeira série de Israel a conseguir isso.

Agendei uma reunião com o criador e lhe disse diretamente que eu iria vender sua série para a HBO. Ele ficou perplexo. Na época, essa era uma ideia completamente doida. Não só ninguém nunca havia feito isso antes com um programa de televisão israelense, mas ninguém sequer havia pensado em fazê-lo.

Acabei vendendo *In Treatment* para a HBO. Coproduzi a série com Mark Wahlberg e Stephen Levinson e filmamos 155 episódios para três temporadas. A série foi indicada a 12 Emmys e ao Globo de Ouro, ganhou um Peabody Award e foi renovada para uma quarta temporada em 2020. Isso abriu caminho para que Israel se transformasse em uma usina geradora de formatos de TV; e, por um instante, Israel se converteu no país que vendeu o maior número de formatos de TV para os EUA, mais ainda do que o Reino Unido.

De uma atriz batalhadora esperando sua vez me converti em uma atriz batalhadora *e* uma produtora a ser reconhecida. Ao que parece, essas duas coisas não são mutuamente exclusivas.

UM MANJAR TURCO NÃO DELICIOSO

Eu estava abrindo grandes canais de comunicação entre Israel e os Estados Unidos, mas ainda assim muita gente parecia não saber onde, ou mesmo o quê, Israel *era* exatamente. A percepção de que Israel tinha um enorme problema de relações públicas surgiu assim que comecei a vir aos EUA e falar com, bem, pessoas. Percebi que o que era de conhecimento comum para mim era uma novidade total para quase todo mundo. Só porque eu sabia sobre Cristóvão Colombo, a Declaração de Independência e a Proclamação da Emancipação não significava que alguém conhecesse a história de Israel, seus antecedentes e os perigos com que o país lidava diariamente. Não significava que alguém soubesse quem *eram* os israelenses. Fiquei chocada. Quer dizer, Israel era um assunto tão polêmico para tantas pessoas ao redor do mundo que, certamente, se as pessoas têm opiniões tão fortes sobre um país, devem estar um pouco familiarizadas com pelo menos alguns fatos básicos, certo? Deus, como eu estava errada.

Encontrei desinformação sob todas as formas, mesmo das pessoas mais bem-intencionadas e instruídas. Um dia, num encontro com minha antiga equipe de jovens atores, escritores e diretores, uma pessoa que já na época era promissora e hoje faz muito sucesso, que todos vocês conhecem, que iria ganhar muitos prêmios, um Oscar entre eles, se aproximou de mim.

"Então, você é de Israel!", ela falou em tom anasalado.

"Sim, eu sou", respondi.

"Bem, eu fico imaginando como seus pais se sentem em relação a você."

Olhei para ela, confusa. "Tenho certeza de que eles estão orgulhosos de mim", eu disse. "Por quê? Há algo que eu deveria saber?"

Ela piscou, a cabeça inclinada para o lado, e continuou. "Eu só fico imaginando como eles se sentem sobre você ser, você sabe, moderna e tudo o mais, sem todos os acessórios para a cabeça", ela disse, fazendo movimentos circulares com as mãos envolvendo o rosto e a cabeça, no que só pode ser explicado como a mímica descritiva de um *hijab*.

Só para esclarecer as coisas: enquanto cobrir os cabelos pode ser uma escolha causada por fatores que variam da tradição à modéstia e à autoexpressão, os *hijabs* são usados principalmente por mulheres muçulmanas na frente de homens que não são de sua família. Embora eu ame um acessório foda tanto quanto qualquer mulher, minha experiência com os *hijabs* é limitada a um dia ensolarado ou ao Burning Man (para saber mais sobre isso, ver o capítulo "Uma breve história do Oriente Médio no último século").

Histórias como essa se repetiram em centenas de variações nos anos seguintes. Inúmeras vezes eu me via contando a história de Israel. Explicando que não somos, de fato, o Afeganistão. Explicando como surgiu o país, como surgiram as fronteiras, desenhando centenas de mapas da região em inumeráveis guardanapos em festas e jantares. Tive que explicar que Israel é moderno pra caramba e qual é exatamente a diferença entre um *kibutz* e um assentamento (há grande diferença, só para deixar claro).

Percebi que as pessoas desconheciam alguns fatos básicos, tais como Israel ser o único país do Oriente Médio a ser uma democracia ininterrupta desde a sua fundação, em 1948, quando as Nações Unidas concederam aos judeus um Estado após os horrores do Holocausto. Também aos árabes foi oferecido um Estado na época, mas eles optaram por recusá-lo e começar uma guerra. Ouvi pessoas chamarem Israel de Estado colonialista, o que é absurdo, visto que é um Estado de refugiados que foi *descolonizado* do domínio britânico. Ouvi outras chamarem Israel de Estado de *apartheid*, o que também é absurdo quando o terceiro maior partido político em Israel é um partido árabe. Percebi que algumas pessoas veem *todo* o problema no Oriente Médio como um conflito israelo-palestino – uma história de Davi e Golias que coloca um povo sem força militar (os palestinos) contra uma das forças militares tecnologicamente mais avançadas do mundo (Israel). É fácil torcer para o azarão, mas essa dinâmica não é categoricamente o caso. O conflito não é entre o povo palestino e o povo israelense, porém entre *todo o mundo árabe e Israel*. São 21 países árabes, com uma população de aproximadamente 423 milhões, e um Estado judeu, com uma população de aproximadamente 9 milhões. Nesse confronto, quem é o Davi e quem é o Golias? Percebi que as pessoas eram desproporcionalmente fascinadas por Israel, que quase todo mundo tinha uma opinião, mas que muita gente simplesmente não sabia do que estava falando. Eu me peguei explicando isso e muito mais, e acabei por me converter em fonte de informações e esclarecimentos sobre o tema para a minha comunidade.

No entanto, o que aconteceu nos anos seguintes é o que me qualifica para escrever este livro. Afinal, ninguém quer ler um livro histórico e um tanto político sobre um dos países mais controversos no planeta, de autoria de uma atriz/produtora aleatória, não importa quão adorável ela seja.

Tudo veio à tona numa noite em 2010. Eram cerca de onze horas e eu estava sentada diante do meu computador, navegando na então nova e excitante plataforma chamada Twitter, quando me dei conta de que Israel estava nos assuntos mais comentados. Na língua turca: "*Israil*". Eu sabia o suficiente sobre relações internacionais para entender que provavelmente não era coisa boa. E não era. As manchetes eram agressivas: "Militar israelense mata nove ativistas da paz turcos tentando entregar ajuda a Gaza." A internet estava em chamas, com posts indignados sendo compartilhados. Lembre-se que isso aconteceu em 2010: a mídia social estava apenas começando a tomar forma. Ainda participávamos ingenuamente do que pensávamos ser divertido, autêntico, com transparência de conexão e comunicação, não um monstro virtual que tomaria conta de nossas vidas e cortaria nossos cérebros (parafraseando meu conterrâneo, o grande *best-seller* Yuval Noah Harari). Entretanto, mesmo assim, a notícia não parecia certa. Servi nas forças militares, e isso simplesmente não era algo que faríamos.

Vasculhei, e – nenhuma surpresa – os fatos estavam completamente em desacordo com a história que estava viralizando. A flotilha turca compreendia 6 navios e quase 700 passageiros. Embora alguns provavelmente fossem ativistas bem-intencionados, pelo menos 40 eram ferrenhos islamistas ligados ao terrorismo que navegavam da Turquia para Gaza, com a intenção de quebrar o bloqueio na Faixa de Gaza imposto por Israel e pelo Egito (sim, *e pelo* Egito). O bloqueio foi consequência de atividades terroristas do Hamas, que incluíram disparo de mísseis sobre Israel e um desejo geral de varrer o país do mapa (conforme declarado na carta de princípios do Hamas;

chegaremos a isso também). Os israelenses tentaram primeiro fazer um acordo com os turcos, sugerindo que os navios ancorassem em um porto israelense no qual as mercadorias seriam verificadas e levadas a Gaza por terra, mas os turcos recusaram. Israel então tentou fazer o navio parar, e, somente depois de serem ignorados, os agentes da marinha israelense embarcaram. Quando os comandos desceram de um helicóptero, enfrentaram "resistência organizada e violenta",[1] incluindo ataques com barras de ferro.

Quando um manifestante agarrou a arma de um dos comandos, os soldados abriram fogo. Dez[2] cidadãos turcos foram de fato mortos, o que foi uma lamentável perda de vidas, porém é fundamental assinalar que pelo menos alguns desses homens vieram preparados para lutar, e uma luta foi o que tiveram.

Demorou alguns dias para que os vídeos do ataque fossem levados a público, e eles validaram a versão de Israel sobre os acontecimentos. Contudo, àquela altura, a opinião pública e o universo da internet já haviam decidido que Israel, numa bela manhã, assim do nada, matou nove ativistas da paz que estavam relaxando no convés do Barco do Amor.

Eu me vi grudada na tela do meu computador nos dias seguintes, em guerra contra *trolls* no Twitter e percebendo: "Jerusalém, temos um problema." Israel tinha relações públicas ruins o suficiente na mídia da velha escola, mas um tsunami terrível estava prestes a ocorrer on-line, onde mentiras, desinformação e "fatos" se tornam "realidade" em um piscar de olhos. As FDI e o governo israelense ainda estavam operando na Idade da Pedra, na base do "estamos verificando os fatos antes de divulgá-los, então, por favor, seja paciente, isso pode levar alguns dias". Porém, nesse novo mundo on-line não era mais uma questão de dias, mas de segundos. Pela primeira vez temi pelo futuro do meu país. Os problemas de relações públicas de Israel estavam prestes a se transformar em uma ameaça existencial.

Tornou-se minha missão pessoal me colocar on-line para tentar chegar à verdade. Enquanto eu tuitava como uma possessa e ficava maluca, umas poucas pessoas afins me enviaram mensagens. Todos nós nos reunimos em torno do mesmo pensamento: alguém tinha que assumir a mídia social, e como o governo israelense não estava prestando atenção suficiente na época, ele precisava de nós. Em 2011, nosso grupo incrivelmente automotivado formou o Act for Israel, a primeira organização on-line de defesa e resposta rápida, dedicada à divulgação da verdade e à luta contra trolagens pré-*bots*. Era como dirigir no Velho Oeste com um iPhone e um MacBook Pro.

Foi quando minha defesa se tornou não só o que eu fazia em jantares e festas, mas uma verdadeira vocação. Comecei a trabalhar com organizações pró-Israel nos EUA, com ONGs e extraoficialmente com o governo de Israel. Criamos tuítes e postagens com o propósito de divulgar notícias positivas e desmascarar falsidades quando as víamos. O Act for Israel também criou apresentações para explicar às pessoas em posições de poder, no governo israelense e em outras grandes organizações, como este novo mundo operava. Nós nos apoiávamos em dados, como no fato de que 87% das pessoas com menos de 30 anos de idade recebiam notícias pelo Facebook. Na época, esse tipo de coisa era um choque total para qualquer um com quem nos encontrássemos.

Espalhamos o evangelho dessa realidade on-line em mudança, enviando blogueiros para Israel, coletando dados sobre tuítes e postagens, e nos reunindo com ONGs, o governo e os oficiais das Forças de Defesa de Israel, como seu porta-voz, o brigadeiro-general Yoav (Poli) Mordechai. Quando eu o informei sobre essa intifada eletrônica, uma *segunda* flotilha da Turquia estava a caminho de Gaza, e nós a seguimos de perto enquanto eu o acompanhava em nossa apresentação.

Poli me disse mais tarde que, tão logo saí de seu escritório, ele ligou para sua equipe e a instruiu a revisar completamente como as

Forças de Defesa de Israel usavam as redes sociais. Com base em nossa apresentação e na reunião que tive com ele, as FDI reformularam totalmente sua estratégia on-line, passando a ser ativas nas mídias sociais. E, independentemente da nossa apresentação, o incidente com aquela segunda flotilha terminou rápida e silenciosamente e, felizmente, sem perda de vidas.

Foi assim que a defesa de Israel e o ativismo político se converteram em uma parte importante da minha vida, do meu trabalho e da minha identidade. Mas foi preciso outro evento viral para que o público israelense me apoiasse. E, como sempre, estava fora do meu controle.

UM EMBAIXADOR NÃO OFICIAL

Era domingo, 18 de novembro de 2012, e eu estava na cama em Los Angeles, berrando. Eu tinha atingido um pico na carreira, liderando um novo empreendimento em conjunto com uma das maiores produtoras de televisão de Israel, a Reshet, e a ITV Studios USA enquanto produzia simultaneamente um novo *sitcom* para a CBS, criado por um autor israelense. Naquela manhã, acordei com um e-mail mordaz do meu adorável autor. Houve um mal-entendido sobre o meu papel como sua produtora. Quando não fiz algo que ele esperava que eu fizesse, ele ficou chateado, e, como era um brilhante autor, me enviou um e-mail afiado e mal-humorado que simplesmente me criticava sem piedade. Basicamente, dizia que eu era uma pessoa de merda e uma produtora de merda e não seria nada. Como ele era muito inteligente e talentoso, eu acreditei plenamente nele. Aquele e-mail me abalou, então planejei passar o resto do dia na cama chorando horrores.

Eu ainda estava na cama com meu labrador, Tuli, quando minha amiga Tracy veio à minha casa. Em meio ao meu embate pessoal, eu havia me esquecido totalmente do nosso plano de batalha para aquele dia. Israel estava em mais uma guerra contra o Hamas, dramaticamente chamada de Operação Pilar Defensivo. Israel havia iniciado a operação em resposta aos contínuos ataques do Hamas contra soldados israelenses e civis nas cidades no sul do país. Algo precisava ser feito. Usando um drone de precisão, as FDI mataram Ahmed al-Jabari, líder sênior da ala militar do Hamas. Como o sr. Jabari não era um treinador de cachorro, isso não me incomodou. Entretanto, houve um clamor da mídia internacional e Israel foi de novo retratado como o lobo mau.

Tracy e eu tínhamos planejado ir a uma manifestação organizada pelo Conselho Israelense-Americano, mas desnecessário dizer que eu não queria ir. Com os olhos inchados, eu disse a ela para ir sozinha. Ela se recusou, eu enxuguei os olhos, ela me persuadiu, e depois de mais um punhado de lenços, cobri meu rosto com uma maquiagem pesada e um enorme par de óculos escuros e fomos para o edifício do consulado israelense em Westwood, Los Angeles.

A manifestação foi normal, como sempre. Algumas centenas de manifestantes pró- Israel de um lado da rua, e algumas centenas de manifestantes anti-Israel do outro. (Observe que sempre que há um evento ou uma manifestação pró-israelense, há um protesto anti-Israel nas proximidades.) Eu carregava uma placa que dizia "Liberte Gaza do Hamas", porque embora eu seja pró-Israel, também sou pró-Palestina, mas anti-Hamas, uma organização terrorista que visa aniquilar Israel e que faz uso do dinheiro que recebe como ajuda da comunidade internacional para construir túneis e atacar escolas e hospitais.

Pessoas de ambos os lados da rua expressavam com ardor seus direitos garantidos pela Primeira Emenda [da Constituição dos Estados Unidos] quando um dos organizadores me reconheceu.

"Estamos tão felizes por você estar aqui!", ele disse, correndo até nós. "Você gostaria de dizer alguma coisa?"

Eu não tinha certeza. "Como o quê?"

"Não sei, o que você quiser", disse ele, e me arrastou para um microfone.

Não me lembro exatamente do que aconteceu em seguida. Tudo o que lembro é que peguei o microfone, subi em uma caixinha e comecei a falar com o coração. Eu disse tudo o que sabia ser verdade. Que Israel queria paz, que o Hamas estava aterrorizando os israelenses *e* os palestinos. Falei com autenticidade e com base na minha experiência.

Fui dormir naquela noite despreocupada, porém, na manhã seguinte, bem cedo, sons de chamadas recebidas e de mensagens de texto me acordaram. Eu não quero soar dramática demais, então não vou dizer que eu tinha um milhão de chamadas perdidas, mensagens de texto, tuítes e curtidas de todas as pessoas que eu conhecia e de todos os meios de comunicação em Israel, mas era certamente o que parecia. Ao que parece, enquanto eu estava dormindo, uma produtora chamada Sharon Mor tinha feito algo não tão comum na época. Ela filmou meu discurso e o postou. E ele explodiu em Israel.

Eu já era uma pessoa conhecida em Israel havia algum tempo, mas essa tinha sido a primeira vez que meus compatriotas israelenses viram minha defesa em ação. De repente, fui apelidada na mídia israelense de "A Embaixatriz", e só então me dei conta de que, de alguma forma, eu havia seguido naturalmente os passos do meu avô Hanan Yavor, o *verdadeiro* embaixador da família. Meu avô abriu o caminho para as relações internacionais de Israel com a África. Foi o primeiro embaixador israelense em Gana, na Nigéria e na Libéria (e um embaixador não residente em Barbados!), e membro da delegação israelense nas Nações Unidas. Ele era um diplomata comprometido, idealista e altamente respeitado. Contarei mais detalhes sobre sua extraordinária vida no capítulo final deste livro, mas por enquanto vou apenas dizer que naquele momento eu percebi que, sem que eu soubesse, meu DNA havia entrado em ação. Eu não podia mais evitá-lo, eu tinha que me envolver.

No entanto, nem sempre foi assim. Quando eu acabara de me mudar para os Estados Unidos, estava completamente desconectada de qualquer coisa relacionada a Israel. Até que um jantar com sushi mudou tudo.

RECONECTADA

Era uma manhã ensolarada de setembro, alguns meses depois de me mudar para Los Angeles. O telefone tocou na casa do meu namorado em Hollywood Hills, e meu pai estava na linha. "Boas Festas!", ele disse todo animado. "Como você vai comemorar esta noite?" Eu me sentei, o café na mão, e fiz uma careta. "Que feriado é esse?", perguntei. "É Rosh Hashaná! Feliz Novo Ano!", berrava a minha família do outro lado do mundo. Meu coração parou. Desliguei o telefone, caminhei até a ampla varanda e olhei para a piscina e para o letreiro de Hollywood que pairava acima de mim, me julgando. Eu estava em LA havia alguns meses, começando a me adaptar em uma nova cidade, fazendo novos amigos e tentando inventar uma nova carreira para mim, e não tinha ideia de que o ano-novo judaico seria celebrado naquela noite. Como fui criada de modo secular, nem me preocupei em ficar a par dessas coisas. No entanto, ao ouvir minha família do outro lado da linha celebrando essa *coisa* todos juntos, me deu vontade de chorar. E o sentimento me surpreendeu. Caminhei até meu namorado e disse a ele que era um feriado judaico e eu gostaria que fizéssemos algo especial.

Naquela noite, meu namorado australiano, outro amigo e eu terminamos no Sushi Katsu-Ya no Ventura Boulevard. Enquanto erguíamos nossos copos, meu namorado virou-se para mim e perguntou: "Então, o que *é* o ano-novo judaico?" Me deu um branco. Eu não sabia o que dizer. "Ah, tudo bem", ele disse, e deu de ombros. "*Feliz Rosh Hashaná*!" E bebeu o seu saquê. Nunca me senti mais solitária ou mais desconectada em toda a minha vida.

Era óbvio que eu sentia falta da minha família – nada surpreendente –, porém era mais do que isso. Naquela noite no Katsu-Ya percebi que, ao me identificar como uma globalista liberal, eu poderia ter pulado a parte de *me* identificar primeiro. Fiquei chocada por não conseguir descrever que raios era Rosh Hashaná. Sempre me considerei *israelense*, mas o que isso significava se eu não morava em Israel ou não sabia o que dizer aos meus amigos quando eles me faziam uma pergunta simples sobre minhas raízes?

Aquele pequeno incidente provou ser de importância monumental em minha vida. Ele me impulsionou a explorar, pela primeira vez, o que significava ser "um israelense", o que significava ser judeu, e ver tudo da perspectiva de alguém de fora, o que teria sido impossível se eu ainda morasse em Israel. O fato de viver fora do país me permitiu reexplorar tudo o que eu pensava que sabia e tudo o que percebi que não sabia, como que raios era Rosh Hashaná e – mais importante – por que eu deveria me importar com isso.

Quando ainda morava em Israel, eu me orgulhava do meu secularismo. Eu não queria ter nada a ver com religião, então tentei descartar totalmente a minha judaicidade. Pelo menos, foi o que pensei.

Lembra-se do grupo de jovens do qual eu fazia parte quando adolescente e do hit musical de rock que tocávamos pelo país? Éramos um bando de crianças seculares; nos parecíamos, agíamos, nos vestíamos e ouvíamos exatamente a mesma música que os garotos da nossa idade em qualquer lugar, de Londres a Los Angeles. No entanto, o tema do nosso atrevido, controverso e *sexy* espetáculo era – Davi. O rei. Do Antigo Testamento. Yaron Kafkafi, que escreveu a brilhante peça, mergulhou fundo na história e arrastou a nós, crianças, junto com ele. Eu era uma sabichona espertinha de 17 anos de idade, me pavoneando em Tel Aviv em uma minissaia justa e uma blusa muito decotada, carregando uma insólita Bíblia na minha bolsa. E é claro que eu podia ler aquela Bíblia que estava na minha bolsa, pois estava escrita na minha língua nativa. Na verdade, muitas das letras do musical eram citações diretas do velho livro, então o apresentamos no mesmo lugar em que a história havia acontecido e em seu idioma original. O show se tornou um fenômeno *cult*, com centenas de crianças da nossa idade e mais novas sabendo cada uma dessas antigas palavras de cor. Era a versão israelense do *The Rocky Horror Show* – e estávamos todos cantando a Bíblia. Eu era e ainda sou obcecada pela história de Davi, não como um texto religioso, mas um conto moderno com o qual posso aprender *hoje*.

E isso, aprendi mais tarde, é uma coisa muito judaica de se fazer. Preservar as antigas tradições e adaptá-las aos tempos modernos. Um texto antigo pode ser o mais moderno e o mais santo e piedoso e é às vezes o mais provocativo e corajoso. Uma história antiga, guardada por gerações, pode ganhar nova vida e, como tal, nova relevância. Eu carregava aquele texto de cinco mil anos na minha bolsa dos anos de 1990 sem, por um segundo, pensar que havia algo de estranho nisso. Parecia totalmente normal, até aquela noite no Katsu-Ya.

Quando saí da minha bolha, embarquei em uma jornada que me permitiu ver a beleza de tudo. Encontrei o liberalismo embutido no judaísmo e no sionismo. Aprendi a admirar a cultura judaica do debate e da dissidência. Descobri coisas incríveis, por exemplo, que os feriados judaicos estão relacionados à lua (*quem sabia disso??*), e vi de que modo tudo isso me moldou como pessoa, consciente e inconscientemente. Também percebi que uma garota de 17 anos, supermotivada, secular e um tanto extravagante, carregando uma Bíblia na bolsa era, de fato, algo um pouco estranho. Na mais maravilhosa das formas.

Aquele jantar me lançou bruscamente em uma jornada que me levou a este livro. Comecei a pesquisar Israel, sua história, a história do conflito, os aspectos espirituais do judaísmo. Comecei a analisar

Israel de forma mais objetiva e a entender como ele é retratado ao redor do mundo. Responsabilizei Israel por seus erros e comemorei suas conquistas. E, quando fui capaz de articular por mim mesma os graves mal-entendidos sobre Israel e como ele ainda é frágil, passei a defender com vigor meus pontos de vista.

Eu precisava falar, porque a mudança só pode vir após a admissão da realidade. Como é possível ter como objetivo realizar uma mudança no Oriente Médio se não soubermos como chegamos aqui? Se você não sabe onde começar uma jornada, não pode chegar a lugar nenhum. Esse é, na verdade, um conceito muito simples. Imagine que você está on-line, tentando reservar um voo, mas não coloca seu local de partida. Seria um desafio e tanto conseguir chegar a qualquer lugar. Do mesmo modo, se você deseja criar um futuro, precisa saber onde está, caso contrário ficará fazendo a mesma coisa repetidamente.

Se quisermos criar uma nova possibilidade para o futuro do Oriente Médio (ou de qualquer outro lugar, na verdade), não podemos fazê-lo em cima de intenções ocultas, por meio de manobras políticas ou sem conhecer pelo menos um pouco da *história real*.

Por isso quis escrever este livro. Não porque a história nunca foi contada, mas porque nunca foi contada *desta maneira*. Para saber aonde você vai, você tem que saber de onde veio. E foi o que aconteceu naquela noite no Katsu-Ya. Tomei posse de onde eu vim.

Este não é propriamente um livro de História É mais um livro de histórias do tipo *her story*. A minha história. *Her story*.*

Então vamos começar do início ou, pelo menos, do início dos tempos escritos, como os conhecemos.

* N.T.: *Her story*, ou *herstory*, é um termo para uma história escrita a partir de uma perspectiva feminista e enfatizando o papel das mulheres, ou contada do ponto de vista de uma mulher.

Uma breve história da terra de Israel

A ÁGUA EM QUE VOCÊ NADA

Cesareia é um dos lugares mais bonitos de Israel. Construída às margens do mar Mediterrâneo, é uma antiga cidade originalmente estabelecida por volta do século I a.C. Agora é um lindo paraíso de dinheiro, no qual primeiros-ministros e empresários russos constroem suas enormes mansões.

A cidade, localizada a cerca de 45 minutos de carro ao norte de Tel Aviv, se transformou em um pequeno porto local por volta de 31 a.C. Permaneceu relativamente humilde até ser conquistada por Herodes, o Grande, que a transformou por completo, de acordo com seus traços de caráter pessoais e megalomaníacos. Herodes, o

Grande, um vigarista idumeu/judeu local, galgou a escada política mais rápido que um acrobata do Cirque du Soleil. Seu pai, Antípatro, havia sido nomeado ministro-chefe da Judeia por Júlio César, que controlava a Judeia junto com quase o resto do mundo, e Antípatro apresentou seu filho a todas as pessoas certas. Herodes conseguiu um cargo como representante dos romanos na província da Galileia e, depois de fugir devido a brigas familiares internas e defender seu caso perante Roma, foi empossado como rei da Judeia pelo Senado romano, derrubando a dinastia dos asmoneus, que governava desde 140 a.C.

Ambicioso e poderoso, Herodes rapidamente eliminou todas as ameaças ao seu poder (incluindo três de seus filhos, seu cunhado e sua esposa asmoniana) e começou a erguer enormes edificações em todo o país, dando-lhes seu próprio nome e os de seus benfeitores romanos (como evidenciado pelo nome Cesareia, para César). A dinastia herodiana durou de 47 a.C. até quase 100 d.C., mas seu legado estrutural persiste até hoje.

⋆ ⋆ ⋆

Era primavera de 2008, e eu estava dirigindo de Tel Aviv a Cesareia para visitar um local em que poderia acontecer minhas núpcias pendentes com meu adorável noivo Osher, que agora é meu adorável ex-marido. Estávamos no carro com Yaron, meu primeiro professor de teatro, autor do musical *David* que mencionei no primeiro capítulo e que também é historiador amador e guia turístico. Em algum momento, Osher, que é da Austrália, colocou a cabeça para fora da janela e gritou: "O que é *isso*?" Yaron e eu olhamos na direção que Osher apontava e então viramos a cabeça de volta para a estrada. "Oh, aquilo?", eu disse. "Não é nada. Apenas mais um aqueduto herodiano. Temos um milhão deles."

Foi só quando vi o choque no rosto de Osher que me ocorreu que nem para todo mundo aquilo era "nada". Osher, meu companheiro cosmopolita, muito bem-sucedido, bastante viajado, ficou deslumbrado. Yaron e eu tínhamos subestimado essa estrutura de mais de dois mil anos. Era a água em que nadávamos. Só vimos sua singularidade depois que Osher a apontou para nós.

É incomensurável a quantidade de história e arqueologia nas quais Israel se fundamenta. Um amigo arqueólogo me disse uma vez que ser arqueólogo em Israel é totalmente diferente de ser arqueólogo em qualquer outro lugar no mundo. Ele me disse que na maioria das escavações você começa do ponto mais alto disponível – em hebraico nós chamamos de *tel* –, que geralmente é onde o governante vivia. Esse é o lugar no qual as melhores, as mais impressionantes e mais resilientes estruturas foram construídas e, portanto, as mais prováveis de subsistir. Contudo, quando você escava em Jerusalém, por exemplo, você apenas escava onde quer que seja e certamente vai encontrar algo antigo e inestimável enterrado no subsolo.

O que torna as reformas um pé no saco. Yaron, esse mesmo amigo que nos levou a Cesareia, estava reformando seu apartamento no norte de Tel Aviv. Não era uma grande reforma; na verdade, tudo o que ele precisava fazer era fechar uma varanda já existente no piso térreo. Mesmo para essa coisinha, Yaron teve que passar por um pesadelo burocrático e obter o consentimento por escrito da Autoridade de Antiguidades de Israel. Sempre que você for construir algo novo em Israel, uma equipe de figurantes de *Indiana Jones* é acionada para garantir que nada historicamente precioso seja destruído por acidente.

A razão disso, é óbvio, são os milhares de anos e as diversas civilizações que viveram naquela terra, a amaram e a construíram, a convertendo em um refúgio para arqueólogos e aficionados por História de todo o mundo. Essa história da terra intensamente pesquisada e documentada não pode ser separada do seu futuro ou de qualquer debate político que travamos atualmente sobre o Estado de Israel.

O que nos leva ao seguinte episódio de *Vila Sésamo*: "De Volta ao Básico."

DE VOLTA AO BÁSICO

Antes de participar de qualquer discussão legítima sobre Israel, você precisa conhecer alguns fatos básicos.

O primeiro é que o Estado de Israel tem aproximadamente 22.000 km^2. Apenas para referência, o Estado de Nova Jersey tem cerca de 22.000 km^2. Então, se tratando de países, Israel não é nada grande. Leva cerca de seis horas para atravessá-lo de norte a sul e cerca de uma hora de leste a oeste. É isso aí.

Essa minúscula faixa de terra fica às margens do Mar Mediterrâneo, ao sul da Síria e do Líbano, a oeste da Jordânia e ao norte do Egito. Está cercada por 21[1] países predominantemente árabes e pelo Irã, que é parte árabe, mas majoritariamente persa. Pode-se dizer que é uma vizinhança violenta. Os protestos durante a Primavera Árabe no início dos anos 2010 trouxeram um vislumbre de esperança de que as coisas mudariam, porém depois que os povos da região exigiram democracia e liberdade, eles obtiveram, em sua maior parte, Estados mais extremistas e falidos. A região é instável, para dizer o mínimo.

Enquanto alguns dos vizinhos são ricos em recursos naturais, não há nada no solo de Israel. Nada de tesouros naturais. Nada de diamantes, ouro ou petróleo. Isso mudou um pouco com a descoberta de gás natural na parte litorânea de Israel nas últimas duas décadas, porém em termos de recursos naturais essa nova descoberta é só o que há. Israel está realmente localizado na parte *mais seca* do que é chamado de Crescente Fértil, altamente dependente da chuva para sua água potável, mas, como o clima é quente durante a maior parte do ano, a água é escassa. A economia de água é um assunto sério. Todos os israelenses cresceram ouvindo campanhas publicitárias nacionais implorando para economizar água. Essa mentalidade está tão enraizada na minha psique que não consigo lidar com isso quando vejo ou ouço uma torneira aberta. Houve uma mudança recente a esse respeito com o programa de dessalinização da água. O projeto foi bem-sucedido e aliviou algumas das preocupações do país com relação à água, mas não a minha aversão já entranhada ao som de torneiras abertas.

Em suma, não há nada de especial na localização natural, entretanto, por algum motivo, Israel é a origem física de duas religiões monoteístas (judaísmo e cristianismo) e o terceiro lugar mais sagrado para a terceira religião monoteísta (islamismo) como praticada hoje. Só Deus sabe por quê. Literalmente.

Talvez parte da importância de Israel esteja ligada à sua centralidade geográfica na região. Bem entre a Europa, Ásia e África, tornou-se uma importante encruzilhada para os mundos em desenvolvimento. Foi usado como uma paragem para o comércio e a emigração, e algumas das descobertas mais antigas relativas à agricultura, aos cerimoniais, aos enterros e ao fogo, dos neandertais em diante, podem ser encontradas no solo e nas cavernas de todo o país.

Isso é muito bom, mas o que *exatamente* é "Israel"? Não foi o país estabelecido somente em 1948? Sim e não. As fronteiras do que mais tarde se tornaria o antigo Reino de Israel são descritas pela primeira vez quando a terra de Canaã é mencionada no Antigo Testamento, como a seguir:

> *As fronteiras de Canaã estendiam-se desde Sidom, iam até Gerar, e chegavam a Gaza e, de lá, prosseguiam até Sodoma, Gomorra, Admá e Zeboim, chegando até Lasa.* (Gênesis 10:19)

Esse versículo descreve fronteiras que vão aproximadamente do Líbano moderno no norte até o litoral no oeste, e a Jordânia no leste até o deserto do Neguev no sul. Isso foi supercedo – a maioria dos estudiosos bíblicos as datam de cerca de 1500 a.C. –, e dizia-se que a terra era povoada por tribos de nações antigas, que praticavam os estágios iniciais de comunidades organizadas, agricultura e construção da cidade e da sociedade.

De acordo com os textos bíblicos e os eruditos que os estudam, foi provavelmente por volta de 1250 a.C. que os hebreus entraram e dividiram a terra em áreas governadas pelas 12 tribos judaicas, que começaram a formar uma nação judaica. Por volta de 1030 a.C. a 928 a.C., o país se tornou um reino judaico soberano, mencionado nas Escrituras como a Monarquia Israelita Unida. É quando, segundo o Antigo Testamento, as 12 tribos itinerantes de Israel se uniram para estabelecer um reino descolado. Elas também queriam ficar mais parecidas com outras nações da época e exigiram que reis substituíssem seus juízes, que até então atuavam como seus líderes orgânicos locais. Isso conduziu ao reinado de Davi. Esse mesmo com o qual eu fiquei obcecada quando adolescente no teatro da escola. A Bíblia então relata que a esposa de Davi deu à luz ao futuro rei Salomão, que construiu o Primeiro Templo em Jerusalém, o que, de acordo com avaliação dos estudiosos, se deu por volta de 930-970 a.C.

Antes de continuar, no entanto, deixe-me dar um tempo aqui e esclarecer algo. Eu não me defino como uma pessoa religiosa. Sou uma pessoa espiritual, no sentido de que estou humildemente ciente do fato de que os seres humanos são apenas um pontinho diante de um poder maior, como você quiser chamá-lo. Deus ou o Universo ou a Mãe Terra. Não sei se a Bíblia, o Antigo Testamento, o Novo Testamento ou qualquer outro texto sagrado é *real* ou não, então irei respeitá-los e nunca argumentarei a favor ou contra nenhum deles. Então, por que trazer à tona textos religiosos? Porque a reivindicação de que Israel é o lar do povo judeu tem muito a ver com esses livros sagrados, e o que neles está escrito ainda é muito presente em nosso debate político todos os dias. Por isso, é claro que irei mencioná-los, especialmente quando também posso apontar para *muitos* achados arqueológicos e outras fontes da História escrita que dão respaldo a essa linha do tempo. Outra corroboração histórica escrita do vínculo do povo judeu com Jerusalém e Israel pode ser encontrada em nada mais, nada menos que... no próprio Alcorão. Em contraste às recentes tentativas políticas de afirmar o contrário, está tudo ali e todos são bem-vindos a verificá-lo. (Entre outros versículos, ver Alcorão: *Sura Bani Isra'il* [A Viagem Noturna ou Filhos de Israel] 17:2[2]; *Sura de Jonas*, 10:93[3] e *Sura al-A'raf* (Os Cimos), 7:137[4].)

Mas voltemos ao mundo moderno. Os cientistas conseguiram fazer a datação por carbono de estruturas e artefatos que remontam a dezenas de milhares de anos, antes mesmo de a humanidade começar a usar a palavra escrita. Uma inscrição egípcia – a Estela de Merneptah,[5] datada de aproximadamente 1200 a.C. – menciona uma campanha na qual o governante egípcio derrotou "Israel". Arqueólogos encontraram uma abundância de resquícios e artefatos em Jerusalém associados ao Primeiro Templo, incluindo um selo de 2.660 anos de idade (chamado de *bulla*) com o nome nele inscrito, em hebraico, "Natan-Melec, Eved HaMelec", um nome difícil de pronunciar em hebraico e que está no Segundo Livro de Reis.

Nesse livro, há muitas descrições ultrajantes de dramas, lutas internas, guerras, sexo e sangue. Contudo, embora eu não possa verificar quem, exatamente, dormiu com quem, posso afirmar que, aproximadamente há três mil anos, existia um Estado judeu único, a Monarquia Israelita Unida, antes de se dividir em dois Estados judeus separados, Israel e Judá. Todos esses acontecimentos antigos e dramáticos ocorreram exatamente na mesma terra em que o Estado de Israel está localizado hoje. Não acredito nisso por causa de um credo religioso, mas por causa de arqueologia, ciência e história.

Isso não é sobre Deus, então vamos mantê-lo fora disso. Tenho certeza de que ele está muito ocupado, de qualquer maneira.

UM RÁPIDO RESUMO HISTÓRICO DE UMA TERRA TROCADA DE MÃOS

Como a maioria dos reinos, aquele primeiro reino judaico chegou ao fim. Por volta de 722 a.C., o Reino de Israel foi conquistado pelo Império Assírio. O Reino de Judá sobreviveu por mais 136 anos, até que o rei babilônico Nabucodonosor o atacou por volta de 586-87 a.C., destruindo aquele Primeiro Templo construído por Salomão em Jerusalém e exilando os judeus para os países vizinhos. Esse foi o primeiro de dois exílios e diásporas judaicos. Em seguida, veio o Império Persa (que durou de aproximadamente de 586 a.C. a 332 a.C.). Ciro, o Grande, o primeiro rei do Império Persa, era realmente muito legal, e em 538 a.C., publicou o Decreto de Ciro, permitindo que todas as nações exiladas da região voltassem para suas terras natais e restabelecessem suas crenças, tradições e rituais. O Decreto de Ciro é mencionado na Bíblia, no livro de Esdras (Capítulo 1, versículos 1-4). O verdadeiro Cilindro de Ciro, que registra o referido Decreto, como mais ou menos descrito no Livro de Esdras, foi encontrado nos dias modernos no Iraque em 1879 e agora está em exibição em Londres.

Ciro não amava particularmente os judeus, mas era pragmático e preferiu permitir que todas as nações voltassem para suas antigas terras do que deixar que seu império autoimplodisse. Uma jogada inteligente, se você quiser evitar a rebelião. Isso levou ao que às vezes é chamado de o Primeiro Retorno a Sião – o retorno dos judeus à sua terra natal e a construção do Segundo Templo em Jerusalém.

Depois dos persas vieram os gregos. Em 332 a.C., Alexandre, o Grande, da Macedônia (ou da Grécia antiga, se você perguntar a um grego) não apenas assumiu o controle de Israel, mas praticamente de toda a região, desde a Grécia, através do Oriente Médio, à Mesopotâmia, Pérsia e até a Índia. Na terminologia de hoje, Alexandre, o Grande, seria descrito como um globalista. Ele era um grande defensor da fusão de culturas, motivo pelo qual sua conquista de Israel deu início ao que é conhecido como o período helenístico (aproximadamente de 332 a.C. a 63 a.C.). Em vez de matar todos os judeus, os gregos permitiram que eles vivessem suas vidas religiosas livremente, praticassem o judaísmo e se assimilassem como bem entendessem.

Antíoco III (Antíoco, o Grande) o sucedeu e continuou permitindo aos judeus que se reassentassem e praticassem o judaísmo, chegando ao ponto de reconhecê-los como cidadãos leais e importantes de seu reino.

Não foi o caso de seu filho Antíoco IV Epifânio, um cara excêntrico que costumava visitar casas de banho públicas locais e era conhecido como o Louco. Antíoco não gostava que os judeus praticassem seu judaísmo e em 167 a.C. baniu completamente a judaicidade e forçou os judeus a adorar Zeus. Essa imposição em relação a Zeus não caiu particularmente bem com os judeus, e em 167 a.C. eclodiu uma rebelião liderada primeiro por Matatias e mais tarde por um homem corajoso chamado Judá, o Macabeu, da casa dos asmoneus. De acordo com a história, Judá, o Macabeu, retomou o Templo judaico, que havia sido profanado pelos gregos, e, depois de limpá-lo, encontrou apenas uma única lata de óleo. Ele usou o óleo para acender o candelabro de sete pontas, também conhecido como *menorá*, e, pasmem, eis que o óleo durou oito dias. (Feliz Hanuká* a todos!)

A dinastia judaica dos asmoneus governou Israel aproximadamente de 167 a.C. a 37 a.C., restabelecendo o Estado judaico e a soberania nacional. Pela primeira vez em centenas de anos, os judeus se autogovernaram novamente, não precisavam pagar impostos a um governante de fora e eram livres para praticar o judaísmo em Israel.

Aquela festa judaica terminou como a maioria das festas na região, com a invasão dos poderosos romanos por volta de 63 a.C. Aproximadamente em 66 d.C., os judeus já não aguentavam mais os romanos e começaram uma rebelião muito ambiciosa, que não terminou bem. Em 70 d.C., o imperador romano Vespasiano se cansou dos judeus rebeldes e enviou seu filho Tito para a Judeia, a fim de esmagar a revolta. Tito orquestrou um longo e horrível cerco a Jerusalém. Após meses de luta, a cidade caiu, Tito atravessou os muros, destruiu Jerusalém e queimou o Segundo Templo. Ele matou ou exilou quase todos os judeus que viviam na área, causando a diáspora número dois. Um pequeno número de judeus permaneceu na

* N.T.: Festa das Luzes, que celebra a vitória dos macabeus sobre os gregos.

terra ainda por gerações; entretanto, como um coletivo, essa diáspora duraria até 1882. Falaremos disso mais tarde.

O Império Romano governou a terra de 63 a.C. a 324 d.C. e é responsável por algumas das mais surpreendentes obras arquitetônicas que, como grande parte da própria cidade de Roma, ainda estão de pé em toda a sua glória. Foi quando Herodes, o Grande, governou e construiu, entre outras cidades, a já citada Cesareia, bem como a série de aquedutos que meu ex-marido admirava. Ele também edificou a impressionante fortaleza de Massada, um palácio de vários níveis localizado em uma montanha no meio do nada no deserto da Judeia, onde você ainda pode encontrar os restos de gloriosos mosaicos coloridos e algumas sofisticadas saunas e spas antigos com piso aquecido. Ali também foi o local de outra rebelião judaica fracassada e de um sinistro suicídio em massa, de acordo com o historiador Flávio Josefo.

É nessa época que um judeu pobre e iluminado de Nazaré começou a vagar pela terra, pregando paz, amor, humildade e perdão. Ele realmente estava à frente de seu tempo.

* * *

Depois dos romanos, veio o período bizantino (aproximadamente de 324 a.C. a 638 d.C.), em que o imperador Constantino converteu todo o Império Romano ao cristianismo e sua mãe, Helena, construiu a Igreja do Santo Sepulcro em Jerusalém. Constantino e seu sucessor, Justiniano I, também não vibravam com os judeus sendo judeus e tentaram forçar conversões em massa. Os judeus da época sofreram muito, mas, já que estou aqui e ainda sou judia, devo supor que o longo jogo dos romanos não deu muito certo.

Por volta de 638 d.C., seis anos após a morte do profeta Maomé, seus herdeiros Abu-Bakr e Omar Ibn Al Khattab começaram suas conquistas a oeste e invadiram a terra. Essas ondas de conquistas criaram o Império Muçulmano, ou Califado, de 638 a 1099 d.C. Durante esse período, os governantes, ou califas, dividiram suas terras em regiões e chamaram o lado meridional de Israel, de Jaffa para baixo, de "região dos filisteus", com base nos nomes regionais romanos *Palaestina Prima* e *Palaestina Secunda*.

Depois de anos vivendo sob opressores governantes bizantinos, a população judaica esperava ser mais bem tratada após a vinda do Califado. Ainda que os líderes muçulmanos não tenham massacrado os judeus ou forçado a se converterem, relegaram judeus e cristãos a cidadãos de segunda classe, denominados *dhimmis*, que significa literalmente "pessoas protegidas". Esses *dhimmis* foram autorizados a se autogovernar, porém enfrentavam várias restrições sociais (como não andar a camelo ou a cavalo); limitações judiciais (não podiam testemunhar em um tribunal contra os muçulmanos); leis de zoneamento (suas casas tinham que ser mais baixas do que as de seus vizinhos); e impostos. Numa época em que grande parte do antigo mundo era tão malucamente violenta, caminhar lado a lado com seu cavalo ou pagar um imposto alto não era tão ruim para os povos conquistados, mas ainda assim não era prazeroso.

Em seguida vieram os cruzados, que controlaram a região de 1099 a 1260. Fiel ao seu nome e reputação, eles massacraram quaisquer não cristãos que se interpusessem em seu caminho, tomaram conta da terra e renomearam Jerusalém para "O Reino de Jerusalém". Ao contrário dos muçulmanos, forçaram a população local a se converter ou, sabe como é, a morrer. Eles sofreram uma breve derrota para An-Nasir Salah ad-Din Yusuf, mais conhecido como Saladino, que conquistou Jerusalém em 1187, apenas para se reerguerem sob o príncipe normando, cruzado e guerreiro Ricardo, Coração de Leão, em 1191.

Setenta anos depois vieram os mamelucos, uma nação de escravos de origem mista dos Balcãs, da Geórgia, do Egito, da Turquia e de muitos outros lugares que não existem hoje. Os mamelucos se converteram ao islamismo e controlaram a terra por volta de 1260 até 1517.

Em 1517, a terra foi invadida pelo sultão turco Selim I, que a transformou em parte do Império Otomano, assim permanecendo até 1917, depois da Primeira Guerra Mundial, quando os britânicos assumiram o jogo de construção do império. O Mandato Britânico da Palestina abrangeu inicialmente das fronteiras do moderno Estado de Israel até o leste, incluindo os Emirados da Jordânia Oriental, até as fronteiras do Mandato Francês da Síria e do Iraque no nordeste e o deserto de Hejaz (atual Arábia Saudita) no sul. Em 1921, o Mandato Britânico dividiu a terra às margens do rio Jordão, e a Transjordânia (mais tarde Jordânia) foi criada. As fronteiras do Mandato Britânico então se assemelhavam às fronteiras do Estado de Israel atual, e a região era chamada de "Palestina EY", as iniciais do nome hebraico da terra de Israel (*Eretz Yisrael*). O país estava sob a lei britânica, governado por um alto comissário subordinado ao secretário de Estado para as colônias no governo britânico.

Esse Mandato Britânico terminou após a Segunda Guerra Mundial quando, em 29 de novembro de 1947, logo depois do Holocausto, as Nações Unidas concederam aos judeus sua terra de volta e permitiram o estabelecimento do Estado de Israel moderno.[6]

O que nos leva a 1948, o restabelecimento do moderno Estado de Israel.

INDIGENICIDADE

Ufa! Acabamos de passar por mais de 2.500 anos de História em alta velocidade. Não foi tão ruim, eu espero. A importância de fazer essa recapitulação histórica decorre de outro argumento que tenho ouvido muitas vezes: direitos nativos. Esse tópico é muito importante e precisa ser abordado; no entanto, é malcompreendido ou manipulado no contexto de Israel. Seja você um seguidor de qualquer texto religioso ou um humanista, não há dúvida de que Israel é a terra ancestral do povo judeu. Há simplesmente muitos fatos contrapondo quem quiser negar isso, então qualquer tentativa de fazê-lo será muito questionável. Esse é um ponto crucial que se deve ter em mente quando se discute a região, então é importante que tenha ficado absolutamente claro.

Infelizmente, muitos defensores dos direitos dos povos nativos em todo o mundo promovem uma pauta anti-Israel. Entretanto, o único povo que pode datar sua habitação de há mais de 2.500 anos são os judeus (e, talvez, os cananeus, que descansem em paz). Independentemente da sua visão política, e não importa como você se sinta sobre tudo que virá a seguir, provas concretas dão respaldo ao fato de que o povo judeu é nativo da terra de Israel.

Esse pode ser um fato difícil de engolir, mas não deixa de ser um fato, portanto, respire fundo e tome uma dose de tequila, se for preciso. Preparado? Aí vai. Ao longo da história registrada, a terra de Israel era muitas coisas, mas nunca foi uma Palestina soberana. Nunca houve um Estado chamado Palestina, nem lá, nem em nenhum outro lugar do planeta. Isso não significa que não deva *haver* uma Palestina, porém até agora simplesmente não houve. Existiu apenas um Estado soberano naquela terra em particular, e o único povo nativo que realmente governou um Estado soberano foi o povo judeu.

(Recapitulando: antes do estabelecimento do moderno Estado de Israel, a terra passou do Reino de Israel para os persas, os gregos, a casa dos asmoneus [Olá, Hanuká!], os romanos, os bizantinos, os muçulmanos, os cruzados, os mamelucos, os otomanos e os britânicos.)

Você apenas estaria de fato incorreto se dissesse que a terra foi sempre um Estado exclusivamente palestino. Na verdade, nenhuma outra nação que tenha controlado esta terra, excluindo os turcos, os judeus e os britânicos (e possivelmente os romanos e os gregos – dependendo de como você define as coisas), está sequer por perto! Todos eles se foram – ou são história antiga!

Este ponto é particularmente importante no debate recente, uma vez que muitas pessoas gostam de dizer coisas como "Israel tem que devolver essa terra!". A eles eu gostaria de responder: "Devolver a quem, exatamente? Aos mamelucos?".

Uma breve história do Oriente Médio no último século e que confusão ali reinava mesmo antes da existência do Estado de Israel

QUEIME, BEBÊ, QUEIME

Alguns anos atrás decidi ir ao Burning Man pela primeira vez. Se você nunca foi nem viu as fotos, aqui está a atmosfera geral: Burning Man é um evento anual realizado em uma cidade construída especificamente para tal, a chamada Black Rock City, ao norte de Nevada, no leito de um lago seco denominado Playa. Uma vez por ano, durante uma semana, cerca de 80 mil pessoas praticam novas formas de construção da sociedade, de criação artística, de autoexpressão e outros experimentos sociais radicais. Elas sobrevivem juntas, suportando dias de calor escaldante e noites geladas, enfrentando tempestades de areia e celebrando em extensões de areia branca, fina, semelhante a talco que, sob certa luz, parece exatamente a superfície da lua.

Embora isso possa soar idílico ou romântico para algumas pessoas, para mim soava aterrorizante. Primeiro porque eu não sou uma "Burner" nata. Eu sou mais *geek* do que festeira, e o pensamento de não tomar banho por uma semana me dá vontade de pegar um tubo de Lysol e fazer uma dupla lavagem de roupa. Em segundo lugar, eu não sabia o que vestir.

Burning Man tem tanto a ver com figurinos quanto com experimentação social, e fantasiar-se é mais uma forma de autoexpressão radical. E isso é visível. As roupas usadas no Burning Man são de cair o queixo. Pense que *Mad Max* encontra *Moulin Rouge*, e você pode ter uma ideia.[1]

Contudo, algo me puxou para o evento, e, antes que eu me desse conta, já tinha me registrado. Em preparação, passei horas em brechós, pesquisei ideias on-line e conversei com meus amigos do Burner. Ainda assim, não consegui me concentrar no que eu queria vestir – ou melhor, quem eu queria *ser* – no Burning Man.

Depois de dias tentando ansiosamente coordenar meus figurinos com o errático clima de Playa, tive um estalo e percebi que o norte de Nevada não era nada mais do que um deserto. É de onde eu vim. É o que eu conheço! Olhei para minhas lantejoulas e tule e fiz apenas uma pergunta: "O que Lawrence faria?"

Thomas Edward Lawrence, mais conhecido como Lawrence da Arábia, nasceu em 1888 em Tremadog, País de Gales. Desde muito jovem, Lawrence sabia que era diferente. Ele era inteligente e observador e já se interessava pela arqueologia aos 15 anos. Depois de se graduar na Universidade de Oxford, com licenciatura em História (com foco nos castelos dos cruzados), viajou pelo Oriente Médio fazendo escavações arqueológicas. Sendo britânico, Lawrence estava acostumado a temperaturas frias, mas conseguiu lidar com o calor do deserto, que muitas vezes passava de 43°C. Como?, você pergunta. Porque tinha uma extraordinária capacidade de escolher a roupa apropriada. Sim, estou falando daquelas dramáticas e longas vestes brancas e a marcante *agal* dourada. Lawrence aprendeu dos beduínos que, para manter uma temperatura corporal fresca no calor escaldante, ele precisava *se cobrir*, não *se despir*.

Agora, por que estou lhe contando sobre Lawrence? Bem, eu acredito que para entender qualquer coisa relacionada ao Oriente Médio como nós o conhecemos hoje talvez não precisemos de informações detalhadas sobre os mamelucos, mas é preciso ter um bom entendimento sobre a Primeira Guerra Mundial, o colonialismo regional e os tratados e as consequências posteriores – uma trinca que algumas pessoas chamam de pecado original.

Neste capítulo, voltaremos ao início de 1900 e seguiremos meu herói T. E. Lawrence – um lendário arqueólogo, escritor, historiador, diplomata, cartógrafo, ícone da moda e brilhante estrategista militar – que liderou a Revolta Árabe na Primeira Guerra Mundial, desempenhou um importante papel na vitória da Tríplice Entente (Grã-Bretanha, França e Rússia) e mudou para sempre o curso da história do Oriente Médio.

PREPARANDO UMA GUERRA, TORNANDO-SE UM HERÓI

Depois de se formar na Universidade de Oxford em 1911, Lawrence conseguiu com o Museu Britânico um emprego em uma expedição ao sítio arqueológico de Carquemis, no norte da Síria, que estava sob controle otomano. Sendo um dos dois únicos ocidentais ali, ele não só cavoucou o solo, mas também as tradições, as vidas e a cultura dos habitantes locais. Ele se tornou fluente em árabe e costumava visitar os colegas de trabalho em suas casas, aprendendo as nuances da vida árabe e, sem saber, se preparando para o seu futuro extraordinário.

Lawrence amava tanto o Oriente Médio que ficava na Síria mesmo depois que as escavações fechavam para o verão e que seu chefe e mentor, o arqueólogo Leonard Woolley, voltava à Inglaterra. Tendo imerso ele mesmo na vida dos moradores, se tornou uma espécie de habitante local e, em última análise, um árbitro confiável de disputas tribais e especialista em relações curdas.

Durante esse período, Lawrence conheceu Salim Ahmed, que era chamado de Dahoum, o rapaz de 14 anos que trazia água ao acampamento, que se transformou em seu companheiro mais próximo. Juntos, os dois percorreram toda a região, iam a Oxford e voltavam.

Lawrence ainda estava escavando em Carquemis quando o "Museu Britânico" o recrutou para um novo emprego: uma missão dedicada a "rastrear Moisés e os judeus pelo Sinai", vasculhando o deserto do Neguev e procurando uma terra mítica mencionada na Bíblia como o Deserto de Sião. Usei aspas porque embora o Museu Britânico de fato tivesse recrutado Lawrence sob os auspícios do Fundo de Exploração da Palestina, ambos estavam subordinados às ordens do exército britânico. Esses caras não se importavam nem um pouco com a Bíblia. O que realmente queriam era pôr as mãos em mapas atualizados da região.

Na época, todo o Oriente Médio estava dividido entre a Europa colonial e o Império Otomano. O Egito e o Sudão estavam sob domínio britânico; a Argélia, o Marrocos e a Tunísia eram franceses; a Líbia, italiana; e toda a terra, da Turquia à Síria até o sul do Iêmen era otomana. Parte da região era livre – também conhecida como "sob influência europeia" em vez de domínio direto –, mas essas áreas não eram Estados como os conhecemos hoje, e sim conglomerados de tribos árabes locais.

Toda potência controladora estava atenta e tomava cuidado com as pessoas ao seu redor e, em 1914, com o recrudescimento das tensões que culminariam na Primeira Guerra Mundial, não estava claro quem ficaria do lado de quem. Grã-Bretanha, França e Rússia estavam em um time, e o Império Austro-Húngaro e a Alemanha em outro. Não se sabia se os otomanos protestariam ou entrariam no jogo. Foi um período de grande incerteza. E à medida que as grandes potências se preparavam para resistir à guerra que acabaria com todas as guerras, os militares britânicos recrutaram uma pequena equipe de elite para mapear o deserto de Neguev.

Hã??? Por que, à beira de uma guerra mundial, os britânicos se importavam tanto com esse pedaço de terra vazia? Três palavras: o Canal de Suez. Esse pequeno e tímido canal pode não parecer grande coisa, mas era o único corpo de água que ligava diretamente o mar Mediterrâneo ao mar Vermelho. O que significa que era a única coisa que ligava o leste ao oeste. O que significa que era a única coisa que ligava o Império Britânico à sua colônia mais importante – a Índia. Esse minúsculo corpo d'água era um ponto-chave para a economia britânica. É por isso que Lawrence foi recrutado para mapear todas as terras ao redor, caso os otomanos se unissem ao Império Austro-Húngaro e à Alemanha e organizassem um ataque.

Lawrence entregou seus brilhantes mapas no último momento possível. Em agosto daquele ano, os otomanos haviam escolhido secretamente o lado da Alemanha e, em outubro, aderiram oficialmente à guerra, e Lawrence foi convocado para as Forças Armadas da Grã-Bretanha.

A Primeira Guerra Mundial começou por causa de um terrível incidente. Devido a disputas coloniais em terras exóticas e queixas centenárias um tanto motivadas pelo ego, a Europa estava enredada em uma teia de lealdades e disputas que eram mais cheias de nós do que o meu cabelo depois de uma aula de ginástica. O fósforo que acenderia esse barril de pólvora foi riscado em 28 de junho de 1914, quando Gavrilo Princip, um jovem sérvio, atirou no herdeiro austro-húngaro, o arquiduque Francisco Ferdinando, e o matou. A Sérvia e a Áustria decidiram declarar guerra uma contra a outra, e, em uma série de movimentos infelizes, o restante da Europa as seguiu.

Com o combate em pleno andamento, as Forças Armadas da Grã-Bretanha posicionaram Lawrence em sua nova Unidade de Inteligência Árabe no Cairo. Ali ele conheceu o príncipe Faiçal, filho do emir de Meca, e ambos desenvolveram uma amizade inesperada. Os membros da tribo de Faiçal já estavam tentando se rebelar contra os turcos, montando ataques malfadados ao exército otomano. Eles eram guerreiros ferozes e perspicazes, porém dolorosamente desorganizados e mal disciplinados. Embora não fossem, de forma alguma, uma força militar, Lawrence viu potencial nesses homens destemidos e assumiu a responsabilidade de unir esse povo em prol de uma causa comum.

Imagine, se você puder, um homem loiro de 1,65 m de altura, olhos azuis, um britânico extremamente instruído e um tanto excêntrico. Agora o imagine trajando uma túnica árabe branca, pulando em um camelo e desaparecendo no deserto por semanas a fio. Lawrence não pediu instruções ao exército britânico. Ele sequer pediu permissão, nem informou seu comandante, general Allenby, de seus planos militares. Sua filosofia era bem tipo vale do Silício: inovar primeiro, se desculpar mais tarde.

Lawrence não era um "salvador branco". Ele usou seu amor e conhecimento da cultura, da língua e das tradições árabes para inspirar milhares de tribos dispersas a lutarem juntas como uma unidade ao lado de seu rei, Faiçal, contra os turcos. Ele observou os pontos fortes e fracos desses homens e treinou os combatentes em uma nova técnica militar regional: a guerra de guerrilha. Liderou ataques ao sistema ferroviário turco, que carregava suprimentos e comida de Damasco a Medina, e então ordenou aos seus combatentes que recuassem para as montanhas. Ele conhecia o terreno desértico tão bem que conduziu seus homens para as margens do mar Vermelho e executou um ataque impressionante contra a pequena cidade de Aqaba. Em vez de atacar a cidade pela água, o que os militares turcos esperavam, ele liderou um grupo desorganizado de 5.500 membros de tribos a camelo através de milhares de quilômetros do deserto montanhoso de Nafud, considerado intransitável, atacou e conquistou Aqaba do outro lado – o lado do deserto. Só depois de tomar Aqaba e viajar por toda a Península do Sinai, Lawrence entrou em contato com os militares britânicos para dizer: "A propósito, consegui para vocês um dos pontos mais importantes da região. De nada." Aquelas imagens de Lawrence avançando em seu camelo, seguido por milhares de tribos árabes, espadas desembainhadas, seu manto branco esvoaçando no deserto, são lendárias.[2]

As tribos arriscaram suas vidas para seguir Lawrence e Faiçal, e Lawrence retribuiu a honra. Como contrapartida por sua rebelião contra os turcos, tudo o que os árabes pediram foi – o que mais? – independência. O governo britânico concordou (a Correspondência Hussein-McMahon), mas apenas para agir pelas costas de todos e negociar um acordo secreto com os franceses para dividir todo o Oriente Médio entre si (o Acordo Sykes-Picot), com uma vaga promessa à Rússia de "alguma" influência sobre o Egito se a guerra fosse vencida, antes de assumir um terceiro compromisso com os judeus, só para manter as coisas interessantes.

Esse terceiro compromisso surgiu em 1917, um mês antes que a Grã-Bretanha conquistasse Jerusalém do exército otomano. Em 2 de novembro de 1917, os britânicos emitiram a Declaração Balfour, prometendo restabelecer um "lar nacional independente para o povo judeu" na isolada e antiga província otomana da Palestina.

Essa guerra – e suas consequências, com os acordos conflitantes, as agendas, e os desenhos de novas fronteiras – resume a bagunça que predominava na região anos antes que o Estado de Israel viesse a existir.

PLANTANDO AS SEMENTES DO ARGH!

No ano seguinte, em 11 de novembro de 1918, a Primeira Guerra Mundial terminou em vitória para os Aliados! E uma vitória para os árabes! E uma vitória para os judeus! Até que os negócios secretos entre ingleses e franceses (o referido Acordo Sykes-Picot) vieram à tona.

Lawrence ficou lívido. Ele vivia com os árabes havia quase uma década e tinha trabalhado incansavelmente para ajudá-los a alcançar suas ambições políticas. Foi convidado a atuar como conselheiro da delegação britânica na Conferência de Paz de Paris do pós-guerra, mas ele na verdade compareceu para ser acompanhante e tradutor de seu amigo e cocombatente, o príncipe Faiçal.

Os dois homens caminhavam pelos jardins de Versalhes trajando vestes e chapéus árabes tradicionais e causando grande alvoroço. Os europeus torceram o nariz e acusaram Lawrence de ter planos conflitantes, trabalhando oficialmente para o governo britânico, mas de fato para os árabes. E eles estavam certos. Lawrence ajudou Faiçal a escrever um discurso em prol da independência árabe, o traduziu para o inglês e, na hora, também para o francês.

Em uma reviravolta alucinante, Faiçal buscou não apenas a independência árabe, mas também a *independência judaica* – graças, em parte, ao seu bom amigo Lawrence. T. E. era uma espécie rara na época. Ele era ao mesmo tempo solidário ao desejo árabe de independência e um defensor apaixonado do retorno dos judeus à sua pátria. Durante o tempo que passou no Oriente Médio, conheceu muitos judeus que haviam comprado terras de árabes, turcos ou cristãos, e adorou o que viu. Ele apreciava suas novas aldeias agrícolas e, em uma carta de 1909, escreveu: "Quanto mais cedo os judeus as cultivarem, melhor: suas colônias são brilhantes manchas no deserto."[3]

E ele não apenas escreveu sobre isso; também agiu. Lawrence trabalhou para conectar judeus e árabes e atuou como facilitador e tradutor em vários encontros entre o príncipe Faiçal e o líder do movimento sionista (e mais tarde, o primeiro presidente de Israel), dr. Chaim Weizmann. Essas reuniões correram extremamente bem. Os dois homens se entenderam e, em 3 de janeiro de 1919, as partes assinaram um acordo histórico reconhecendo que ambos os povos deveriam ter soberania: os árabes no Hejaz e na Síria e os judeus em sua terra ancestral de Israel.

Em 1º de março de 1919, enquanto participava da Conferência de Paz de Paris, o emir Faiçal escreveu ao dr. Weizmann o seguinte:

> Nós árabes, principalmente os instruídos dentre nós, vemos o movimento sionista com profunda simpatia [...]. Estamos trabalhando juntos por um Oriente Médio reformado e revivido, e nossos dois movimentos se completam [...]. O movimento judaico [...] é nacional, e não imperialista: nosso movimento é nacional e não imperialista, e há espaço na Síria para nós dois. Na verdade, creio que nenhum de nós pode obter verdadeiro sucesso sem o outro [...]. Aguardo com expectativa, e meu povo comigo também está ansioso por um futuro em que nós o ajudaremos e você nos ajudará, para que os países nos quais estamos mutuamente interessados possam voltar a ocupar seu lugar na comunidade dos povos civilizados do mundo.[4]

Essa, lembro a você, é uma carta do mais proeminente líder árabe da época a um dos mais importantes líderes judeus da época. Lawrence entendeu que os judeus pertenciam à terra, e assim também Faiçal. Lawrence entendeu igualmente que o Ocidente deveria conceder aos árabes o direito de autodeterminação, e ele estava certo sobre isso também. Infelizmente, as potências europeias não concordaram e nenhuma quantidade de cartas, acordos ou discursos as convenceram do contrário.

Ao final da Conferência de Paz de Paris, Faiçal pode ter saído com uma boa xícara de chá e um agradecimento por lutar em nome da Coroa, mas certamente não conseguiu nenhuma independência para seu povo. Ao contrário, as forças aliadas dividiram o antigo Império Otomano em novos e inventados Estados, com base em interesses coloniais em vez de fronteiras naturais, afiliação tribal, conexões familiares ou um desejo de autodeterminação. Uma jogada cavalheiresca, de fato. A família Al Saud ficou com a Arábia Saudita (não se sabia na época que havia *tanto* petróleo ali). A França ficou com a Síria. Os britânicos criaram a "Transjordânia" porque ficava perto do rio Jordão e não quiseram se dar ao trabalho de inventar um nome melhor. Eles também transformaram uma minúscula fatia da região – incluindo partes do antigo Reino de Israel e da província otomana da Palestina – no Mandato Britânico da Palestina EY, com a promessa à Liga das Nações (a precursora da ONU) de, em algum momento no futuro, "garantir o estabelecimento do lar nacional judaico".[5]

O Oriente Médio pré-nacionalista e pré-guerra não foi dividido em condados ou fronteiras como os entendemos hoje. Era uma antiga teia de afiliações tribais, religiões e grupos étnicos que operavam em uma enorme região aberta, controlada principalmente pelos otomanos. Os britânicos e os franceses formaram vários países da região com o Acordo Sykes-Picot, mas não é como se *ignorassem* as fronteiras pré-guerra, porque havia relativamente poucas fronteiras a serem ignoradas. A maior parte da região fazia parte do Império Otomano ou era supervisionada por outra potência colonial. Quaisquer outras fronteiras que existiram antes da guerra podem ter sido vagamente definidas por uma cordilheira ou um lago, porém a lealdade era principalmente a um clã familiar, a uma *hamula*. Embora as fronteiras não existissem como as conhecemos hoje, as constelações de famílias e tribos tinham importância crítica, cada qual com seu próprio conjunto de lealdades e disputas com outras famílias e tribos, e elas foram, é claro, totalmente ignoradas. Então, imagine agora ingleses e franceses caminhando em uma sala e carregando um pedaço de papel com um acordo recém-redigido, anunciando a um grupo de curdos e árabes sunitas e xiitas: "Parabéns, todos vocês agora são o Iraque!"

Como você pode ver, árabes e judeus foram enganados e seriamente ferrados pelo Acordo Sykes-Picot. Os judeus não conseguiram Israel, os árabes não conseguiram nada, e toda a região se transformou em um completo desastre – um desastre causado por forças coloniais que encontraram uma terra desértica ocupada por aldeias, pequenas cidades, cidades maiores e muitas tribos nômades que vagavam em camelos e viviam em tendas, leais às suas antigas tradições.

Nesse ponto você pode estar pensando: onde estavam os Estados Unidos?

A PRIMEIRA KARDASHIAN

Era 6 de abril de 1917, quando o presidente dos EUA Woodrow Wilson relutantemente declarou guerra à Alemanha, e os Estados Unidos entraram na Primeira Guerra. O presidente não queria se envolver e manteve-se firme por dois anos; no entanto, a tentativa da Alemanha de ajudar o México a ganhar terras perdidas na Guerra Mexicano-Americana e ataques alemães a navios que partiam dos, e se dirigiam aos, EUA no Oceano Atlântico, forçaram Wilson a juntar-se aos Aliados. O problema era que a opinião pública estadunidense ainda estava em cima do muro com relação a se comprometer com um custo potencialmente caro de uma guerra devastadora em uma terra muito, muito distante. Wilson sabia que, para convencer seu povo, ele precisava contar uma boa história. Com esse objetivo, o governo convocou para a linha de frente um jovem jornalista supertalentoso chamado Lowell Thomas para contar histórias que "aumentassem o entusiasmo dos americanos pela guerra e para com seus novos aliados",[6] um método jornalístico questionável, mas não inédito na época (nem mesmo hoje, na verdade).

Então, Thomas partiu. Ele viajou primeiro para a França, depois para a Itália, mas não encontrou nada de inspirador no atoleiro sombrio das trincheiras da Europa. Pouco depois de os britânicos capturarem Jerusalém, Thomas chegou para conferir como andavam as coisas. Em uma manhã muito auspiciosa, quando caminhava pelas ruas da Cidade Velha, Thomas viu "um sujeito louro de olhos azuis, vagando pelos bazares e portando a curva espada de um príncipe".[7]

Sempre um contador de histórias, Thomas compreendeu de imediato que havia tropeçado em alguém extraordinário. Aquele pequeno homem, Lawrence, foi apresentado a ele pelo governador de Jerusalém, sir Ronald Storrs, como "o rei não coroado da Arábia".[8]

O título pegou. Thomas chamou imediatamente seu fotógrafo Harry Chase para tirar fotos de Lawrence na varanda do escritório de Storrs em Jerusalém, e pouco depois uma equipe deslocou-se para filmá-lo em ação.

Thomas passou apenas cerca de um mês com Lawrence no deserto; no entanto, tirou centenas de fotos e filmou horas e horas. Quando voltou aos EUA depois da guerra, editou as imagens e as apresentou no evento multimídia ao vivo mais avançado da época, chamado *With Lawrence in Arabia*. Foi um dos primeiros documentários narrados já produzidos. O próprio Thomas subiu ao palco para apresentar a história à medida que as imagens eram exibidas em uma tela, tudo perfeitamente cronometrado para se casar com a música, uma partitura original no estilo *Arabian Nights*. *With Lawrence in Arabia* estreou em Nova York, mas logo cruzou o oceano para Londres, sendo apresentado em todos os lugares, do Madison Square Garden ao Covent Garden e o Albert Hall. A apresentação se tornou um grande sucesso, sendo vista por mais de três milhões de pessoas em todo o mundo. A filmagem é de tirar o fôlego, inclusive para os padrões de hoje, e recebeu ótimas críticas na época. Como o *Lloyd's Weekly* escreveu: "Durante a vida da geração atual não houve nada em Londres tão completamente cativante."[9]

As imagens de Lawrence, pequeno em estatura, enorme em carisma, de cabelos loiros, olhos azuis, com sua coroa de ouro e manto branco flamejante, avançando em seu camelo para liderar milhares de homens pelas vastas paisagens do deserto da Arábia, incendiou o globo. T. E. Lawrence, agora conhecido mundialmente como Lawrence da Arábia, foi a primeira pessoa no mundo a se transformar em um *superstar* internacional em vida, graças a *ele mesmo*. Ele se tornou a primeira estrela da vida real do mundo, a primeira estrela de um *reality show*. A primeira Kardashian.

Lawrence tinha uma relação de amor e ódio com a fama e, de acordo com a maioria dos relatos, não tinha uma postura muito *à la* Kris Jenner sobre a coisa toda. Lowell Thomas, no entanto, afirmou que Lawrence "possuía um gênio para se manter na ribalta".[10]

De qualquer maneira: que celebridade. Lawrence morreu em um acidente de moto aos 46 anos de idade. Do seu funeral participaram os gigantes da história, incluindo Winston Churchill, que o declarou "um dos maiores seres vivos neste tempo".

Cem anos depois, fui ao Burning Man.

Assim que me dei conta de que a Playa não era nada mais do que o deserto de Hejaz, eu sabia exatamente não apenas o que queria vestir, mas quem eu queria ser. Enquanto todo mundo brincava praticamente nu, joguei fora minhas plumas e me enrolei em um longo traje de algodão branco – corpo, rosto e tudo – e em cima da cabeça coloquei uma corda dourada feita à mão, inspirada na faixa de corda árabe, a *agal*. Sendo uma das únicas garotas encobertas em todo o festival, chamei muita atenção e, quando indagada sobre minha fantasia, falei sobre minha obsessão com Lawrence da Arábia. Logo ganhei um nome em Playa: Noa da Arábia. Eu o conservo desde então.

Em uma homenagem final a Lawrence, fecharei este capítulo com as próprias palavras dele. Em um artigo escrito em setembro de 1920, intitulado "The Changing East", Lawrence afirma:

> O experimento judaico é de outra categoria. É um esforço consciente por parte do povo menos europeu na Europa de se fazer entender contra a deriva dos tempos, e retornar mais uma vez ao Oriente *de onde veio* [grifo do autor].[11]

Lawrence sabia que os judeus vinham daquela terra. Eles não eram invasores colonialistas. Eram idealistas, empreendedores – e não tinham escolha.

Estavam sendo expulsos do Velho Mundo e tinham que reconstruir seu novo-velho país, ou então...

Meus avós e bisavós estavam entre eles.

Uma breve história do sionismo e por que isso ainda importa

VENHO DE UMA LINHAGEM FORTE

Em uma noite quente de julho de 1918, em uma pequena cidade chamada Ecaterimburgo, a cerca de 1.700 km a leste de Moscou, Rússia, no porão de uma grande e linda casa, o último czar da Rússia, Nicolau II; sua esposa, a czarina Alexandra; suas quatro filhas; e seu jovem filho doente foram fuzilados à queima-roupa por um bando de bolcheviques. Minha avó me contou essa história quando eu era criança. As últimas meninas Romanov estavam cobertas de diamantes escondidos, que foram costurados em suas roupas íntimas, uma terrível prova de sua riqueza e da inútil esperança que mantiveram até o fim de serem libertadas de seus captores. Aqueles diamantes proporcionaram uma cena final particularmente horrível. As meninas estavam praticamente usando coletes salva-vidas incrustrados de ouro, diamantes, esmeraldas e pérolas, fazendo com que as balas dos bolcheviques ricocheteassem em seu corpo e voltassem em direção às paredes. Portanto, os homens tiveram que atirar nelas muitas e muitas vezes. Minha avó era uma criança de 11 anos na Rússia quando ocorreu esse banho de sangue.

Em poucas palavras, a dinastia Romanov governou a Rússia com mão de ferro por pouco mais de 300 anos e, ao contrário, por exemplo, da família real britânica, ela não foi esperta e não se adaptou às mudanças da história. Assim, em vez de construir um império, se tornar uma superpotência colonial, e então entender quando se retirar polidamente, a dinastia terminou naquele porão, em uma cena digna de um *remake* de Tarantino. E assim começou o reinado dos bolcheviques.

Os bolcheviques tiveram uma ideia fabulosa, executada de forma catastrófica. Eles eram marxistas que pregavam uma sociedade sem classes, na qual o poder deveria ser compartilhado por todas as pessoas, em que todos seriam iguais, cada cidadão não era senão um trabalhador comum trabalhando para o bem maior da nação e dedicado ao trabalho manual simples, sem quaisquer ambições pessoais. Acreditavam, pelo menos no início, que estavam criando uma utopia que dominaria o mundo. Saindo de centenas de anos de uma cruel monarquia, isso parecia mágico para o povo, incluindo minha jovem avó. Como ela escreveu em seu diário:

> Há muito alvoroço entre nós, jovens adultos, orgulhosos cidadãos do amanhã, cidadãos de uma terra livre. Uma terra que devemos reconstruir a partir dos alicerces, uma terra na qual as possibilidades de crescimento pessoal são tão vastas! A primavera de nossa juventude contra o plano de fundo da nascente desta imensa terra, que se libertou das correntes da escravidão.

Traduzindo sua prosa prematuramente madura em uma linguagem menos dramática, ela estava de fato animada. Aquela era a revolução do povo, a promessa do socialismo cosmopolita, no qual *todos* eram iguais e cada camarada deveria contribuir igualmente para construir essa grande sociedade igualitária, a Mãe Rússia. Bem, tudo isso parecia ótimo – a menos, é claro, que você fosse judeu.

Minha amada avó Fania Artzi ou, como eu a chamava, *safta** (que em hebraico quer dizer *avó*) Fania, nasceu na família Tomashov, em Bobruisk, que na época fazia parte da Rússia "Branca" e agora é Bielorrússia. A cidade era pequena, cerca de 70 mil habitantes, e 70% da população era judia. As crianças judias de Bobruisk, como muitos russos, estavam inebriadas com o idealismo socialista. Todos acreditavam na revolução e correram para o Komsomol, a divisão juvenil do Partido Comunista, a fim de fazer parte desse admirável mundo novo. Mas não demorou muito para que minha avó e seus amigos percebessem que a revolução não era para eles. Quando os alunos bielorrussos pediam para aprender a língua bielorrussa, o desejo lhes era concedido. No entanto, quando um jovem menino judeu de sua escola pediu para aprender a língua hebraica, ele foi tachado de contrarrevolucionário e exilado na Sibéria. Aqueles bolcheviques não estavam para brincadeira.

Minha avó descreveu aquele acontecimento – o garoto sendo enviado à Sibéria – como um ponto decisivo. Por que – ela e seus amigos se perguntavam – essa república supostamente "livre" tentava subjugar os judeus? O antissemitismo tinha sido algo sistemicamente popular e desejável na Rússia por gerações, porém todos acreditavam que a revolução tinha finalmente hasteado a bandeira da igualdade. No entanto, essa bandeira rapidamente foi arriada. Minha avó e seus amigos começaram a procurar um lugar em que fosse seguro ser judeu e viver pelos ideais de igualdade e simplicidade.

---

* N.T.: Pronúncia popular (e incorreta) de *savta*.

Em 1924, minha avó obteve um panfleto chamado *HeHalutz*, ou *O Pioneiro*. O movimento pioneiro fora criado alguns anos antes por um idealista judeu-russo chamado Joseph Trumpeldor. Trumpeldor, um herói de guerra militar russo condecorado e ex-prisioneiro de guerra no Japão, descrevia exatamente o que minha avó estava procurando: um novo movimento para reconstruir a velha pátria com base em ideias comuns, vida compartilhada, propriedade compartilhada de todos os bens pessoais e autossuficiência. E um lugar seguro para os judeus, no qual poderiam finalmente ser libertados. Essa era sua passagem! Um movimento que lhe permitiria ser judia *e* socialista! Ela prontamente decidiu se tornar uma pioneira.

Só havia um problema. Ela tinha 15 anos. O movimento não aceitava ninguém com menos de 18, então minha empreendedora avó decidiu fazer a coisa racional e criar uma ramificação desse grupo chamado *HeHalutz HaTzair* (O Jovem Pioneiro). Foi uma jogada perigosa. Na Rússia bolchevique, fazer parte de qualquer grupo autoidentificado era uma passagem só de ida para férias permanentes no deserto siberiano. Para se juntar a esse grupo secreto e começar a jovem ramificação, minha *safta* teve que passar por testes exaustivos e exames para provar aos membros mais velhos que ela não era uma "agente provocadora", uma espiã a trabalho dos bolcheviques. Em seus diários, ela descreve uma cena ao estilo de filme *noir* em que sua "audição" aconteceu:

> Lembro-me do dia da prova em que as negociações para a adesão foram realizadas. Era uma noite escura e tempestuosa, branca e invernal. Ventos e neve lá fora quando a porta se abriu e o camarada D.S. pediu que eu entrasse. Apesar de ter me preparado para aquela reunião por um tempo, eu o segui, o coração pulsando com violência, meu corpo tenso diante daquela conversa que iria determinar o resto da minha vida. Ele não falou muito, apenas fez duas perguntas que deixaram meu coração em uma agitação apenas igualada pela feroz tempestade do lado de fora, em toda a sua glória viciosa. As duas

> perguntas foram: A. Como imagino a construção do país? Será construído por meio de dinheiro e moeda intelectual, o que significa que seremos os gerentes e os trabalhadores simples serão os árabes? Ou os próprios judeus serão os trabalhadores simples? E B. Estou disposta a abandonar pessoalmente a continuação da minha educação superior e a "carreira" desejada de mim e ir a Israel para ser uma trabalhadora simples em qualquer atividade braçal que me será exigida?

Minha avó de 15 anos foi aprovada no teste e O Jovem Pioneiro foi criado em total sigilo.[1] Era um pequeno grupo de 5 a 6 jovens de sua escola, que se reunia em noites escuras e ia para as florestas perto da cidade para estudar juntos e compartilhar sua visão de como reconstruir a terra ancestral. Outros amigos confiáveis serviam de vigias nessas reuniões, protegendo-os do "olhar maldoso dos policiais russos". Eles vasculhavam o mercado negro em busca de obras de escritores europeus proibidos, como Pinsker e Borochov, e assumiram a tarefa de estudar a reemergente língua hebraica. A língua falada em casa era, naturalmente, o russo. O hebraico estava sendo revivido para uso diário, depois de depois de ser mantido um pouco adormecido e ser utilizado por dois milênios apenas por estudiosos bíblicos e durante rituais religiosos. Aqueles jovens se uniram ao empenho de reviver sua língua, estudá-la, modernizá-la, e usá-la exclusivamente. Eles se encontravam à noite, liam, estudavam, praticavam esportes. Também aprenderam a cultivar vegetais, filosofando e formulando seus sonhos da nova terra curvados sobre uma cama de cebolas.

Em 1924, quando *safta* Fania tinha 17 anos, foi descoberto um agente provocador no grupo. Ele deu às autoridades uma lista dos nomes dos participantes e a polícia bolchevique realizou buscas nas casas de todos os membros; todos, exceto alguns, foram exilados para campos de trabalho na Sibéria. Minha avó sobreviveu à busca, e ela conta a seguinte história:

> Eu era a encarregada de manter a comunicação com as cidades vizinhas. Recebia cartas e passava as informações para o nosso grupo. Um dia recebi uma carta. Era sabido que tão logo recebêssemos uma carta, devíamos lê-la e destruí-la imediatamente, no entanto, por algum motivo eu queria mostrar a carta aos meus amigos, então a guardei em casa. Essa carta estava comigo quando a GPU [o "Diretório Político do Estado", ou o serviço de inteligência e a polícia secreta da República Socialista Federativa Soviética da Rússia] veio realizar buscas na minha casa. Era inverno e havia uma forte nevasca. As janelas na Rússia tinham moldura dupla, não se podia abri-las, e os banheiros ficavam fora da casa. O que eu poderia ter feito tendo a carta ali comigo? Se eu a rasgasse, eles encontrariam os pedaços, as janelas de moldura dupla não podiam ser abertas e, como os banheiros ficavam do lado de fora, eu não podia jogá-la fora. Se eles encontrassem a carta, eu seria enviada à Sibéria, imediatamente e sem julgamento. Era 1924 e tínhamos sido treinados a como agir em um caso como esse. A instrução era engolir a carta. Eu ainda posso sentir o gosto do papel na minha boca. Viraram a casa de cabeça para baixo, viraram as camas do avesso, procuraram em todos os lugares e não conseguiram encontrar a carta. Aquele Nathan disse a eles que eu era responsável pelas comunicações e que teria cartas em casa, mas como não conseguiam encontrá-las, tiveram que me dispensar. Eles disseram: "Nós voltaremos e pegaremos você." Eu não esperei e fugi.

Pouco depois, a família da minha *safta* deixou a Rússia sem um tostão e partiu de Odessa em um barco infestado de ratos e ladrões rumo à terra prometida. Encontraram nada menos que um desastre. Minha avó chegou a Jaffa em 1925. Seu navio atracou longe da costa, e os passageiros foram trazidos a terra por pequenos barcos, com muito barulho e grande confusão. Ao entrarem na cidade velha, deram de cara com um funeral árabe e um desfile carnavalesco de "*Adloyada*" (característico da festa de Purim*) judaica. A pequena e antiga Jaffa era uma bagunça – arruinada, suja e perigosa. Construída em uma região áspera e infértil, o restante do país não parecia melhor e seus desafios eram muitos. Estava muito longe do sonho idealista que ela e seus amigos haviam idealizado na floresta de Bobruisk.

Mas o que exatamente era aquele feitiço idealista que fascinou minha avó adolescente e a levou a arriscar sua vida? O que era essa maluquice que subitamente crescia na Europa e no resto do mundo arrastando magicamente jovens judeus? Era o chamado *sionismo*, que finalmente alcançaria o nível do ponto da virada de Malcolm Gladwell.**

BOAS IDEIAS SÃO SEMPRE MALUCAS, ATÉ QUE DEIXAM DE SER

Recentemente, tem-se falado muito sobre sionismo e ainda mais sobre antissionismo. Muitas vezes, um ou outro é usado como argumento a favor ou contra os EUA, Israel ou as políticas conjuntas de ambos os países. Depois de milhares de conversas com pessoas altamente instruídas, percebi que a maioria não sabe o que essa palavra realmente significa, ou quando e por que passou a existir. É para isso que estamos aqui!

À luz do recrudescimento do antissemitismo no Reino Unido no período da liderança de cinco anos do Partido Trabalhista sob Jeremy Corbyn, Jonathan Freedland escreveu um artigo no *Guardian* intitulado: "Os Judeus são o canário na mina de carvão". Esta expressão remonta aos primórdios de 1900, quando mineiros de carvão levavam

* N.T.: Purim: celebração da salvação do povo hebreu na Pérsia segundo o livro bíblico de Ester. Um dos seus costumes é fantasiar-se.

** N.T.: Autor de livro homônimo, no qual sustenta que as novidades atualmente se espalham como vírus, e o momento decisivo em que se alastram – ou se acabam – é o que ele chama de o *ponto da virada*.

consigo canários para dentro dos túneis como detectores reais de monóxido de carbono. Se os níveis de gás matassem os canários, os mineiros teriam aviso prévio para abandonar os túneis O MAIS RÁPIDO POSSÍVEL. Freeland escreveu:

> Quando uma sociedade se volta contra seus judeus, geralmente é sinal de mal-estar mais amplo. A história nos mostrou que o racismo nunca fica confinado aos "bolsos". Uma vez que o vírus está dentro, ele não descansa até que tenha infectado o corpo todo.[2]

Como mencionei antes, o antissemitismo não começou com a Revolução Bolchevique e com o nascimento da minha avó em 1907. Na Rússia, o antissemitismo estava em ascensão desde 1791, quando Catarina, a Grande, com a intenção de terminar o trabalho que sua antecessora, a imperatriz Isabel, começara, criou o Pale, forçando todos os judeus no Império Russo a viver em áreas segregadas ao longo das fronteiras. Ela prosseguiu a sua obra cassando a cidadania dos judeus, impondo dupla tributação e outras leis discriminatórias, e espalhando a propaganda de que os judeus eram o mal supremo naquele oh-tão-benevolente regime.

As coisas foram piorando de um herdeiro para outro, atingindo proporções horríveis quando, em 1827, o neto de Catarina, Nicolau I (carinhosamente conhecido como o Hamã russo) promulgou um decreto que tornava obrigatório o recrutamento de crianças judias a partir de 12 anos para cumprir até 25 anos de serviço. Sim, esses números estão corretos: 12 anos de idade e 25 anos de serviço. O horror que isso causou nas comunidades judaicas é incomensurável. Mas o pior ainda estava por vir. A partir de 1821, *pogroms* e assassinatos organizados se intensificaram (e ficaram conhecidos como as "Tempestades no Sul"). Isso se deu até 1881, quando foi assassinado o czar Alexandre II e o governo usou de bom grado esse acontecimento como uma desculpa para suprimir os direitos humanos e perseguir "agentes ou influência estrangeira", também conhecidos como judeus.

Em 1903, todo esse ódio explodiu através de um dos primeiros exemplos de notícias falsas viralizadas, *Os Protocolos dos Sábios de Sião*. Esse documento, criado pela polícia secreta do czar,[3] fazia a fantástica afirmação de que os judeus eram parte de uma conspiração global para dominar o mundo. Na época, havia cerca de 10,6 milhões de judeus no mundo em comparação a uma população de 1,6 bilhão. Em outras palavras, os judeus totalizavam 0,6% da população global, e eram extremamente segregados, discriminados e perseguidos. Como uma dominação global iria funcionar? Esse documento era tão falso que nem posso acreditar que tenho que escrever sobre isso hoje, mas ele ainda é defendido por teóricos da conspiração em todo o mundo! Até Henry Ford, o famoso industrial americano conhecido por criar a linha de montagem que mudou a indústria, usou *Os Protocolos dos Sábios de Sião* como base de uma série de artigos que publicou a partir de 22 de maio de 1920 (e que se seguiu por anos!), chamada "The Internacional Jew: The World's Problem" (O Judeu Internacional: O Problema Mundial) em seu jornal o *Dearborn Independent*.[4] Então, é isso. Na virada do século, *Os Protocolos dos Sábios de Sião* se converteram em um *best-seller* instantâneo, levando ao massacre e ao exílio de centenas de milhares de judeus.

A população judaica precisava de um bote salva-vidas. Dica: o movimento sionista.

O movimento sionista surgiu em um contexto de despertar intelectual que varria a Europa. A era do Iluminismo nos anos de 1700 e a Primavera dos Povos em meados do século XVIII testemunharam revoluções democráticas e liberais e agitação em muitos países. Cidadãos de todos os lugares exigiam mais poder para o povo. Começaram igualmente a dar mais peso à ciência e à lógica ao invés de ao credo religioso ou monárquico. Todas essas revoluções inspiraram também um Iluminismo judaico, no qual eruditos judeus e filósofos promoviam o secularismo, o liberalismo e a educação geral, não apenas a bíblica.

Na época, o sionismo parecia uma loucura revolucionária, porém os judeus já falavam em restabelecer sua terra natal havia dois milênios. Todos os anos, em Pessach,* enquanto lemos a Hagadá,** contamos, mais uma vez, a história do êxodo judaico do Egito e completamos a saga, dizendo: "No ano que vem em Jerusalém". Isso vinha acontecendo havia muitos séculos, de modo que a memória epigenética da pátria sempre foi potente, para dizer o mínimo. Contudo, era mais um conceito teórico, um sonho. O pensamento de *realmente* retornar a Israel para restabelecer um país *real* tornou-se uma necessidade com as crescentes marés do antissemitismo. Começou originalmente com caras como o rabi Alkalai da Sérvia, que elaborou um plano detalhado para reconstruir a pátria judaica em Israel por volta de 1843. O livro de 1862 de Moshe Hess, *Roma e Jerusalém*, também defende o restabelecimento de um Estado judeu, que seria de base agrícola, para "resgatar a terra". O pensamento de um refúgio judaico surgiu ainda nos Estados Unidos quando, em 1825, Mordecai Manuel Noah, um judeu americano da Filadélfia, teve a ideia de estabelecer uma terra nos emergentes Estados Unidos para servir como um Estado judeu, um lar para os judeus. Ele comprou um terreno em Grand Island, Nova York, e denominou aquele refúgio judeu imaginário de seu "Ararat". Engula em seco. A ideia claramente não pegou, e Noah mais tarde admitiu que os judeus deveriam apenas, sabe como é, voltar para onde eles pertencem: Israel.

Essa, meus amigos, é a origem do sionismo. A necessidade de segurança e autodeterminação dos judeus em sua casa ancestral, um movimento de libertação judaica. Não é tão complicado.

---

* N.T.: Festa que celebra a saída do cativeiro do Egito.

** N.T.: Relato da saída do cativeiro egípcio.

A palavra *sionismo* origina-se de Sião, uma das 70 palavras bíblicas usadas para descrever Jerusalém. Na verdade, Jerusalém é o primeiro nome da cidade; Sião, o segundo. Ela tem 68 outros nomes, mas não precisamos entrar nisso agora. O termo *sionismo* foi cunhado pelo escritor e jornalista Nathan Birnbaum em 1890 e cristalizado na história em 1896 por Theodor Herzl, o cientista louco por trás da invenção do moderno Estado de Israel, o homem que transformou essa ideia maluca em realidade.

Theodor Benjamin Zeev Herzl nasceu em 1860 em Budapeste, Hungria, filho de uma família liberal e bem-sucedida de língua alemã. A família de Theo participou do iluminismo judaico e, por conseguinte, ele recebeu uma educação secular adequada e era um ávido leitor, tendo especial afinidade com a obra de Goethe e de Shakespeare.

No início, Theo não gostava tanto de sua judaicidade, estando muito mais interessado em assimilar a cultura europeia. Completou seu doutorado em Direito e trabalhou como advogado por um curto período de tempo, antes de desistir da profissão para se dedicar à sua verdadeira paixão: a escrita. Ele escreveu algumas peças, algumas das quais realmente tiveram sucesso, mas não foi isso que o fez entrar para as páginas da História.

No início de sua vida adulta, Herzl se considerava um "judeu cultural". Desdenhava os fundamentos espirituais da judaicidade e sua conexão com a condição de povo, acreditando que por meio da educação e da absorção seria possível se livrar das características judaicas herdadas. Ele acreditava, como muitos ao longo da história erroneamente também acreditaram, que se os judeus pudessem se assimilar o antissemitismo deixaria de existir.

Sua ida para Paris mudou radicalmente sua opinião. Ele se juntou a um jornal vienense como correspondente em Paris e, pouco depois de chegar na França, ficou sabendo de um escândalo político chamado de o Caso Dreyfus.[5] Alfred Dreyfus era um oficial de artilharia francês de ascendência judaica que, em 1894, foi falsamente acusado de espionar para os alemães. Mesmo depois que provas de sua inocência vieram à luz, ele continuava a ser assediado pelos militares franceses. Dreyfus foi levado a julgamento, o que causou uma enorme agitação e tornou-se um exemplo óbvio da natureza insidiosa do antissemitismo europeu.

Como parte da imprensa, Theo estava presente no tribunal quando o veredicto de culpado foi proferido e testemunhou em primeira mão a humilhante cerimônia pública em que as insígnias de Dreyfus foram arrancadas. "Em 5 de janeiro de 1895, Dreyfus foi publicamente desonrado em uma cerimônia de degradação encenada no pátio da École Militaire. Diante de uma multidão que gritava 'Morte ao Judas, morte ao judeu.'."[5]

Ninguém sabe se o julgamento em si *fez* com que Theo repensasse sua posição, mas na mesma época, ele se deu conta de que, embora *ele* quisesse se livrar de sua judaicidade, o mundo jamais deixaria que o fizesse. Ele percebeu que a assimilação não eliminava o ódio e que o antissemitismo não desapareceria tão cedo. Então Herzl deu uma guinada de 180° e decidiu que os judeus não só deveriam permanecer judeus, mas também que deveriam voltar para sua terra natal ancestral e restabelecer seu próprio Estado. Pelo menos se quisessem se sentir seguros novamente.

Meu amigo Gidi Grinstein diz que o judaísmo pode ser visto através quatro pilares: religião, condição de povo, *tikun olam* e nacionalidade. A religião e a fé são pessoais e observadas de forma diferente por diferentes indivíduos. A condição de povo pode ser descrita como um legado, uma história, uma família e tradições educacionais compartilhadas, que unem muitas gerações. *Tikun olam* é o comando judaico de se esforçar para tornar o mundo um lugar melhor. E a nacionalidade é a manifestação moderna de uma necessidade humana básica: o vínculo com uma terra e a necessidade de autodeterminação e autogoverno. A manifestação da nacionalidade é o anseio por uma pátria dos judeus durante dois mil anos de exílio e seu desejo de criar o moderno Estado de Israel. (De forma muito parecida à da nacionalidade dos judeus, o povo palestino também tem esse desejo e essa necessidade de autogoverno, e muitos sionistas esperam que isso aconteça. Não se preocupe, veremos isso mais tarde.) Nem todo judeu pratica ou se identifica com todos os quatro pilares, mas creio que eles são um ótimo prisma para se pensar sobre a judaicidade de alguém. Herzl claramente assumiu a parte nacionalista de sua judaicidade e se relacionou com ela.

É difícil enfatizar o quão radical esse conceito era. Pense nisso. Estamos falando do século XIX. Os judeus se espalharam mundo afora, reunidos em pequenos bairros à semelhança de guetos (ou *shtetls**), fluxo e refluxo de uma opressão e / ou discriminação para outra. Ao longo de dois mil anos de exílio e perseguição, repetiam: "No ano que vem em Jerusalém." Mas quem realmente acreditava nisso? Não muitas pessoas, é verdade. A ideia parecia tão improvável que no início a maioria dos judeus em todo o mundo a descartou. Felizmente, Theo era um grande escritor. Ele entendia que, a fim de colocar os seres humanos em ação e recriar uma nação, era preciso "influenciar as massas falando à sua imaginação, com grandes símbolos [...]. As nações são afetadas por bandeiras, enfeites, canções".

Essas foram as palavras que ele escreveu em 1895 ao barão Hirsch, um filantropo judeu alemão, quando lhe pediu financiamento para esse plano louco. Não deu certo, porém Herzl já sabia o que fazer. Ele sabia que, se não pudesse apelar para a lógica, teria que apelar ao coração. E entendeu que pessoas de todas as raças, religiões e etnias são movidas por histórias. Boas histórias. Histórias inspiradoras. E ele era, afinal, um brilhante contador de histórias.

---

* N.T.: Em ídiche, literalmente, "cidadezinhas" dos países do Leste Europeu.

Em 1896, Theo, aos 36 anos, escreveu uma de suas obras mais importantes, que iria impulsionar uma revolução. Era um pequeno panfleto intitulado *O Estado Judeu*, e nele descrevia – adivinhou – o Estado judeu. Em linguagem clara, concisa e simples, Herzl colocou sua visão de uma solução moderna para o que ele chamou de "A Questão Judaica". Ele começou com estas palavras: "A ideia que desenvolvi neste panfleto é muito antiga: é a restauração do Estado Judeu".

Sua premissa não era nada mais nada menos do que a esboçada acima: tínhamos soberania antes, então provavelmente deveríamos tê-la novamente. Por quê? Para sobreviver. Ele escreve:

> O mundo ressoa com clamores contra os judeus, e esses clamores despertaram a ideia adormecida [...]. Ninguém pode negar a gravidade da situação dos judeus. Onde quer que vivam em números perceptíveis, são mais ou menos perseguidos. A sua igualdade perante a lei, conferida por lei, tornou-se praticamente letra morta. Estão impedidos de ter acesso a cargos moderadamente altos, seja nas forças militares ou em qualquer capacidade privada. E tentativas são feitas para expulsá-los também dos negócios: "Nada de lidar com judeus!".[6]

Seu ponto final: "Que nos seja concedida a soberania sobre uma parte do globo, grande o suficiente para satisfazer os legítimos requisitos de uma nação; o restante administraremos por nós mesmos".

Em palavras simples, Herzl estava pedindo reconhecimento internacional para um Estado judeu.

Aquele pequeno panfleto, bem como outras importantes obras de arte ou literatura, foi depreciado por quase todos os críticos da época. Os círculos políticos demostraram hostilidade, os críticos riram, jornais respeitáveis se recusaram a falar sobre ele, e os que o fizeram o chamaram de tudo, de tolo a louco ou desesperado. O panfleto também causou medo em alguns círculos religiosos. O público mais receptivo acabou sendo o judaísmo russo, e foi assim que essa ideia revolucionária chegaria à minha avó nos anos futuros.

Não obstante a fria recepção inicial, Theo não desistiu. Raposa maluca que era, organizou um evento chamado de Primeiro Congresso Sionista, que ocorreu em 29 de agosto de 1897, em Basileia, Suíça. Herzl reuniu pela primeira vez representantes de comunidades judaicas de todo o mundo, e 208 delegados de 16 países compareceram para discutir seu futuro coletivo. Herzl acreditava que o movimento sionista deveria ser público, orgulhoso, ostensivo e apoiado pela comunidade mundial. Os delegados discursaram, criaram grupos de debates, congratularam-se e fizeram tudo trajando fraques, nada mais nada menos. Herzl insistiu em que todos usassem fraques para sinalizar a si mesmos e ao resto do mundo que esse era de fato um evento de celebração, e respeitável também!

Mas, quando chegou o momento de definir o que o sionismo realmente *era* – suas estruturas políticas e seus objetivos para o futuro –, não houve consenso. Havia diferentes processos de pensamento e agendas, e os participantes lutaram apaixonadamente sobre como executar essa ideia totalmente insana (como diz a piada, toda comunidade judaica tem pelo menos duas sinagogas: uma que você frequenta e aquela em que você não vai pisar). Alguns pensavam que sionismo significava emigração imediata para Israel, enquanto outros eram de opinião que significava lutar pelos direitos civis dos judeus onde quer que residissem. Alguns pensavam que o sionismo deveria ser baseado no socialismo e no trabalho da terra, enquanto outros achavam que deveria estar ancorado na religião ou no capitalismo. Afinal, eles eram um bando de judeus, então continuaram discutindo o tempo todo até... agora.

Além do debate interno, os sionistas enfrentaram ameaças de várias figuras poderosas, entre elas o czar, o papa e o sultão turco. Todo esse conceito de reconstrução de um Estado-nação judeu era, na época, tão insano, que as potências mundiais estavam preocupadas com possíveis implicações internas. Os participantes sabiam que havia espiões na plateia e se certificaram de que seu desejo de um Estado não parecesse uma rebelião contra nenhum país. Eles fizeram um esforço conjunto para esclarecer que todos os sionistas cooperariam plenamente e colaborariam "de acordo com as leis dos vários países" nos quais atuavam.

Depois de três dias, os delegados concordaram com os seguintes pontos principais do sionismo:

- Construir um lar para o povo judeu na terra de Israel, com base na igualdade e na justiça social.
- Incentivar a *aliá* (ou emigração para Israel) e conectar a diáspora.
- Reviver a língua hebraica.
- Demonstrar solidariedade contra o antissemitismo.

Os delegados ficaram supercomovidos com sua visão compartilhada. No encerramento do congresso, o público aplaudiu e chorou por mais de uma hora.

Poucos dias após o retorno de Theo a Viena, ele escreveu em seu diário as seguintes palavras proféticas: "Em Basileia, fundei o Estado Judeu. Se eu dissesse isso hoje em voz alta, seria saudado pelo riso universal. Dentro de cinco anos, talvez, e certamente dentro de cinquenta, todos o perceberão".[7] (Exatamente cinquenta anos depois, *quase no mesmo dia*, e tristemente depois da morte de Herzl, o bebê Nações Unidas votou pelo estabelecimento de um Estado na terra de Israel.)

Em 1902, Theo escreveu seu primeiro romance, *Altneuland* (Velha e Nova Pátria), para expor com mais detalhes aquele seu sonho para um Estado judeu. No livro, ele extrai de sua educação liberal e universal a descrição de um Estado utópico baseado em valores liberais, cooperação, colaboração e plena igualdade de direitos para homens e mulheres de todas as raças, religiões e etnias.

Theo descreve um meio-termo econômico que incorpora o capitalismo para garantir que o país não caia em um socialismo opressor. Defende a educação gratuita, a separação de Igreja e Estado, salário-maternidade, pagamento de horas extras e ambientalismo. O princípio fundamental dessa sociedade fictícia é a tolerância, e seu slogan é: "Cara, você é meu irmão". Lembre-se, isso aconteceu em 1902, não em 1967! Acho que posso dizer que John Lennon teria amado esse homem.

Altneuland começa com esta observação perspicaz: "Se você quiser, não será apenas um sonho", e termina com o golpe duplo:

> Um sonho e uma ação não são tão diferentes quanto as pessoas tendem a pensar, pois todas as ações humanas são iniciadas a partir de um sonho. E se você não quiser, tudo o que escrevi na realidade é um sonho e permanecerá um sonho.[8]

Foi assim que começou o negócio todo. A faísca que deu início ao fim de dois mil anos de diáspora. O sionismo.

A vida pessoal de Theo não era tão um mar de rosas. Ele sofria com problemas de saúde física e sua esposa e filhos lutavam com graves problemas de saúde mental, acompanhados de explosões de violência e hospitalizações frequentes. Ele não deixou que nada disso o detivesse. Pelo restante de sua vida, viajou pela Europa e pelo Oriente Médio em busca de aliados políticos e apoio de líderes mundiais, como o *Kaiser* alemão, o czar e o sultão turco, sem sucesso. Theo nunca conseguiu obter o apoio da comunidade internacional, e, apesar de nunca parar de pressionar por aquele sonho de que falava, não conseguiu vê-lo realizado em vida.

Seria necessário um grande acontecimento, uma catástrofe que exterminasse 3% da população mundial e quase metade da população judaica, para que a atmosfera política mudasse e permitisse que os judeus restabelecessem um lar.

Seria necessário um Holocausto.

POR QUE O SIONISMO? POR QUE AINDA?

Cresci sabendo que era sionista. Eu não sabia exatamente o que a palavra significava, mas sabia que eu era uma. Minha família inteira era sionista. Meus pais nasceram em Israel antes da declaração do Estado, porém meus avós e bisavós vieram para Israel porque eram sionistas. Cada um deles participou da construção do país e, por conseguinte, os únicos que sobreviveram da família. O restante, que ficou para trás na Europa, pereceu quando os nazistas implementaram "a solução final" para exterminar os judeus. O sionismo salvou meus avós e permitiu que eu nascesse.

Pelo fato de crescer em Israel, eu era extremamente ingênua. Pensava que o sentido do sionismo era bastante evidente e não tinha ideia de que o *anti*ssionismo realmente se tornara algo difundido. Sequer percebi que o antissemitismo ainda persistia! Eu acreditava de verdade que as atrocidades da Segunda Guerra Mundial tinham colocado fim nessas duas questões. Minha primeira constatação da realidade aconteceu em um passeio de balsa noturno de Atenas para a exótica ilha grega de Ios.

A Grécia fica a cerca de duas horas de voo de Tel Aviv, e quando eu era adolescente as ilhas gregas eram nossa Tijuana ou Panama City Beach. Nosso destino na Flórida. Eu tinha 17 anos, e minha melhor amiga Yaeli e eu pegamos um voo matinal para Atenas e de lá uma balsa muito barata e muito lenta para Ios, que na época era a atração mais legal. (Imagine a Semana do Saco Cheio ao estilo europeu, com muitos italianos bêbados.) Era uma noite quente de agosto quando fui abordada por um jovem muito alto e muito bonito. Começamos a conversar e encontramos um canto aconchegante no convés escuro para nos conhecermos melhor e talvez até fazer o que os adolescentes fazem nessa idade. Logo surgiu na conversa que eu era de Israel e que o cara gostoso era da Alemanha. Ele parou de falar, demonstrando certo desconforto, pausa que pareceu ser muito tempo, somando um olhar frio e indecifrável em seu rosto. Supondo que isso provavelmente tinha algo a ver com o passado conjunto de nossas nações, decidi facilitar as coisas dizendo algo como: "Bem, tudo isso aconteceu há muito tempo. Nossos países fizeram as pazes e são grandes aliados agora. Devemos aprender com o passado, seguir em frente e nos certificarmos de que isso nunca aconteça novamente".

O cara gostosão me olhou direto nos olhos e, sob a mais romântica das luas do Mediterrâneo, enquanto navegávamos pacificamente em direção à ilha paradisíaca, disse o seguinte, de que me lembro literalmente, pois repeti essa história *ad nauseam* ao longo dos anos: "Bem, na verdade, não sabemos se isso *realmente* aconteceu. Há muitos livros que dizem que não." Para ser clara, o "isso" de que ele estava falando era o Holocausto. Mas isso não foi tudo! Enquanto meu queixo caía, ele continuou: "E, mesmo que isso tivesse acontecido, seu país pegou todo o dinheiro que lhe demos e o usou para suas guerras."

Senti como se alguém tivesse derramado um balde de água gelada na minha cabeça. Em choque total, pedi licença e fui encontrar Yaeli para contar a ela que o cara gostosão não teria sorte naquela noite e também perguntar *se ela sabia que existem pessoas que realmente pensam assim?? E lindos também???*

Essa história não é de forma alguma a regra em relação ao povo alemão em geral, ao contrário, já que foi muito além das expectativas para aprender com seu passado. Mas ela mostra que, como judia israelense, eu tinha como certa a noção de que todos sabiam sobre o Holocausto, *acreditavam que aconteceu* e entendiam por que Israel passou a existir e precisa existir. Eu pensava que o sionismo era um conceito autoexplicativo e fiquei chocada ao descobrir equívocos e desinformações sobre sua razão de ser e sobre Israel em geral.

Então, de volta à questão central: O que é o sionismo? É bem simples, na realidade. O sionismo tem a ver com os judeus, como qualquer outra nação, autorizados a se autogovernarem em seu pequeno pedaço de terra ancestral. Que lhes seja permitido ter um Estado! O sionismo é uma fusão de valores liberais e de judaicidade cultural, em palavras simples: é um movimento de libertação nacional. O sionismo *nunca* teve a ver com um Estado *exclusivamente* judeu. Nunca foi e nunca será, e chegaremos a isso em breve também. A ideia principal por trás do movimento sionista era um "retorno à história". Reviver uma terra antiga com a missão de *melhorar constantemente* e, fiel à sua missão, o sionismo está de fato em constante transformação.

Gidi Grinstein também descreveu o sionismo para mim não como uma coisa definida, mas como um verbo, algo que ainda está em ação. Afinal, é um movimento e, como tal, sempre em processo. Muito parecido com a tradição judaica, que responde a uma pergunta com outra pergunta e incentiva as pessoas, independentemente da sua religião, a debaterem umas com as outras e a filosofarem do anoitecer ao amanhecer, o sionismo ainda está aqui para aprender, se questionar internamente e se transformar.

Identificar-se como um sionista não significa que você apoiará cada ação do governo israelense de olhos fechados. Na verdadeira tradição rabínica e nesses valores liberais em que foi fundado, o sionismo em si tem sido discutido desde o primeiro dia e continuará a ser debatido visando ao aperfeiçoamento de sua sociedade. Como tal, os judeus têm a constante responsabilidade de garantir que nossa visão desse Estado permaneça fiel ao valor judaico central de fazer do mundo um lugar melhor. É isso que os pais fundadores de Israel pretendiam e – o que posso dizer? –, quando se trata desse tópico, sou adepta do originalismo constitucional.

Minha amada *safta* Fania pegou o vírus sionista. Em uma pequena cidade da Rússia Branca, em meio às furiosas tempestades de neve, ela arriscou sua vida aos 15 anos para ver o seu sonho se transformar em realidade. Ela entendeu que, se quisesse estar segura, deveria tomar conta de seu próprio destino e começar a agir. Depois de dois mil anos, um antigo sonho adormecido despertava de repente. O sionismo inebriou jovens, da Europa ao mundo árabe aos Estados Unidos. Era uma ideia maluca e, como sempre, grandes ideias são malucas. Até que deixam de ser.

Safta Fania e os demais anciãos da minha família se mudaram para realizar esse sonho antigo, e por isso sou eternamente grata.

Então, como é que esses sonhadores realmente conseguiram fazer isso? Como construíram esse Estado? E o que aconteceu com uma jovem russa quando chegou a essa nova / velha terra? Aparentemente, havia muitas privações, muita excitação, morte, vida, paz, muito amor e idealismo.

Agradeço a Deus por ela ter escrito tudo.

Perseguindo o sonho

A AURORA DO HIPPIE CHIQUE

A primeira viagem que fiz com Ross, que mais tarde se tornaria pai de nosso filho Ari, foi para Nova York. Uma noite, estávamos sentados na sacada do nosso quarto no hotel Thompson, com vista para a linha do horizonte do Lower East Side, quando comecei a lhe contar sobre minha infância e sobre a minha avó. "Você sabe o que é um *kibutz*, certo?"

"Claro", disse o sulista. "É um bairro."

Olhei para ele e suspirei. "Isso vai dar muito trabalho."

Em 1910, um pequeno grupo formado por duas mulheres e dez homens se estabeleceu em uma terra (comprada pelo Fundo Nacional Judaico em 1900) localizada na margem sul do mar da Galileia e inventou um modo de vida totalmente novo: um *kibutz*. Eles chamaram essa coisa nova de Kvutzat Degania (Grupo de Degania), que mais tarde foi mudado para Kibutz Degania. *Kibutz* vem da palavra hebraica *kvutzá*, ou grupo. *Degania* vem da palavra hebraica *dagan*, ou grão, que era o que eles estavam começando a cultivar.

Esses jovens e loucos pioneiros perceberam que não conseguiriam sobreviver por conta própria e, assim, inventaram uma nova estrutura de vida comunitária. Decidiram que, a fim de enfrentar o ambiente hostil, deveriam se converter em uma unidade. A ideia era de que um indivíduo não é tão forte quanto uma comunidade e, portanto, a comunidade deve ser colocada antes do indivíduo, a fim de prover todas as suas necessidades individuais. Juntos, começaram a trabalhar a terra vivendo de acordo com a concepção social de garantia mútua – um por todos e todos por um – com base no slogan marxista: "De cada um de acordo com sua capacidade, a cada um de acordo com sua necessidade." Hurra!

A estrutura funcionava de tal forma que não havia quaisquer bens pessoais; todos possuíam tudo igualmente e trabalhavam para o bem-estar dos outros e as necessidades da comunidade. Moravam juntos, comiam juntos e recebiam exatamente a mesma quantia, não importava o trabalho que realizassem. Você poderia administrar o lugar ou cozinhar as refeições, e ainda receberia o mesmo. Todas as manhãs todos os membros iam ao refeitório e davam uma olhada no plano de trabalho diário. Um dia você estaria trabalhando nos campos, no outro estaria ordenhando uma vaca. Eles despiram seus tradicionais casacos de lã, vestiram shorts cáqui e saíram para arar os campos, para que fosse possível plantar algum alimento – ou então não haveria jantar.

O *kibutz* foi, inicialmente, uma comunidade agrícola liderada em conjunto por quem não tinha ideia de como cultivar. Afinal, tratava-se de um grupo de adolescentes e jovens adultos que vivera em pequenos guetos na Europa, seguindo as regras religiosas tradicionais, enfrentando discriminação, evitando perseguição e congelando seus traseiros em temperaturas frias pra caramba. Vieram para um país principalmente infértil (chegaremos a isso), infestado de doenças, tais como a malária, o tifo e a cólera. O treinamento mínimo que receberam nos grupos juvenis sionistas, nas profundezas da escuridão das florestas europeias, escondendo-se do olhar maldoso dos comunistas enquanto trabalhavam no solo fértil da Bielorrússia, não tinha nada a ver com a terra superseca ou superpantanosa que encontraram. (Sim, a terra conseguia ser ambos. Não chovia muito e era escaldante no verão, e havia um milhão de pântanos infestados de mosquitos por toda parte). Os *kibutzim* (junto com outras comunidades agrícolas chamadas *moshavot*) tornaram-se um dos fundamentos sobre os quais Israel foi criado. Mesmo que constituíssem na verdade uma pequena parte do país, apenas 8% da população geral, tiveram um enorme impacto no *ethos* do futuro país e em sua indústria. Eles abriram caminho para o sistema econômico básico sob o qual Israel ainda opera hoje – capitalista, mas também uma leve democracia social. Como uma espécie de Warren Buffett temperado com uma pitada de Bernie Sanders.

Os *kibutzim* também abriram caminho para a visão de igualdade de gênero de Herzl. No movimento sionista, as mulheres obtiveram direitos de voto iguais aos dos homens no Segundo Congresso Sionista em 1898; porém, nos primórdios do *kibutz*, os homens tinham certeza de que conseguiriam transferir o modo de vida misógino do Velho Mundo para o Novo Mundo e deixar as garotas para cozinhar, limpar e cuidar das crianças. Devagar aí. Como minha *safta* Fania escreveu:

> O *kibutz*, na sua maior parte, é fruto dos esforços das mulheres, lutando por sua liberdade. A cozinha em Degania é desorganizada porque nós, as mulheres de Degania, nos recusamos a abrir mão de qualquer outro campo de trabalho do coletivo. Para entrar na cozinha – eu preciso desistir de algo que me é mais caro. E o que é melhor para o coletivo? Uma cozinha organizada ou o lugar de direito da mulher como parte igual do coletivo?

As jovens pioneiras, precursoras da Mulher Maravilha, sabiam que eram pilares iguais na criação do país, então apresentaram aos homens um ultimato: ou somos totalmente iguais ou estamos fora. Funcionou. Um ano após o estabelecimento de Degania, as mulheres conquistaram direitos iguais aos dos homens, incluindo, é claro, o direito de voto. Era 1911. Apenas para referência, os Estados Unidos concederam às mulheres o direito de voto em 1920, a Suíça em 1971 e as mulheres na Arábia Saudita conseguiram votar pela primeira vez em 2015.[1]

A estrutura *fiscal* do *kibutz* também permitia a independência financeira das mulheres, ou pelo menos a igualdade, não disponível em nenhum lugar no mundo na época. Às mulheres era paga exatamente a mesma quantia que a seus chefes ou seus maridos e, como tal, tinham liberdades únicas, especialmente naquela época, em que a maioria das mulheres não constituía parte integrante da força de trabalho do mundo.

Outra contribuição revolucionária das mulheres ao *kibutz* foi a creche comunitária. O *kibutz* considerava o "trabalho" como um valor em si e, portanto, não havia a possibilidade real de a mulher escolher em ser uma mãe em tempo integral ou uma dona de casa. As mulheres perceberam que, para serem tratadas como iguais, elas precisavam de ajuda para criar seus filhos. Inventaram então o conceito de educação conjunta; afinal, é preciso uma aldeia inteira para educar uma criança. Do nascimento ao fim dos anos escolares, as crianças do *kibutz* eram criadas juntas por uma enfermeira ou professora, longe dos pais, a quem só viam uma vez por dia, por algumas horas à tarde. Elas dormiam juntas nas "casas das crianças", comiam juntas e iam para a escola juntas.

Considerações e pesquisas sobre as implicações desse método de criação de filhos e seus efeitos a longo prazo variam. Curiosamente, posso dizer que alguns ex-membros do *kibutz* que conheço adoraram cada minuto, enquanto outros relatam experiências traumáticas e cicatrizes emocionais, incluindo problemas de apego e relacionamentos de longo prazo. Algumas mães compartilharam comigo o trauma de se separar de seus bebês, e hoje as coisas estão bem claras: isso não é para todos. Independentemente do sacrifício pessoal e das conclusões em retrospectiva, como meio de construir uma utopia em uma terra difícil, aquilo deu certo e propiciou às mães um sistema de apoio de que precisavam para uma plena participação. Quando a criação comunitária dos filhos deixou de cumprir uma função necessária, ela se tornou opcional e, finalmente, desapareceu.

Israel, desde o início, se transformou em uma estufa para uma nova raça de mulheres fodonas. Quando você percebe isso, de repente não se surpreende com o fato de que a primeira-ministra de Israel, Golda Meir, tenha sido a terceira primeira-ministra mulher do mundo (a primeira foi Sirimavo Bandaranaike, no Ceilão, agora Sri Lanka, e a segunda foi Indira Gandhi, na Índia). De repente, também faz sentido que quando a DC Comics revirava o planeta para encontrar a encarnação cinematográfica da Mulher Maravilha, a escolhida ter sido uma amazona israelense: a primeira e única Gal Gadot.[2]

Apesar do fato de que os *kibutzim* refletissem uma vida comunitária não convencional, eles entenderam que eram apenas pequenas ilhas em uma sociedade capitalista. Contudo, seu *ethos* sobreviveu e agora, felizmente, está retornando.

Igualdade, sustentabilidade, comunidade, amor e *rock'n'roll* muito antes de Woodstock ou torradas de abacate.

A BEBÊ NOA ÀS MARGENS DO MAR DA GALILEIA

Fica superquente no Vale do Jordão em agosto. É uma espécie de calor muito diferente. Não úmido como Tallahassee ou seco como Los Angeles. É um calor pesado e espesso que adere à sua pele como uma cola em spray, adicionando a ela uma fina camada de óleo. Um adulto pode achar esse calor sensual, mas quando criança significava que o verão estava ali e a liberdade se aproximava.

Eu tinha uns 7 ou 8 anos quando minha mãe me levou para passar metade do verão com minha *safta* Fania em Degania. A velha estrada número 767 era sinuosa. Minha mãe e eu ficávamos juntas no carro, espiralando da esquerda para a direita entre as montanhas e depois abaixo do nível do mar. Eu me inclinava para frente, antes que houvesse cintos de segurança no banco de trás, e nós fazíamos um jogo: quem identificaria o mar de Galileia primeiro. Aquela vista do grande lago azul-esverdeado, aninhado calmamente entre as montanhas, era majestosa.

Como Rachel, a poetisa nacional de Israel, antes membro de Degania, escreveu em uma de suas muitas cartas de amor ao mar da Galileia: "Oh meu Kineret*... Você era real ou eu apenas sonhei com você?".

Dobrávamos à direita no mar da Galileia e cruzávamos a estreita ponte sobre o rio Jordão e sobre a pequena represa. À minha esquerda estava o lago e atrás dele as Colinas de Golã, enormes, verdes e férteis. Depois de atravessarmos os portões de Degania, estacionávamos e caminhávamos por uma estrada de terra. À esquerda ficava a "casa" da minha avó, ou, como eles chamavam, o "quarto" dela, um dos primeiros a serem construídos. Era nada além de uma pequena estrutura cúbica de aparência simples, com um pequeno quarto de dormir à esquerda, uma sala ao lado e um chuveiro à direita, adjacente a uma minicozinha. Os membros do *kibutz* não tinham grandes cozinhas em casa, porque comiam em um refeitório conjunto, dois minutos de caminhada por aquela estrada de terra.

Eu dizia adeus à minha mãe, e ela ia embora, deixando-me cuidar de mim mesma com felicidade. Aqueles eram dias em que um helicóptero era apenas uma máquina voadora e não um estilo parental.** Minha prima Shira e eu acordávamos quando achávamos

---

* N.T.: Nome hebraico do mar da Galileia. Deriva da palavra *kinor*, "violino", pois esse é o seu formato.

** N.T.: "Parentalidade helicóptero" é um termo usado na literatura para descrever pais superprotetores e controladores.

adequado e minha avó, que já trabalhava em seu jardim ou montava uma aula de leitura, nos ignorava quando saíamos de sua pequena casa e caminhávamos descalças nos arredores do *kibutz*, onde o rio Jordão encontrava o mar da Galileia.

Shira e eu percorríamos a curta distância até a desembocadura do rio Jordão e passávamos o dia brincando nas águas profundas e verde-escuras. Havia um pequeno e pitoresco barco de pesca azul amarrado a um ancoradouro e, à sombra dos eucaliptos, eu sonhava acordada com o dia em que levaria meu namorado para aquele lugar romântico. Depois de passar o dia na água, minha prima e eu voltávamos para casa sob o quente pôr do sol, molhadas, bronzeadas e exaustas.

Descalças, caminhávamos até o refeitório e pegávamos uma bandeja. Selecionávamos nossa comida de um bufê de alimentos frescos, cultivados e preparados totalmente no local, da fazenda à mesa, anos antes de o conceito se mudar para o Brooklyn. Ovos cozidos ou mexidos direto do galinheiro, queijo caseiro, pão preto simples, tudo feito em casa. Às sextas-feiras serviam um caldo de galinha claro e uma *halá** caseira, que talvez ainda seja minha comida favorita em todo o mundo. Depois do jantar, tomávamos banho e no dia seguinte tudo se repetia. Quando criança, Degania era meu lugar favorito na Terra. Era pura magia.

Só mais tarde na vida percebi que até o *kibutz* tinha suas falhas. Havia liberdade, diversão e aceitação, mas apenas até certo ponto. Tão logo cheguei à puberdade, comecei a desenvolver uma afinidade por coisas capitalistas, como moda, compras e – Deus me livre – *Sweet Valley High*.** Senti um sopro de julgamento comunal. Mas, quando criança, Degania era a manifestação da perfeição e ajudou a moldar a pessoa na qual me tornei: uma hippie idealista e trabalhadora, apesar dos saltos altos.

---

* N.T.: Pão trançado, consumido geralmente nos dias de festa.

** N.T.: Série televisiva americana, intitulada no Brasil *Aí Galera*.

O *kibutz* não é para todos, mas foi uma invenção israelense genial, criada para resolver um grande problema: como começar um país.

A HISTÓRIA DELA

Minha avó desembarcou às margens de Jaffa em 1925. Ela, seus pais e seus irmãos pegaram um navio de Odessa em condições infernais. Foram roubados e estavam morrendo de fome, comendo bolachas secas que primeiro tinham que mergulhar em água quente para remover os vermes. Depois de desembarcarem em Jaffa, foram levados para o que lhes foi descrito como uma "nova cidade em construção", mas que na verdade era uma casa no meio do nada e no que se tornaria a cidade de Afula no Norte. Chamar aquilo de casa é um desafio absurdo, já que aquele lugar não tinha pisos ou janelas, apenas paredes de cimento e um teto, e eles foram jogados lá, sozinhos. Bem-vindos à Terra Santa.

Na primeira noite, comeram pão, raiz-forte embebida em azeite de oliva e sal. Em seus diários, minha *safta* Fania menciona que ela se recusou a provar um tomate, já que nunca tinha visto um na Rússia. Eles não tinham dinheiro, então sua mãe começou a fazer pão para sustentar a família. As crianças acordavam no meio da noite para preparar a massa, voltavam a dormir esperando que ela crescesse, acordavam novamente com o som do trem noturno que passava e a colocavam no pequeno forno, aquecido com resíduos de azeite de oliva. Arrumaram um burro, penduravam duas latas nos seus flancos – e o pai de *safta* Fania viajaria pelas aldeias vizinhas para vender o pão. Era isso.

"A vida era dura, mas éramos felizes", escreve ela.

Tudo o que minha avó sonhava era morar em um *kibutz*, para que pudesse trabalhar a terra, e logo deixou os pais e os quatro irmãos e começou a vagar pelo campo, procurando um lugar para realizar aquele sonho. Viajou de uma pequena comuna para outra, juntando-se primeiro a "Unidade Gidró",[3] onde pavimentaram "estradas de cascalho" no Monte Carmelo, de pedras esmagadas e comprimidas que quebravam à mão. Não é surpreendente para quem a conhecia, ela era uma poderosa quebradora de pedras, juntava um cubo cheio de cascalho por dia, recebendo 30 mils* por seu trabalho, que ela logo entregava à sua unidade.

De lá, ela se juntou a um dos lugares mais emocionantes de que já ouvi falar: a Fazenda das Mulheres. A fazenda consistia em um grupo de mulheres que queriam provar que não precisavam de homens. Minha avó de fato escreve que elas faziam parte das "Mulheres Liberadas". Lembrete: estamos falando de 1926! Elas receberam um monte de tendas para dormir, uma vaca e uma guia chamada Zabin para ensiná-las a cultivar legumes – foram para o deserto em algum lugar a leste de Haifa, armaram uma barraca e começaram a trabalhar. "Dançávamos até o amanhecer e depois íamos trabalhar; era glorioso."

Comiam maçãs douradas, sopa que preparavam com os vegetais que cultivavam e arroz que cozinhavam com tomates, que ela aprendera então a amar. Em uma noite de tempestade, o vento soprou suas tendas para longe, e as jovens ficaram encharcadas e expostas às intempéries. *Safta* Fania as descreve, completamente ensopadas, no escuro, rindo à beça.

Depois de viver alguns anos em barracas e trabalhar duro, minha avó começou a se perguntar quando iria se estabelecer e encontrar seu lar permanente. Um dia, entrou na sua barraca e não quis sair. Ela estava contemplando seu futuro, o futuro de seus companheiros pioneiros e seus desafios intermináveis. Ela descreveu o que hoje chamaríamos de depressão, mas o termo havia sido cunhado por Sigmund Freud apenas dez anos antes, em 1917, e ainda não tinha chegado àquela região.

---

* N.T.: Moeda de valor ínfimo, "tostões"; unidade monetária da época do Mandato Britânico.

Ela estava deitada na barraca, triste e alquebrada, quando um homem estranho, baixinho e atarracado, de cabelos desgrenhados e bigode, entrou no acampamento. Perguntou às jovens sobre suas experiências e bem-estar e lhe disseram que uma garota de Bobruisk, em uma barraca próxima, estava tendo dificuldades. O homem entrou na barraca e encontrou minha avó deitada em sua cama de lona.

"Quem é você?", ela perguntou.

"Não importa", ele respondeu. "Tudo o que você precisa saber é que eu também sou um judeu de Bobruisk e gostaria de falar com você. Isso deve ser suficiente."

Ele se sentou na cama dela e eles tiveram uma conversa que tiraria minha avó direto de sua depressão. Mais tarde, ela descobriu que aquele homem era Berl Katznelson, um dos fundadores do Partido Trabalhista, um jornalista e renomado pensador e líder do movimento sionista. Eu gostaria de saber sobre o que eles falaram, mas tudo o que ela escreve em seu diário é que ela saiu daquela conversa "como se lhe tivessem crescido um par de asas".

Seu próximo momento de mudança de vida ocorreu quando, em uma reunião noturna, ela descobriu que o primeiro *kibutz* em Israel, Degania, estava procurando quatro novos membros. Essa era uma nova oportunidade, pois os membros de Degania acreditavam que seu *kibutz* deveria permanecer um pequeno grupo íntimo e qualquer novo membro perturbaria sua harmonia. Entretanto, eram tempos difíceis e os membros da Degania foram forçados a procurar mais força de trabalho. Precisavam de uma pessoa para o bananal, outra para o laranjal, mais uma para a fazenda de gado leiteiro e ainda outra para a horta. Minha avó, a aspirante a agricultora, ofereceu-se para trabalhar na horta e se tornou um dos primeiros novos membros do primeiro *kibutz* em Israel.

> E foi assim que cheguei a Degania. Cheguei sem sapatos e sem nenhuma roupa [...] vim para o vale do Jordão, vi o Kineret [mar da Galileia], vi a paisagem e disse a mim mesma: este é o lugar. É aqui que serei enterrada.

O ano era 1930 e ela tinha 23 anos.

Safta Fania havia encontrado o lar. Ela se mudou para Degania e, um ano depois, conheceu o marido, Joel, e teve seus três filhos, Mira, Aki e Roni, enquanto continuava a trabalhar nos campos como sempre sonhou. Em seus diários ela escreve:

> Tivemos sorte na época. As crianças eram muito bem cuidadas. Vinham em nossa casa de banho tomado, limpas, organizadas e alimentadas; tudo o que tínhamos a fazer era brincar com elas. Eu não precisava me preocupar com nada disso; os professores e cuidadores faziam tudo. Era óbvio, afinal, pois, como eu trabalhava no campo, não tinha tempo para cuidar das crianças. Não foi difícil. As crianças eram saudáveis e fortes e não tive problemas com elas.

Como mãe, ler isso me horroriza. Como você pode deixar que levem seu filho, do momento em que nasce até a idade adulta, para ser totalmente criado por outra pessoa, por mais amorosa que seja? O pensamento de 10, 20, 30 bebês dormindo em um quarto grande, chamando suas mães aos gritos durante a noite, faz meu coração doer. No entanto, os tempos eram diferentes, e suas necessidades exigiam medidas extremas. Afinal, foram as mães do *kibutz* que orgulhosamente criaram esse conceito.

Minha avó abandonou seus vestidos, cortou o cabelo bem curto e deixou de lado maquiagem, joias e saltos altos. Ela assumiu totalmente a vida comunitária e o trabalho árduo com um vigor quase religioso. Isso soa extremo, eu sei, mas aparentemente não era só trabalho e nenhuma diversão depois. Ouvi muitos sussurros ao longo dos anos sobre os magníficos velhos tempos daqueles pioneiros, naquelas tendas sufocantes, pingando juventude e ideologia, presos por escolha no meio da noite no meio do nada. Em seus diários, minha avó fala livremente sobre "todos aqueles casos" que eles tinham, não se referindo apenas aos casos do marido. Ela menciona isso como uma questão de fato, sem autojulgamento ou culpa, de uma maneira verdadeiramente poliamorosa. Meu pai costumava sorrir e dizer algo como: "Eles realmente amavam o que todos nós não odiamos." E minha mãe me conta que havia três homens mais velhos que moravam ao lado deles em seu *kibutz* que cuidavam particularmente bem dela quando criança: iam buscá-la para brincar, interessavam-se intensamente por seus amigos e pelos trabalhos escolares. Ela disse que levou anos para juntar dois e dois, mas depois percebeu que todos os três homens provavelmente pensavam que havia uma chance de que ela fosse filha de um deles. (Eu dou o maior apoio à minha avó por celebrar a sua sexualidade; no entanto, minha mãe, Yael, é muito parecida com meu avô Hanan, então acho que essa questão foi há muito resolvida.)

Como aconteceu em muitos países ao redor do mundo, o socialismo era maravilhoso como ideal, mas horrível em escala mais ampla. A fim de sobreviver em um mundo capitalista, muitos *kibutzim* voltaram-se para diferentes indústrias ao longo dos anos, e alguns realmente ficaram em uma situação muito boa. A privatização de terras, a divisão de propriedade e o pagamento pelo trabalho real se transformaram em uma norma. E, claro, as crianças voltaram para as casas de seus pais, graças ao bom Deus.

Embora isso fosse um progresso para algumas pessoas, *safta* Fania temia a investida do capitalismo e se lamenta em seu diário:

> Lembrei-me que, quando eles abriram a loja no *kibutz* e os membros estavam dispostos a participar, eu não aceitei isso muito bem. Até o *kibutz* sucumbiu ao *machering** [...]. Foi uma experiência traumática para mim. Como voltamos a essas profissões da diáspora? [...] Para mim, ir a um *kibutz* significava se rebelar contra tudo.

---

* N.T.: Originária da palavra *macher*, que é uma forma irônica de descrever uma pessoa que resolve problemas, uma pessoa influente, que faz as coisas acontecerem. Um *macher*!

E ela se rebelou, mantendo-se fiel aos seus ideais socialistas mesmo quando o mundo se transformava ao seu redor. Minha própria mãe ninja foi criada segundo os mesmos ideais. Ela ainda usa um corte de cabelo curto, nunca furou as orelhas e usa maquiagem apenas quando eu a forço fisicamente a colocar um pouco de cor em suas faces – ou, como ela diz, *"Ugh, você e sua pintura de guerra"*. É impossível tirar o *kibutz* da minha mãe. Ela anda a cavalo, nada, mergulha, é especialista em mísseis balísticos e geralmente é fodona. Para dizer a verdade, não sou diferente dela. Só faço isso com um pouco de brilho labial.

ENQUANTO ISSO, NAS CIDADES

Os imigrantes idealistas do Velho Mundo não eram apenas os socialistas aspirantes que viviam nos *kibutzim*. Muitos se mudaram para aldeias, chamadas então de *moshavot*, como Petach Tikva (estabelecida em 1878), Rishon LeZion, Zichron Yaakov e Rosh Pina (estabelecidas em 1882), ou cidades como Tel Aviv (estabelecida em 1909) e Jerusalém, e se fizeram úteis. Um desses imigrantes foi meu bisavô, Nachum.

Nachum Tisch nasceu em 1885 na cidade de Yanov, na região de Grodno, Rússia, hoje Bielorrússia. Em 1905 ele se matriculou em uma universidade na Alemanha para estudar engenharia elétrica, e depois se transferiu para a Universidade de Lausanne, Suíça, começando a participar ativamente do movimento socialista russo no exílio, que trabalhava para derrubar o czar. O olho sorrateiro do regime czarista estava ativo em toda a Europa, e um agente entregou o nome de Nachum às autoridades. Quando ele voltou à Rússia em 1907 para visitar a família, foi preso e, como era sionista, condenado a 15 anos de trabalhos forçados na Sibéria. Depois de apenas seis anos na prisão russa, foi libertado, fugiu para a Bélgica e de lá para Londres, onde completou sua graduação em engenharia. Em 1920, com base na experiência profissional e por falar sete idiomas, Nachum foi convidado a participar de uma delegação internacional como diplomata britânico, para discutir as fronteiras entre a Alemanha e a Dinamarca em Schleswig-Holstein. Ele recusou essa oferta e aceitou outra em seu lugar.

Meu bisavô tinha sido abordado pela organização sionista em Londres e convidado para abrir e dirigir o Escritório da Indústria e Comércio no *yishuv*, o nome dado a todos os grupos sionistas pré-estatais que estavam construindo Israel na época. Ele aceitou sem hesitação e em 1922 emigrou para Jerusalém, que, desde meados de 1800, tinha novamente uma população de maioria judaica.[4] Nachum hebraizou seu sobrenome de Tisch para Tishby (segundo a lenda da família, o nome foi dado a ele por seu amigo, o poeta nacional de Israel Haim Nahman Bialik) e se tornou o primeiro secretário de comércio e indústria no escritório da Agência Judaica. Em 1925, casou-se com Zila Wein e tiveram dois filhos, Saul e Alexander Tishby, meu avô. Alexander se casaria com minha glamurosa avó Dina, e também eles tiveram dois filhos nascidos em Jerusalém, Rafael e meu pai, Daniel Tishby. Meu pai amava sua avó e costumava contar para mim e minhas irmãs sobre ela, chamando-a carinhosamente de "minha avó Zila, a cossaca" – uma referência não tão sutil à sua corpulência. Minhas irmãs, Iris, Tom e eu brincávamos que herdamos nosso físico curvilíneo e robusto da *safta* Zila, abençoada seja.

Rastreei o caminho percorrido pelo meu bisavô por meio de seus escritos arquivados e soube que ele era um "trator". Ao contrário da minha avó Fania, a socialista idealista, apaixonada pelo trabalho da terra sem querer nada com dinheiro, meu bisavô era um capitalista idealista. Ele estava convencido, e diria a quem quer que ouvisse, que não haveria nenhum Estado judeu propriamente dito sem uma indústria judaica adequada. Ele trabalhou muito duro e se converteu em uma imensa parte do próprio processo de desenvolvimento da economia local, literalmente criando algo do nada. Em 1925, Otto Ables, o empresário sionista tcheco, visitou o *yishuv* e encerrou sua visita no escritório do meu avô em Jerusalém. Ele escreveu um livro sobre sua visita, apropriadamente intitulado *A Visit to Eretz Israel*. O capítulo final do livro intitula-se "Jerusalém é a Washington de Israel", e termina com uma extensa descrição da visão do meu bisavô sobre o futuro do país.[5]

Os objetivos do meu bisavô eram ajudar, apoiar e expandir a manufatura local e desenvolver as exportações israelenses, com foco nas indústrias têxtil, pesqueira e de extração de pedra. Ele apoiou a construção de fábricas de cerâmica para telhados e ajudou a criar a recentemente renovada clássica casa de moda israelense Ata (uma das minhas favoritas). Defendeu a implementação de todas as indústrias, desde a de seda até a de criação de cervejarias, o que agora parece muito *hipster*. Foi ele também quem trouxe a indústria de diamantes a Israel.

Meu bisavô foi ainda um grande patrocinador dos membros do *yishuv*, não apenas fazendo, mas também *comprando* intencionalmente produtos locais para fazer crescer os mercados. Meu pai me disse que foi seu avô quem cunhou a expressão que todo israelense conhece, *totzeret haaretz*, que é uma maneira legal de dizer "Israeli Made", mas não consigo encontrar provas disso em nenhum lugar. Encontrei evidências de que ele pressionava exatamente nessa direção, e há muitas histórias dele lutando com unhas e dentes com os representantes do Mandato Britânico, pois eles não acreditavam que os judeus do *yishuv* poderiam criar uma indústria local sustentável. Tudo isso para dizer que gosto de pensar que ele inventou essa expressão, e não vou dispensar uma boa história.Nachum também defendia a importância de colonizar o deserto ao sul da baía de Aqaba. A leste da baía ficava a pequena aldeia de Aqaba,[6] e Nachum argumentou que o *yishuv* deveria estabelecer não apenas uma cidade do outro lado da baía, mas também um porto. O lugar era quente demais e muito longe de ser conhecido ou popular, então os líderes do *yishuv* não estavam tão a fim.

Apesar dos poderes constituídos, Nachum tomou a iniciativa de ir para o sul por conta própria e explorar a área. Ele continuou a pedir um porto na baía (e em Natania!) enquanto comentava sobre a beleza do mundo subaquático, antes de saber que o mergulho no mar Vermelho se transformaria em uma indústria poderosa por conta própria. Levaria anos até que a cidade de Eilat fosse fundada em 1949 para que suas ideias ganhassem vida.

No processo, parece que meu bisavô brigou com um monte de gente, enviando cartas raivosas para funcionários de todo o mundo, entre eles Chaim Weizmann, reclamando que outras cartas estavam sendo ignoradas ou que suas ideias não eram levadas suficientemente a sério. Encontrei sua correspondência com os líderes do movimento sionista, tanto da esquerda quanto da direita do espectro político. Ele se correspondeu com o líder sionista de esquerda David Ben-Gurion, que logo seria o primeiro primeiro-ministro de Israel, e com Zeev Jabotinsky, o líder do movimento sionista revisionista (as ideias revisionistas de Jabotinsky constituem a base da ideologia do partido de direita Likud). É evidente que meu bisavô não tomava nenhum partido, o que aparentemente lhe custou a vida quando o Estado foi criado. Nachum não era um membro oficial do partido, e acredito que seja por isso que ele não chegou a chefiar o escritório por ele criado quando este se tornou um braço oficial do novo país. As fundações que ele criou, no entanto, são as fundações da indústria de Israel e seu *ethos* até hoje.

Meu pai não era de falar muito, e não nos contou nada sobre o seu lado da família, exceto sobre sua vovó Zila, e quase tudo que consegui para este livro obtive dos membros restantes da família e de material arquivado. No entanto, ter um capitalista tão apaixonado e empreendedor como ancestral explica minhas próprias tendências empreendedoras (Oi, HBO!) e minha afinidade com a diversão na vida, incluindo, mas não limitado a, viagens de compras ocasionais, embora restritas. Eu me formei na *Sweet Valley High* há algum tempo, então estamos bem nesse sentido.

A VERDADE SOBRE A SITUAÇÃO, POR FAVOR

Então, aqui estamos nós. Meus avós e bisavós deixaram para trás perseguição e pobreza, privilégio e ofertas governamentais tentadoras, e desenraizaram suas vidas para realizar o sonho louco de restabelecer um lar para os judeus. É importante entender como os pioneiros judeus abordaram esse trabalho monumental, como era difícil e quanto esforço tiveram que empreender quando chegaram. Mas eu também queria ter certeza de que você obteve uma imagem autêntica da realidade local *antes* do estabelecimento de Israel, porque esse é também um tópico perdido nas discussões políticas modernas sobre Israel.

Veja, quando meus ancestrais vieram para o Mandato Britânico da Palestina, não havia muita coisa ali. Desde a destruição do Estado judeu na Guerra Judaico-Romana por volta de 70 d.C., e ao longo dos dois mil anos seguintes, sempre havia gente morando naquela terra: árabes, judeus, muçulmanos, cristãos, drusos, bahais – um coquetel cambiante de religiões, etnias e nações, algumas das quais já desapareceram (Olá novamente, mamelucos!). Embora nunca houvesse ali um Estado, no sentido em que nos referimos hoje à condição de Estado, havia de fato habitantes durante todos os anos – só que não muitos. Na verdade, desde os tempos das Cruzadas (1095-1492), o número de habitantes naquele pedaço de terra permaneceu basicamente o mesmo. Ele variou de cerca de 205 mil pessoas em 1500 para cerca de 275 mil em 1800.[7] Isso mesmo – o lugar tinha tantas pessoas quanto há atualmente em Baton Rouge, Luisiana.

Em 1890, esse número quase dobrou, para 532 mil. Mesmo que isso possa parecer um grande salto, não representa quase nenhum crescimento, principalmente em comparação com as tendências populacionais em outras partes do mundo. Por exemplo, a população dos EUA em 1800 era de 5.308.483 habitantes, e em 1890 saltou para 62.979.766 – onze vezes mais![8] Por que isso? Por que a população permaneceu praticamente a mesma na maior parte da história recente? Perdoe minha franqueza, mas aqui vai: é porque o lugar era um pesadelo.[9]

Mark Twain descreveu isso bem em 1869, quando voltou de sua peregrinação pela Terra Santa, completamente desiludido:

> De todas as terras que existem para cenários sombrios, acho que a Palestina deve ser a que sobressai. As colinas são inférteis, sua cor opaca, não são pitorescas em forma. Os vales são feios desertos cobertos por uma débil vegetação com uma expressão triste e desanimada.[10]

A Palestina era uma área áspera, seca e infértil e, ao longo da história, pessoas que tentaram ali viver sofreram de várias doenças, como peste negra, tifo, cólera e malária. Por algumas centenas anos, os templários e os primeiros pioneiros judeus tentaram construir algo ao norte, perto de Nazaré e do vale do Hula, apenas para serem perseguidos por mosquitos e morte. Por um breve período de tempo, as taxas de mortalidade infantil se aproximavam de 100%.[11] Era um caos superperigoso.

Sob o domínio dos otomanos (1516-1917), e à medida que esse império afundava lentamente, o local era uma região periférica subdesenvolvida, com altas porcentagens de analfabetismo e mortalidade infantil, sem agricultura ou indústria. Na verdade, não recebia recursos do governo turco otomano ou atenção de qualquer tipo. As terras eram infestadas de malária, consideradas contaminadas e inóspitas. Era possível comprar terras ali com facilidade, e por uma pechincha, tanto do governo turco quanto dos proprietários de terra privados árabes ou cristãos, a maioria dos quais não vivia da terra e era formada por senhorios absentistas que residiam em regiões otomanas menos periféricas. O terreno sobre o qual Degania foi construído, por exemplo, custou 128.974 francos por 6.448 *dunams**, aproximadamente 20 francos por *dunam*,[12] cerca de US$16 por acre

* N.T.: Unidade de área do período otomano. Em Israel, um *dunam* equivale atualmente a 1.000 m².

na época, US$ 495 em atuais dólares americanos. Em comparação, em todos os EUA em 1905, a terra em média custava cerca de US$ 30 por acre, aproximadamente o equivalente hoje a US$ 928. Como não havia nada de valor na região, a imigração era permitida; no entanto, por razões óbvias, apenas alguns aceitavam a oferta.

Quando os primeiros sionistas chegaram, na virada do século, havia *algumas* pessoas na Palestina (principalmente nas cidades velhas e espalhadas pelas aldeias), porém grandes extensões de terra estavam vazias e eram extremamente inóspitas. Foi essa a terra que os judeus compraram legalmente dos proprietários locais.

Os pioneiros começaram a trabalhar e transformaram a terra rapidamente. Enquanto os árabes se reuniam em cidades e aldeias menores, os imigrantes judeus, incluindo minha avó Fania, focaram na construção de *kibutzim* e aldeias agrícolas (*moshavot*) e fizeram o melhor possível para que o lugar florescesse. Conforme explicado em audiências no Congresso dos EUA (18 a 21 de abril de 1922) sobre o assunto:

> colônias agrícolas judaicas [...] desenvolveram a cultura da laranja e deram importância ao comércio de laranjas de Jaffa. Cultivaram vinhedos e fabricavam e exportavam vinho. Drenaram pântanos. Plantaram eucaliptos. Praticavam, com métodos modernos, todos os processos da agricultura.[13]

O país como o conhecemos hoje não existia. Os pioneiros fizeram com que existisse. Os capitalistas nas cidades fizeram com que isso acontecesse. Os membros do *kibutz* fizeram com que isso acontecesse. Cada novo *kibutz* ou pequena cidade ou morador da cidade fazia parte do *yishuv*. Eles construíram Petach Tikva, Rishon LeZion, Afula e dezenas de outras *sem* remover à força *nenhuma* pessoa de *qualquer* terra. E em 1909, em uma duna vazia junto ao mar Mediterrâneo, um bando de pioneiros organizou um sorteio para dividir entre si parcelas de terra usando conchas e desbravaram minha querida cidade de Tel Aviv, na qual nasci. Meus avós e bisavós fizeram com que isso acontecesse. Eles eram os ninjas dos ninjas. Eles eram um bando de NinJews.

De repente, nessa época – em parte, mas não exclusivamente, devido aos esforços judaicos – a população cresceu exponencialmente. Sob o Mandato Britânico, houve avanços na agricultura e na indústria (Obrigada, Nachum Tishby!), e, com mais oportunidades econômicas, havia tendências claras de emigração de judeus e de não judeus. A população árabe cresceu mais durante esse período do que nos 400 anos anteriores. Enquanto alguns estudiosos acreditam que isso foi resultado de um rápido crescimento natural, outros apontam para a imigração de países árabes vizinhos, em vez de um *boom* da população nativa, que ali estava por gerações.

Por que isso aconteceu? Basicamente, o lugar estava se tornando economicamente atraente. Há mais provas disso, visto que milhares de árabes da região emigraram para a Palestina – Síria, Jordânia, Egito e Hejaz – em busca de uma vida melhor apenas alguns anos antes do estabelecimento de Israel. O fato é que naqueles dias houve uma grande imigração de pessoas, de árabes *e* de judeus. Isso não significa que os árabes que tinham legalmente a propriedade de terras também não tenham direito de reivindicá-las, independentemente de *quando* chegaram. É, no entanto, um ponto de discórdia no debate atual, quando especialistas e políticos discutem o "direito do retorno". Enquanto alguns povos árabes podem realmente alegar que dez gerações se sentaram sob a mesma oliveira familiar, nem todos que afirmam ter estado ali por gerações na verdade estiveram ali por gerações (mais sobre isso depois).

Israel tornou-se um imóvel altamente contestado e valioso, mas apenas através de um esforço organizado (e legal!). A declaração oficial do Estado de Israel, que veio em anos posteriores, foi um assunto sangrento, como são todas as guerras, e estamos prestes a chegar a isso no próximo capítulo. Mas o início foi... informe e, sim, *quase* vazio. Como você deve se lembrar, quando minha *safta* Fania desembarcou em Jaffa, ela foi saudada por um funeral árabe e uma celebração de festa judaica, então, sim, de fato, *sempre* houve judeus *e* árabes (e cristãos e todas as demais religiões) vivendo na terra – apenas não muitos, e sem estrutura para chamar de Estado.

Através da história da minha família e do uso mais uma vez de fatos infames, preciso expressar uma verdade inconveniente, mas ainda assim uma verdade. Os judeus não "tomaram a Palestina". Não havia Palestina para ser tomada. Não havia Estado, nenhuma governança unida, nem muita indústria, ou um sistema de saúde, ou agricultura, sistemas econômicos ou educacionais. Certamente não havia democracia, igualdade, segurança ou prosperidade para as pessoas que ali viviam. Os pioneiros, meus avós, transformaram muito dessa terra, de um lugar que era quase inabitável para uma florescente comunidade agrícola, em crescente expansão econômica, estabelecendo as fundações para o Estado que Israel é hoje.

Eles não tinham escolha e nenhum outro lugar aonde ir. Isso não tinha a ver com excepcionalidade. Reconstruir uma pátria, um porto seguro, era sua única maneira de sobreviver. E tornou-se ainda mais urgente à medida que a crise pela qual passavam os judeus europeus que ficaram para trás piorava a cada minuto.

PARTE II

Faça

Nasce um Estado

BASTA

À medida que o *yishuv* judeu no Mandato Britânico da Palestina trabalhava em direção a um Estado, os judeus na Europa ficavam desesperados.

Em meados da década de 1930, a família de minha avó Hilda vivia na cidade de Teplice, no que hoje é a República Tcheca. Próspera e instruída, a família Schorr levara uma vida privilegiada até os nazistas tomarem a Alemanha em 1933. À medida que o perigo aumentava nas proximidades, meu bisavô Paul, dono de uma fábrica de tecidos, mudou-se com a família da Tchecoslováquia rural para a capital Praga, pensando que Hitler nunca chegaria tão longe.

Claramente, ele estava equivocado. Eles tiveram cerca de dez meses de paz na bela capital, até que os alemães a invadiram. Era 1939.

Como eles conseguiram seus vistos para deixar Praga e viajar para a Palestina permanece um mistério familiar. Segundo meu tio-avô Beno: "Tudo o que eu sei é que um dos oficiais alemães ficou pasmo com a beleza de sua avó. Papai a levou para visitar o oficial, e eles voltaram mais tarde naquele dia com o certificado." Ela tinha 17 anos.

Só minha avó sabia o que fez naquele dia para tirar a família da Tchecoslováquia em cima da hora, e ela faleceu há muito tempo. No entanto, naqueles dias as pessoas faziam qualquer coisa para escapar, com razão. Os nazistas estavam tomando posse da Europa.

A família Schorr viajou pela Polônia e se despediu de seus parentes, sem saber que essa seria a última vez que os veriam. Quando chegou ao Mandato Britânico da Palestina em 1939, juntou-se aos cerca de 449 mil judeus e mais de 861 mil árabes que já moravam ali, inclusive minha avó Fania e meu bisavô Nachum. Eles foram os sortudos. Todos os demais membros da família morreram nas mãos dos nazistas.

Este livro não é sobre o Holocausto e, a menos que você desconheça o termo, por não ter recebido uma educação formal ou por ter vivido em um mundo sem informação nenhuma, provavelmente conhece o suficiente sobre o assunto. Mas para o bem da minha cronologia-mestra, direi o seguinte: entre 1941 e 1945, os nazistas mataram sistematicamente quase 6 milhões de judeus no que eles chamaram de "a solução final", e o que o povo judeu viria a denominar *Shoá*, ou Holocausto. Os que sobreviveram foram despojados de sua cidadania, terras e posses. Pior ainda, em certos lugares, como a Polônia, judeus que retornaram às suas casas após a Segunda Guerra Mundial enfrentaram contínuos *pogroms* e perseguição. No final dessa guerra, havia entre 210 e 250 mil[1] refugiados judeus em campos por toda a Europa Oriental, Central e Ocidental; arrasados pela guerra, eles não tinham documentos de identidade ou posses. Estavam desesperados para emigrar para a Palestina, mas os britânicos limitaram a imigração judaica, devolvendo os refugiados à Europa (incluindo os que estavam a bordo do famoso navio Exodus).

As tensões entre o *yishuv* judeu, os árabes e os britânicos estavam aumentando rapidamente. Havia tumultos, ataques e contra-ataques por todo lado. Os residentes árabes da Palestina, quer tivessem recém-imigrado ou lá estivessem por gerações, não estavam satisfeitos com o súbito retorno dos judeus. Os residentes judeus estavam igualmente infelizes com as restrições britânicas relacionadas à imigração dos sobreviventes judeus da Segunda Guerra Mundial e concentraram a agressão no governo britânico. A Grã-Bretanha, que controlava a terra desde o fim da Primeira Guerra Mundial, estava farta desse drama levantino. Os britânicos declararam estar dispostos a encerrar seu mandato e sair. Chutaram a bola para um órgão internacional recém-formado chamado Nações Unidas e, como verdadeiros cavalheiros que eram, pediram educadamente para serem dispensados de qualquer tomada de decisões, muito obrigado.

O fim do Mandato Britânico na Palestina fez parte de um quadro internacional maior. Sim, tinha a ver com a feroz e sangrenta resistência judaica, mas também foi resultado de outras mudanças tectônicas. Pressões políticas e econômicas dentro e fora do governo britânico o forçaram a pôr fim a vários empreendimentos coloniais ao redor do mundo. Uma parte importante do acordo para deixar a Palestina estava relacionada com a renúncia do Império Britânico ao controle da Índia. Assim que isso ocorreu (em 15 de agosto de 1947), os britânicos não precisavam mais da região para defender o caminho para a Índia, então ficaram muito felizes em desistir de seu Mandato sobre a Palestina e manter apenas o controle sobre aquela ó-tão-importante rota, criando a Zona do Canal de Suez (militarizada, é claro, até 1956).

O Reino Unido (e os EUA e o resto do mundo) sabia que os árabes eram veemente e agressivamente contra a existência de qualquer tipo de Estado judeu,[2] e para *não* os incomodar, decidiram simplesmente deixar que os judeus e os árabes resolvessem as coisas na porrada por conta própria, o que eles logo fariam. Essa foi a única vez em que o governo britânico cedeu uma de suas colônias sem uma transferência oficial para outro governo. Suspire.

Isso deixou à bebê Nações Unidas o desafio de montar um grupo que procurasse e encontrasse uma solução para a terra e para os judeus.

A PARTILHA

Reconhecendo os horrores do Holocausto e a necessidade dos judeus de terem um lugar seguro, a ONU criou o Plano de Partilha das Nações Unidas Para a Palestina – um plano de como dividir a terra entre judeus e árabes.

O plano incluía um Estado judeu a ser formado em cerca de 55% do território e um Estado árabe que abarcaria cerca de 45% do território. Embora o Estado árabe fosse um pouco menor, a terra era de melhor qualidade, com maior acesso à água. Não era um plano perfeito, mas era um plano! Para um Estado!

A Assembleia Geral da ONU colocou a proposta em votação em 29 de novembro de 1947, e judeus e árabes esperaram pelo veredito. Meu pai, que tinha 7 anos na época, plantou-se na frente de seu transistor em Jerusalém e ouviu ansiosamente enquanto a ONU contava os votos de país após país. Minha *safta* Fania em Degania reuniu todos os membros do *kibutz* no refeitório para ouvir a transmissão de rádio ao vivo no único transistor que havia. Minha mãe, então com 6 anos, aproveitou a oportunidade para fugir da "casa das crianças" e trepar em sua árvore favorita. O país inteiro prendeu a respiração. Milhares de anos de exílio estavam prestes a terminar.

Com uma votação final de 33 votos a favor, 13 contra e 10 abstenções, a resolução para a criação do Estado de Israel foi adotada. Todos em minha família falam da euforia que irrompeu naquela noite. Berros e aplausos, lágrimas e gritos, abraços e beijos, e centenas de milhares de judeus inundando as ruas de Jerusalém, Tel Aviv, as aldeias e os refeitórios dos *kibutzim*, dançando a *hora** até o amanhecer.

No final do Primeiro Congresso Judaico, Theodor Herzl havia escrito: "Na Basileia, fundei o Estado judeu. Se eu dissesse isso hoje em voz alta, seria saudado pelo riso universal. Dentro de cinco anos, talvez, e certamente dentro de cinquenta, todos o perceberão". A Resolução 181 das Nações Unidas para a criação do Estado de Israel foi adotada em 29 de novembro de 1947, cinquenta anos depois que Theo escreveu essas palavras.

O mundo havia concordado em devolver a terra aos judeus. Depois de dois mil anos de exílio, inúmeras perseguições, uma sucessão de impérios, duas guerras mundiais e o horrível e sem precedentes Holocausto, os judeus podiam voltar para casa. Um Estado lhes fora concedido, e se pressupunha que um Estado judeu seria formalmente criado quando os britânicos anunciaram o fim oficial de seu mandato em 14 de maio de 1948.

No entanto, enquanto os judeus concordaram com o plano da ONU, *todo* o mundo árabe o rejeitou redondamente. Como acontece com qualquer bom negócio, nenhuma das partes ficou totalmente feliz. Os líderes judaicos da época – a Agência Judaica e a Organização Sionista Mundial (que Theo Herzl havia fundado) – expressaram decepção com o tamanho do futuro Estado; contudo, aceitaram plenamente o plano "a fim de alcançar a paz e a prosperidade". Cada país árabe e cada líder árabe, por outro lado, o rejeitaram de imediato. Eles anunciaram que não só não aceitavam o plano, mas também que, se Israel fosse criado, iriam combater para varrer o novo Estado judeu do mapa.

E foi o que fizeram – no dia seguinte.

---

* N.T.: Dança circular dos judeus do Leste Europeu e de Israel.

E BEN-GURION DISSE: QUE HAJA UM ESTADO

Nos meses que se seguiram à resolução da ONU, as tensões entre as duas comunidades atingiram um novo recorde, e por *tensões* quero dizer sério derramamento de sangue. Como, neste contexto, a criação de Israel passou de uma resolução da ONU a uma realidade? Para conseguir ser um Estado, uma nação precisa de um líder. Felizmente, ao longo do despertar do sionismo, uma voz emergiu. Um homem gigante de um metro e meio.

As pessoas tendem a pensar que usamos nossas palavras para descrever nosso mundo. Mas a verdade é que usamos nossas palavras para *criar* nosso mundo. Quando se trata da criação de países, esse conceito é tão real quanto possível. A forma como um país é caracterizado *em palavras* é um esboço real de sua futura sociedade. Isso foi verdade no tocante à Declaração de Independência Americana, e foi também verdade em relação à sua irmã mais nova, a Declaração de Independência do Estado de Israel.

David Ben-Gurion, que se tornaria o primeiro primeiro-ministro de Israel e seu ministro de Defesa, era um homem de palavras *e* ações. Ele foi, e ainda é, considerado o arquiteto do Estado judeu e das Forças de Defesa de Israel. Nascido na Polônia em uma família sionista, Ben-Gurion começou seu ativismo político na idade madura de 14 anos. Em 1906, aos 20 anos, emigrou para a Palestina otomana e dedicou sua vida à reconstrução e, posteriormente, à proteção de Israel. Seu currículo é vertiginoso, então tentarei ser breve.

DBG foi escritor, agricultor, jornalista, revolucionário, ativista, um político genial e um estrategista militar brilhante. Entre seus cargos oficiais, ele foi o chefe executivo da Organização Sionista Mundial e diretor da Agência Judaica. Em 1915, viajou a Nova York para difundir a palavra do sionismo, e, quando percebeu que os americanos ainda não estavam cientes do movimento sionista emergente e de suas atividades para reconstruir Israel, ele assumiu (junto com seu amigo Itzhak Ben Zvi) a tarefa de publicar dois livros – *Yizkor* e *Eretz Israel* – descrevendo a realidade em transformação no local. Fundou o partido político dos Trabalhadores de Sião e, em 1930, ajudou a fundi-lo com o Partido dos Trabalhadores Jovens para criar a Mifleget Poalei Eretz Israel (ou Mapai), o Partido dos Trabalhadores da Terra de Israel, que se tornou o partido político dominante no movimento sionista e mais tarde em Israel, precursor do Partido Trabalhista. Como resultado desses esforços incansáveis, DBG se converteu no líder de fato dos judeus no *yishuv* e no homem que deu vida à visão de Herzl.

Após a resolução da ONU, David Ben-Gurion sabia que tinha pouquíssimo tempo. Agora que os judeus haviam recebido um Estado, os britânicos partiriam dentro de meio ano, e os árabes de dentro e de fora tramavam uma guerra. Uma nova realidade precisava ser criada o mais rápido possível.

O *yishuv*, Ben-Gurion e o restante do mundo sabiam que tão logo o Mandato Britânico terminasse, os países árabes vizinhos invadiriam e atacariam, a fim de evitar que Israel fosse estabelecido, de modo que a troca precisava ser rápida. Os árabes estavam determinados a nunca permitir que o Plano de Partilha da ONU fosse executado, nunca permitiriam que um Estado judeu fosse criado, e juraram matar os colonos judeus, os pioneiros, os sobreviventes do Holocausto e toda a minha família. Eles não o ocultavam; anunciaram isso abertamente. Mas Ben-Gurion não se intimidou e forçou uma declaração oficial.

A primeira pergunta era: como o novo Estado se defenderia? O *yishuv* judeu, agora liderado por Ben-Gurion, vinha trabalhando nos últimos 50 anos para construir uma base para um Estado e uma força militar. Visto que o mundo inteiro sabia que uma guerra iria começar tão logo o Mandato Britânico acabasse, a criação de uma força militar unida era prioridade número um. A Haganá era o maior braço militar do *yishuv*, com aproximadamente 43 mil homens. Havia dois outros grupos de milícias menores que se originaram da oposição, do movimento sionista revisionista: o Etzel,* que contava com cerca de mil homens, e o Lehi, com algumas centenas. Ambos os grupos, especialmente o Lehi,** causavam grandes dores de cabeça tanto para os britânicos quanto para os líderes judeus. Eles eram considerados, pelos ingleses e periodicamente pelo *yishuv*, organizações terroristas. Era agora a função de DBG unir todas essas três organizações concorrentes – a Haganá, o Etzel e o Lehi.

A segunda pergunta era: qual seria o nome do novo país? *Judeia* foi rejeitado, para deixar claro que não era necessário ser judeu para ser israelense. *Sião* também foi descartado, pois uma pessoa poderia ser sionista sem viver em Israel. O nome *Israel* foi proposto. Ele figura no Antigo Testamento aproximadamente duas mil vezes, mas ainda é inclusivo em sua natureza. Ding ding ding! Temos um vencedor.

A terceira pergunta era: quais seriam os princípios fundadores de Israel? A Declaração de Independência de Israel foi diretamente influenciada pela Declaração de Independência Americana. O primeiro esboço foi de coautoria do jurista Mordechai Beham e do rabino Harry Solomon Davidowitz,[3] veterano de guerra americano, agraciado com a condecoração Coração Púrpura e graduado da Universidade de Colúmbia – mas forçou muito a mão na "providência divina" e que tais. No rascunho seguinte, todas as referências a Deus foram retiradas para deixar claro, mais uma vez, que este seria um país laico, não exclusivamente judaico, porém aberto a todas as religiões. O próprio Ben-Gurion editou a versão final na manhã da declaração, criando o projeto democrático para o Estado judeu recriado.

A votação para pular nas águas da nacionalidade e declarar oficialmente um Estado foi decidida no "Gabinete do Povo" (o precursor do governo israelense), após um extenso e acalorado debate, apenas

---

* N.T.: Acrômimo em hebraico de *Irgun Tzvai Leumi*, "Organização Militar Nacional".

** N.T.: Acrônimo em hebraico de *Lohamei Herut Israel*, "Lutadores Pela Liberdade de Israel".

um dia antes de os britânicos se retirarem. Ele tomou a decisão de criar um Estado e de fazê-lo imediatamente.

A sexta-feira, 14 de maio de 1948, o último dia do Mandato Britânico, foi muito tranquila. Os britânicos sabiam muito bem que uma guerra estava prestes a eclodir, e, como os árabes haviam recusado um Estado, eles simplesmente saíram sem qualquer formalidade de transmissão. Os vídeos são bastante charmosos em sua elegância britânica circunspecta. Sir Alan Cunningham, o último alto-comissário da Palestina, observa os militares britânicos que restaram no porto de Haifa e os guardas, enquanto a Union Jack é cuidadosamente baixada e dobrada. Ele adentra um pequeno barco e faz uma saudação dramática à medida que a embarcação deixa lentamente a Terra Santa para trás, a caminho de um navio de guerra maior ancorado nas proximidades, no qual ele espera até a meia-noite e depois dá o fora. Que forma supercivilizada de encerrar um império, não é?

Naquela mesma sexta-feira, 14 de maio, às quatro horas da tarde pelo relógio militar, oito horas antes da meia-noite que punha fim ao Mandato Britânico, David Ben-Gurion estava no boulevard Rothschild em Tel Aviv, em frente ao Gabinete do Povo, uma foto de Theodor Herzl atrás dele. Então, ele leu a Declaração de Independência, anunciando formalmente o estabelecimento de um Estado judeu na terra de Israel. Depois de dois mil anos de diáspora, os judeus voltavam a ter um lar nacional.

Ele descreveu um país estabelecido por um grupo de liberais, principalmente pessoas seculares, perseguidas e idealistas que não tinham aonde ir. O novo país, disse ele, foi estabelecido de forma fiel à visão de Herzl, como um Estado judeu e democrático, sem qualquer discriminação de religião, raça ou sexo.

> ERETZ-ISRAEL [em hebraico, a Terra de Israel] foi o berço do povo judeu. Aqui a sua identidade espiritual, religiosa e política foi moldada [...]. Depois de ser exilado à força de sua terra, o

> povo manteve consigo a fé durante toda a sua Dispersão e nunca deixou de rezar e esperar pelo seu retorno a ela e pela restauração de sua liberdade política.
>
> PORTANTO NÓS, MEMBROS DO CONSELHO DO POVO, REPRESENTANTES DA COMUNIDADE JUDAICA DE ERETZ-ISRAEL E DO MOVIMENTO SIONISTA, ESTAMOS AQUI REUNIDOS NO DIA DO TÉRMINO DO MANDATO BRITÂNICO SOBRE ERETZ-ISRAEL E, EM VIRTUDE DO NOSSO DIREITO NATURAL E HISTÓRICO [...]. DECLARO O ESTABELECIMENTO DE UM ESTADO JUDEU EM ERETZ-ISRAEL, A SER CONHECIDO COMO O ESTADO DE ISRAEL. O Estado de Israel estará aberto à imigração judaica e à Reunião dos Exilados; promoverá o desenvolvimento do país em benefício de todos os seus habitantes; será baseado na liberdade, justiça e paz conforme previsto pelos profetas de Israel; garantirá completa igualdade de direitos sociais e políticos para todos os seus habitantes, independentemente de religião, raça ou sexo; garantirá liberdade de religião, consciência, língua, educação e cultura; protegerá os lugares santos de todas as religiões; e será fiel aos princípios da Carta das Nações Unidas.

A Declaração de Independência também incluía um apelo muito específico para os residentes árabes do futuro Estado. Ben-Gurion leu:

> Fazemos um apelo – em meio ao ataque lançado contra nós há meses – aos habitantes árabes do Estado de Israel para que preservem a paz e participem da construção do Estado com base em cidadania plena e igualitária e a devida representação em todas as suas instituições provisórias e permanentes. Estendemos a mão a todos os Estados vizinhos e seus povos numa oferta de paz e boa vizinhança, e apelamos a eles para que estabeleçam laços de cooperação e ajuda mútua com o soberano povo judeu, estabelecido em sua própria terra. O Estado de Israel está disposto a fazer sua parte em um esforço comum para o avanço de todo o Oriente Médio.[4]

Ben-Gurion terminou a declaração batendo o martelo na mesa e anunciando dramaticamente: "O Estado existe; esta reunião está suspensa!". Ao concluir seu discurso, o país explodiu em aplausos, gritos e lágrimas. Essas foram as palavras sobre as quais Israel foi fundado e permaneceram como bússola ao longo de suas provações e tribulações.

Toda nação precisa de um Ben-Gurion. O homem sabia se comunicar, liderar, inspirar e unir. Ele pegou um grupo rebelde de pessoas e o transformou em uma nação. Ele estava disposto a assumir posições e a fazer escolhas fortes, às vezes contra seus companheiros judeus, a fim de atingir aquele objetivo. Onze minutos após o estabelecimento do Estado, o presidente dos EUA, Truman, reconheceu Israel, sendo seguido pela Guatemala, Islândia, Nicarágua, Romênia e pelo Uruguai. Três dias depois, a União Soviética fez o mesmo. Israel tornou-se uma das poucas questões com que os EUA e a URSS concordaram na época.

Os países árabes vizinhos, no entanto, sentiram as coisas de forma diferente. Enquanto os recém-chamados "israelenses" saíam às ruas para celebrar, as forças militares da Síria, da Jordânia, do Egito e do Iraque, com a ajuda da Arábia Saudita e do Sudão, preparavam-se para invadir o Estado que acabara de sair do forno.

Como os líderes árabes haviam prometido, uma guerra massiva eclodiu no dia seguinte: a Guerra da Independência.

UM INTERLÚDIO TOTALMENTE INESPERADO

Quero fazer uma pausa rápida para recapitular os eventos – um resumo do início do sionismo ao estabelecimento de Israel, apenas para ter certeza de que estamos todos na mesma página. Ora, isso é algo que você não vê todos os dias em um livro meio que de história, não é? Preparado? Vamos lá!

- O desejo e a necessidade de reconstruir o Estado judeu se metamorfosearam em um programa político com objetivos concretos após o primeiro Congresso Judaico em 1897, organizado por Theodor Herzl na Basileia. Naquela época, os judeus começaram a ir gradualmente para a Palestina otomana, vindos de longe para comprar terras e se estabelecer onde quer que pudessem. Eles se juntaram a uma pequena comunidade judaica que ali vivia por gerações.
- Após a Primeira Guerra Mundial, a Grã-Bretanha e a França dividiram o Oriente Médio (Acordo Sykes-Picot) e a Grã-Bretanha obteve dos turcos o Mandato Britânico para a Palestina – apesar de suas promessas anteriores de dar aos árabes um Estado no Hejaz e da Declaração Balfour de 1917, que prometia oficialmente um "lar nacional para o povo judeu". No entanto, durante os 30 anos seguintes, centenas de milhares de judeus emigraram para a Palestina britânica e começaram a criar a infraestrutura para um futuro Estado (com base na intenção da Liga das Nações de garantir uma pátria aos judeus).
- Eles foram motivados pela ideologia ou expulsos de seus países por uma crescente maré antissemita na Europa e no mundo árabe.
- De 1939 a 1945, eclodiu com fúria a Segunda Guerra Mundial e os nazistas mataram quase 6 milhões de judeus.
- A partir de 1945, centenas de milhares de refugiados judeus quiseram emigrar para Israel, porém os britânicos limitaram o número de judeus que podiam entrar no país. O *yishuv* não gostou nem um pouco disso e começou a resistir aos britânicos.
- Em 1947, os britânicos decidiram lavar as mãos de seu mandato na Palestina e de outras colônias, e a ONU decidiu dividir a terra em um Estado judeu e um Estado árabe. Os judeus concordaram; todo o mundo árabe discordou.
- Em 1948, poucas horas antes da partida oficial dos britânicos, David Ben-Gurion declarou: "Anuncio o estabelecimento de um Estado judeu e democrático, o Estado de Israel", e um Estado nasceu.
- No dia seguinte, todos os vizinhos árabes de Israel uniram forças com os árabes locais e atacaram o Estado recém-fundado.

QUE HAJA SANGUE

Os residentes árabes da Palestina otomana e britânica estavam muito infelizes com as mudanças que descrevi anteriormente. Apesar do inóspito clima e da paisagem subdesenvolvida, essa era a sua casa e eles não gostaram que os imigrantes judeus se tornaram seus vizinhos. Posso entender isso. Você viveu lá por gerações, ou sua família acabou de emigrar de outro país árabe vizinho, e de repente os judeus estão de volta. Mesmo que as terras tenham sido legalmente compradas dos britânicos, dos turcos, dos bahais, dos cristãos ou dos árabes, ainda era uma grande transformação para a vizinhança. Deve ter sido chocante. A animosidade entre os novos imigrantes judeus e os árabes começou praticamente no primeiro dia, e as novas aldeias e *kibutzim* judaicos sofreram ataques das aldeias árabes. Infelizmente, a população árabe local não estava se saindo muito bem por conta própria, mesmo sem os judeus. Era extremamente desorganizada, fraturada e dividida em clãs, tribos e alianças familiares, com altos índices de analfabetismo e pobreza. O poder era detido por um grupo de famílias ricas chamado coletivamente de *Ayan*, ou Nobreza, que dependia muito da Grã-Bretanha do ponto de vista econômico e para serviços sociais. O historiador Benny Morris descreve vividamente as lutas internas e a bagunça geral:

> Seu poder, sua influência e suas conexões eram geralmente locais e não nacionais; suas obrigações eram para com a família, os dependentes, a cidade e o distrito, nessa ordem. Era uma estrutura oligárquica extremamente regional.[5]

Eles não tinham uma voz ou uma estrutura organizada, enquanto os judeus tinham Ben-Gurion, que estava focado exatamente nisso: uma nação democrática, uma estrutura de poder, um Estado. Desde o início, Ben-Gurion tentou incansavelmente chegar a um acordo de paz entre os árabes e os judeus. Ele escreveu tudo sobre isso em seu livro *My Talks with Arab Leaders*. Na obra, descreve os esforços que ele e seus parceiros envidaram a fim de alcançar a paz, sem sucesso. Ben-Gurion afirma:

> A suposição que todos nós no movimento sionista fizemos na época era que nós [os judeus] trazemos bênçãos aos árabes na terra e, portanto, eles não terão motivo para resistir a nós. Na primeira conversa que tive com Musa Alami [um proeminente líder palestino] junto com Moshe Sharet [um proeminente líder judeu que mais tarde seria o segundo primeiro-ministro de Israel] [...] essa pressuposição foi minada quando Alami me disse o seguinte: "Eu prefiro que a terra fique desolada e pobre ainda por mais cem anos, até que nós árabes possamos desenvolvê-la nós mesmos."[6]

Bem. Aquela atitude não ia dar certo, especialmente com um grupo de pessoas que tinham acabado de sair do Holocausto ou de ser expulsas de seus países árabes; os judeus simplesmente não podiam dar-se ao luxo de esperar. O país tinha que ser construído *agora*, não em cem anos, muito obrigado. E, assim, os ataques árabes aos judeus continuaram.

Houve tantas ondas de ataques ao *yishuv* judaico ao longo dos anos que eles são chamados coletivamente de "Os Incidentes". Houve incidentes em 1920, 1921, 1929 (nos quais 67 judeus, moradores da antiga comunidade judaica de Hebron, foram assassinados por seus vizinhos árabes) e de 1936 a 1939. Havia uma violência constante sob forma de massacres, ataques de franco-atiradores, isso sem falar nos bons e velhos roubos. Além das doenças de sempre, do calor, da terra ruim e improdutiva e dos mosquitos portadores da malária, havia o perigo de turbas enfurecidas.

Como as animosidades entre as comunidades vinham ocorrendo já durante um tempo, a Guerra da Independência é, na verdade, dividida em duas partes:

- Novembro de 1947 a maio de 1948 – um dia após a resolução da ONU até antes da declaração do Estado de Israel. Esse período é considerado uma guerra civil, uma vez que ambos os lados em conflito eram milícias locais, não forças militares oficiais do Estado.
- 15 de maio de 1948 a julho de 1949 – começando um dia após o estabelecimento de Israel, quando os países árabes vizinhos invadiram o novo Estado.

Todos, incluindo a ONU e os EUA, os líderes russos, britânicos e judeus, avaliaram corretamente que todos os países árabes vizinhos invadiriam Israel assim que o Estado fosse criado. Novos documentos descobertos pelo enviado dos EUA à ONU Ralph Bunche mostram a conclusão do comitê da ONU de que um Estado árabe *não* seria estabelecido e que a ONU precisaria garantir que um Estado judeu pudesse sobreviver diante da violência árabe que estava prestes a acontecer (não que ela o tenha feito). A guerra não foi uma surpresa para quase ninguém.[7]

Em 15 de maio, enquanto os recém-criados "israelenses" dormiam depois da sua primeira ressaca das festas do Dia da Independência, todas as forças militares árabes que estiveram se preparando para aquele dia (Síria, Jordânia, Egito e Iraque, com a ajuda da Arábia Saudita e do Sudão, e agora também do Líbano) invadiram o novo Estado para destruí-lo. Eles se juntaram a duas outras forças árabes invasoras que já operavam no território: a primeira era uma milícia criada pela Liga Árabe chamada de Arab Liberation Army (ALA) [Exército Árabe de Libertação] e alguns poucos batalhões de voluntários da Irmandade Muçulmana do Egito. Os países invasores, certos de sua vitória, pediram aos residentes árabes de Israel que desocupassem suas cidades e aldeias até que a luta terminasse e todos os judeus fossem mortos. Eles atacaram comunidades israelenses e cortaram o fornecimento de recursos vitais. Meu pai, com 8 anos de idade, na sitiada Jerusalém por meses a fio, não tinha o que comer e dependia de pombos que ele e seu irmão mais novo Rafael matavam com estilingues. Ambos os lados sofreram terrivelmente.

Hoje parece impensável que o bebê Israel venceria aquela guerra. Entretanto, Ben-Gurion estava bem-preparado. Um ano antes de Israel ser estabelecido, ele havia dedicado seu tempo para aprender tudo o que precisava saber sobre defesa, criando o que ele chamou de "seminário", entrevistando dezenas de peritos militares, para que ele próprio se tornasse um. Chegou à conclusão de que a principal ameaça ao *yishuv* não eram os britânicos e as animosidades árabes locais, mas sim a inevitável invasão por países vizinhos. E tinha razão. Israel estava mal equipado, era menor e mais pobre, porém estava disposto a montar uma defesa tão forte quanto pudesse. As nações árabes, apesar de serem enormes em tamanho e maiores em número, não eram tão organizadas. Os israelenses tinham um esforço unificado, um comando central. Eles conseguiram comprar armas com rapidez e, paradoxalmente, o fato de ter que defender um pequeno território permitiu-lhes uma mobilização mais rápida e ágil. Contudo, a diferença mais importante era a motivação. Os países árabes lutavam contra um espinho no traseiro, enquanto os judeus lutavam para sobreviver, para evitar outro Holocausto.

Depois de dez meses, as desordenadas forças militares israelenses aproveitaram sua vantagem e, em julho de 1949, todas as nações árabes invasoras haviam recuado e assinado tréguas *temporárias* com Israel. As linhas do armistício, conhecidas como a Linha Verde, estabeleceram as primeiras fronteiras *de facto* (e *de jure*) do Estado de Israel. Ironicamente, como resultado da invasão árabe, Israel agora controlava não apenas a área que a ONU havia estabelecido originalmente para os judeus no Plano de Partilha, mas um terço adicional das terras do antigo Mandato Britânico, incluindo Jerusalém Ocidental, a Galileia e a maior parte do deserto de Neguev. Os árabes locais não aproveitaram essa oportunidade para retomar o Plano de Partilha da ONU e pedirem para estabelecer seu próprio Estado, e então um estado árabe-palestino nunca foi estabelecido. Em vez disso, o Egito tomou a Faixa de Gaza e a Jordânia tomou a Margem Ocidental, mesmo que o Plano de Partilha tivesse alocado esses territórios aos árabes locais (os palestinos) para um Estado próprio.

Enquanto o mundo árabe lambia suas feridas, Israel finalmente conseguiu dedicar atenção à construção do Estado. O partido Mapai de Ben-Gurion ganhou a maioria dos assentos do Parlamento, ele se tornou o primeiro primeiro-ministro de Israel e ministro da Defesa e o governo novinho em folha e os israelenses começaram a trabalhar. Cerca de um milhão de sobreviventes do Holocausto da Europa e refugiados judeus expulsos de países árabes afluíram para seu velho-novo país. Em dois anos, a população mais que dobrou, e a infraestrutura teve que acompanhar o número de pessoas que necessitavam de um lugar para chamar de lar. Tudo precisava ser construído do zero: pontes e estradas, escolas, bancos, assistência médica, fornecimento de alimentos, indústria e uma força militar permanente.

Duas semanas após a criação de Israel e com a Guerra da Independência ainda a todo vapor, Ben-Gurion criou as Forças de Defesa de Israel, as FDI, e convocou todas as ex-milícias a se unirem oficialmente. Uma pequena fração dos grupos militantes anteriores, o Lehi e o Etzel, queria manter alguma independência. Em junho de 1948, em meio à guerra, o Etzel comprou armas e as trouxe para Israel a bordo de um navio chamado Altalena, rompendo o embargo de armas imposto pela ONU. Com o navio a pouca distância da praia, teve início uma negociação entre o líder do Etzel, Menachem Begin, e o governo israelense. O Etzel exigiu que 20% das armas do navio fossem deixadas nas mãos de suas milícias. Ben-Gurion recusou; haveria apenas uma força militar a partir daquele momento. Os combatentes do Etzel e do Lehi se entrincheiraram na praia de Tel Aviv. As tensões estavam no auge. Depois de dois dias de vaivém, tentativas de negociação e tiroteios periódicos, Ben-Gurion ordenou que o navio fosse bombardeado. E foi. Altalena pegou fogo em frente a uma das minhas praias favoritas em Tel Aviv – 16 membros do Etzel e do Lehi e 3 membros das FDI foram mortos.

Essa história horrível ainda é uma ferida aberta na consciência israelense. No entanto, é também uma história sobre o alto preço da união. Trata-se da criação de uma única autoridade, uma única voz, uma única força militar, um Estado. Ben-Gurion e Begin tinham o mesmo objetivo final; eles apenas queriam realizá-lo de forma distinta. Begin, apesar de ter perdido essa batalha, advertiu seus seguidores contra o perigo de uma guerra civil, e uma guerra civil foi evitada. Ele sabia quando pressionar e quando recuar e percebeu que, naquele momento, era hora de se juntar a Ben-Gurion e endossar a fusão de ex-combatentes da milícia nas FDI.

Enquanto os israelenses se concentravam em unificar e construir, o mundo árabe continuou resistindo à resolução da ONU e ao Estado judeu, o que significava resistir também à criação de um Estado palestino.

Israel não queria e nem começou a Guerra da Independência, mas lutou muito e a venceu, contra todas as probabilidades. Nos últimos anos, essa vitória, não obstante ter sido inquestionavelmente um ato defensivo desde o início, de repente virou polêmica. Foi também o nascimento do problema dos refugiados palestinos.

A NAKBA

Um ano depois da invasão árabe que tentara destruir o novo Estado de Israel, as forças militares árabes se retiraram. Durante os combates, entre 700 e 750 mil residentes árabes foram permanentemente deslocados. Alguns partiram porque os países árabes mandaram que o fizessem; outros fugiram devido às realidades brutais da guerra.

Os primeiros a partir foram as famílias árabes mais ricas, que não queriam ser pegas no fogo cruzado. Um êxodo total teve início em meio à principal invasão, quando os líderes árabes começaram a apelar a seus irmãos que evacuassem, evitassem os combates e retornassem após a destruição de Israel. Primeiro, eles enviaram as mulheres e as crianças; os homens seguiram logo depois.

A guerra foi sangrenta e brutal. E, embora os árabes a tenham instigado, nem todos os judeus lutaram com gentileza. A força militar oficial do futuro Estado, a Haganá, fez o possível para manter todos à distância, mas quando a névoa da guerra tomou conta, lutas locais irromperam, sangue foi derramado e atrocidades cometidas, como o massacre na aldeia árabe de Deir Yassin. Em 9 de abril de 1948, as forças das milícias do Lehi e do Etzel atacaram a aldeia e mataram entre 81 e 120 de seus moradores (os relatos variam), entre eles mulheres e crianças inocentes. Foi um acontecimento abominável, que horrorizou tanto judeus como árabes. Os líderes do *yishuv* foram rápidos em condená-lo. A Agência Judaica enviou uma carta de condolências ao rei Abdullah da Jordânia, chamando a ocorrência de "bárbara", "brutal", "que vai contra o espírito judaico". O principal jornal do país, *Davar*, condenou a atrocidade e os rabinos-chefes de Israel a chamaram de "um ato cruel". O massacre, com razão, horrorizou a população árabe e fez com que muitos mais fugissem de suas casas, temendo pela vida.

Os historiadores ainda debatem exatamente quantos árabes fugiram por conta própria e quantos foram expulsos pelas forças militares israelenses. E, sim, vamos ser claros: naquela guerra, que não foi desejada ou iniciada por Israel, houve árabes que de fato foram expulsos. Naturalmente, depois de anos e anos de hostilidades e derramamento de sangue, em meio a uma guerra total que ocorreu apenas três anos após o Holocausto, os judeus não queriam ser massacrados novamente. Como o historiador Benny Morris esclarece:

> A comunidade judaica, em 1948, tinha duas possibilidades: ou os árabes cometeriam genocídio contra ela – e não tenho dúvidas de que uma vitória árabe em 1948 teria terminado com o massacre em massa de judeus – ou os judeus, para se defenderem, expulsariam os árabes, ou pelo menos impediriam o retorno daqueles que fugiram e foram expulsos. Os judeus escolheram não serem massacrados, e com razão. Porém, mesmo a limpeza étnica de acordo com o significado do termo tal como definido nas últimas décadas, com base nas ações dos sérvios nos anos de 1990 na Bósnia [...] não foi realizada aqui. O que aconteceu aqui foi uma luta entre dois povos que reivindicavam o direito à mesma terra.[8]

Aqui convém uma observação à parte. Benny Morris é chamado tanto de antissionista quanto de propagandista sionista, a depender de a quem você pergunte, o que é uma forte indicação de que ele é realmente bastante equilibrado.

Atualmente, grupos anti-Israel usam a guerra de 1948 para culpar Israel por uma limpeza étnica. Mas essa é uma afirmação que beira a calúnia. Na verdade, deixe-me citar Morris novamente:

> Até 24 de março de 1948, o alto comando da Haganá havia instruído todas as suas unidades a reconhecer os plenos direitos, as necessidades e a liberdade dos árabes no Estado judeu sem discriminação, no empenho de alcançar uma coexistência com liberdade e respeito.[9]

Essas foram as ordens. Alguns comandantes no campo expulsaram pessoas? Sim. Foram cometidas atrocidades ofensivas em uma guerra defensiva? Sim. Estava certo? Não. Isso é uma limpeza étnica sistemática? Dá um tempo. Se essa fosse a definição de *limpeza étnica*, cada país que já foi à guerra (ou foi forçado à guerra) seria culpado disso. A alegação de limpeza étnica é particularmente ridícula dado o fato de que nem todos os árabes partiram ou foram expulsos. Na verdade, cerca de 150 mil árabes atenderam ao convite de Ben-Gurion para a democracia e a igualdade escritas na Declaração de Independência, permaneceram em suas casas e tornaram-se cidadãos israelenses, gozando de plenos direitos no novo Estado, para si e seus descendentes. No que diz respeito a uma limpeza étnica, isso parece um grande fracasso.

Israel foi criado, então lutou e venceu a guerra, e o Estado judeu era um negócio concluído. Por outro lado, um Estado árabe, conforme concedido pela ONU, não foi criado, por escolha dos árabes, não dos judeus. As 700 a 750 mil pessoas deslocadas que perderam suas casas e seus bens valiosos pediram ajuda aos países árabes vizinhos e foram enfiadas em campos de refugiados. Os mesmos países que tinham começado a guerra, que tinham encorajado essas pessoas a abandonarem seus lares, agora se recusavam a conceder a esses refugiados qualquer ajuda ou direitos. Em alguns casos, principalmente no Líbano, os palestinos tiveram a cidadania negada e foram (e ainda são) proibidos de trabalhar em várias indústrias. Em vez de realocar essas pessoas ou ajudá-las a começar uma nova vida, ainda que temporariamente, os países árabes as forçaram a ficar em campos de refugiados pelo que, agora, já são de três a quatro gerações perdidas.[10] Eles perpetuaram intencionalmente o problema dos refugiados, usando essas pessoas como peões em seu jogo para continuar uma campanha de ódio e guerra contra Israel no cenário internacional, que perdura até os dias de hoje.

Enquanto isso, depois da Guerra da Independência, esses mesmos países árabes que se recusaram a cuidar adequadamente de seus irmãos refugiados expulsaram suas próprias populações judaicas. Nos anos seguintes, aproximadamente 850 mil judeus seriam expulsos de países do Oriente Médio,[11] abandonando suas casas e seus bens. Na década seguinte, eles seriam encorajados a partir ou brutalmente expulsos do Marrocos, do Iêmen, da Argélia, da Tunísia, da Líbia, do Iraque e do Egito, e muitos encontrariam segurança em sua velha/nova terra: Israel.

Meus pais cresceram nessa realidade, e nada havia mudado quando vim ao mundo. Quando menina, me contaram sobre o heroísmo na reconstrução do Estado judeu, mas também entendi o preço que foi pago. Meus pais me ensinaram que a Guerra da Independência foi complicada. Não me deram uma versão distorcida; me contaram a verdade. Não me disseram "não havia *ninguém* ali" ou "*todos* os árabes partiram voluntariamente". Disseram-me que ambos os povos merecem viver lado a lado em paz e devemos encontrar uma maneira de alcançar essa paz com nossos vizinhos árabes.

Cerca de vinte anos atrás, comecei a ouvir um novo termo circulando: a Nakba. O Desastre. O que era aquela palavra misteriosa, e como euzinha, uma liberal, não sabia nada sobre isso? Meus amigos esquerdistas me disseram que *nakba* em árabe significa "catástrofe", ou "desastre", e essa palavra "nova" estava sendo usada para designar um feriado nacional, 15 de maio, destinado a marcar o dia em que todos os países árabes invadiram Israel para destruí-lo. Devo dizer que fiquei espantada. Não tanto pela dor óbvia dos deslocados, mas por essa repentina reformulação de marca.

Fui procurar as origens desse recém-introduzido conceito, e o que encontrei foi interessante, para dizer o mínimo. O termo *nakba* foi usado pela primeira vez no contexto de Israel em um panfleto escrito pelo professor e intelectual sírio Constantin Zureiq em 5 de agosto de 1948, quando a guerra ainda estava em andamento. Surpreendentemente, nesse panfleto, Zureiq não se refere à Nakba como algo que os *israelenses* fizeram aos árabes, mas como uma ferida autoinfligida e humilhante, causada pelos próprios árabes. Só para deixar claro, o professor Zureiq não era um amante de judeus e pró-sionista. Na verdade, ele não poderia ter sido mais claro sobre sua posição do que quando se referiu a Israel como "o inimigo sionista" (um termo que continuaremos a ouvir do aiatolá do Irã, dos líderes do Hezbollah etc.). No entanto, o professor Zurieq definiu muito claramente esse desastre como algo que se abateu sobre os árabes *devido às suas próprias ações*, uma humilhação pela qual deveriam assumir a responsabilidade. Basta ler as origens do termo *nakba* nas próprias palavras de Zureiq:

> Quando a batalha começou, nossa diplomacia pública começou a falar de nossas vitórias imaginárias, contando lorotas para público árabe dormir e falando da capacidade de superar e vencer facilmente – até que a Nakba aconteceu [...]. Devemos admitir nossos erros [...] e reconhecer a extensão de nossa responsabilidade pelo desastre que é nossa sina.[12]

Esse fato era bastante conhecido no mundo árabe na época, pois os líderes árabes evitavam até mesmo usar o termo *nakba*:

> Além disso, em seu livro de 1956, *Facts on the Question of Palestine* (Haqa'iq an Qadiyat Falastin), o líder nacionalista palestino Mohammed Amin al-Husseini quis distância do termo Nakba, pois "era amplamente associado na época com um desastre árabe palestino autoinfligido – seja por meio de vendas de terras para sionistas, pela não resistência à luta, ou pela emissão de instruções às pessoas para que partissem.[13]

Então como – eu me perguntava – esse termo de repente ressurgiu para se infiltrar no *zeitgeist* liberal? Bem, a marca é tudo e Yasser Arafat estava ciente disso. Arafat foi o fundador do Fatah, uma organização terrorista que no início estava comprometida com a destruição de Israel e lentamente suavizou suas posições (ou pelo menos fingiu fazê-lo). Quando o Fatah passou a controlar a Organização para a Libertação da Palestina (OLP) em 1968, os palestinos ganharam pela primeira vez uma representação oficial. Foi também Arafat quem reconheceu a necessidade de uma história nacional palestina que "pegasse" e, em 1998, anunciou o dia 15 de maio como o Dia da Nakba, um dia nacional de comemoração, luto e protesto. Essa pequena palavra, *nakba*, realmente "pegou", reescrevendo seu próprio significado e, com ele, a história da Guerra da Independência.

Não estou nem por um segundo descartando a dor que a guerra e o deslocamento causaram aos árabes. No entanto, é enfurecedor ver mais uma vez a História sendo distorcida em uma narrativa do tipo Davi contra Golias. Os palestinos e seus apoiadores, incluindo muitos da esquerda americana, alguns dos quais são meus amigos íntimos, usam a palavra *nakba* para descrever um desastre que acabou de *acontecer* com os palestinos, como um desastre natural, um furacão, ou, ouso dizer, um holocausto premeditado. Que foi infligido a uma nação do nada e sem qualquer provocação. Mas aquele dia, que foi realmente desastroso para os árabes palestinos, sírios, iraquianos, egípcios e seus aliados, não foi um ato de Deus. Foi uma derrota militar e política, resultado de más escolhas feitas por líderes árabes ruins.

O embaixador israelense nas Nações Unidas, Abba Eban, o descreveu melhor em seu discurso na ONU em 17 de novembro de 1958:

> O problema dos refugiados árabes foi causado por uma guerra de agressão, lançada pelos Estados Árabes contra Israel em 1947 e 1948. Que não haja equívocos. Se não houvesse guerra contra Israel, com os consequentes derramamento de sangue, miséria, pânico e fuga, não haveria hoje um problema de refugiados árabes. Tão logo se determine a responsabilidade por aquela guerra, se determina a responsabilidade pelo problema dos refugiados. Nada na história da nossa geração é mais clara ou menos controversa do que a iniciativa dos governos árabes com respeito ao conflito, do qual surgiu a tragédia dos refugiados. As origens históricas desse conflito são claramente definidas pelas confissões dos próprios governos árabes: "Essa será uma guerra de extermínio", declarou o secretário-geral

> da Liga Árabe, falando em nome dos governos de seis Estados árabes. "Será um massacre momentoso, a ser lembrado como o massacre da Mongólia e as Cruzadas."

A causa palestina está cheia de dor; no entanto, a Nakba é uma "marca", um termo usado para atribuir vitimização e heroísmo à derrota em uma guerra que foi iniciada pelo lado perdedor. Se os árabes tivessem concordado com o Plano de Partilha das Nações Unidas, nenhuma guerra teria acontecido, nenhuma nakba teria acontecido, e talvez estaríamos vivendo em paz desde então.

Mas eles não concordaram.

UNRWA: SE NÃO FOR CONSERTADO, QUEBRE DE VEZ

Em dezembro de 1949, depois que aproximadamente 700 mil árabes palestinos foram deslocados e que os próprios países árabes que começaram a guerra se recusaram a oferecer-lhes qualquer assistência material séria, a Assembleia Geral da ONU aprovou a Resolução 302 (IV), criando a United Nations Relief and Works Agency for Palestine Refugees in the Near East (Agência das Nações Unidas de Assistência aos Refugiados da Palestina no Oriente Próximo), também conhecida como UNRWA. Ela deveria ser uma agência especial nas Nações Unidas dedicada exclusivamente aos refugiados palestinos, a única nação do mundo a ter sua própria agência específica.[14] A resolução da ONU de 1949 que criou a UNRWA afirmava que "medidas construtivas deveriam ser tomadas o quanto antes, com a intenção de terminar a referida assistência internacional".[15] Em outras palavras, essa solução seria temporária, com um mandato a ser "reavaliado" a cada ano. Decorridos mais de 70 anos, a UNRWA é agora uma imensa organização, com um orçamento (de doações da comunidade internacional) de cerca de US$ 1,2 bilhão e uma equipe de 30 mil funcionários. Como uma agência temporária se tornou permanente?

Em 1949, quando a UNRWA foi criada, o mundo estava em turbulência. Após a Segunda Guerra Mundial, dezenas de países estavam mudando, fronteiras estavam sendo redesenhadas e as pessoas estavam lidando com as consequências da guerra, do genocídio e do deslocamento forçado. Havia aproximadamente 11 milhões de refugiados em todo o mundo, 700 mil dos quais eram palestinos. Os 10.300.000 refugiados não palestinos foram direcionados para o UNHCR – United Nations High Commissioner for Refugees (Alto Comissariado das Nações Unidas para Refugiados), criado em 1951, a agência da ONU dedicada ao reassentamento e à integração de refugiados e/ou de pessoas apátridas.

Enquanto o UNHCR trabalha constantemente para *baixar* o número global de refugiados, na UNRWA os números sobem, sobem, sobem. Depois da guerra de 1948, havia aproximadamente 700 mil pessoas deslocadas. Agora a UNRWA contabiliza 5,6 *milhões* de "refugiados" registrados em seus livros. Como isso é possível?

Bem, a questão principal decorre de como a UNRWA define um refugiado. Os 5,6 milhões de "refugiados" incluem, por exemplo, palestinos que vivem em Gaza e na Margem Ocidental (como você pode ser um refugiado da Palestina quando mora atualmente na... Palestina?) – muitos dos quais têm cidadania jordaniana (embora a comunidade internacional geralmente concorde que não é possível ser considerado refugiado, ou "apátrida", se tiver cidadania em qualquer Estado). E aqui está a pior parte: a UNRWA *automaticamente* conta como refugiados os palestinos de terceira e quarta gerações após o conflito de 1948 (o que não é o caso de *quaisquer outros refugiados* que tenham passado pelo UNHCR, que analisará caso a caso e fará algumas exceções, se necessário).

Em vez de ajudar as pessoas a seguir em frente, a UNRWA mantém o povo palestino em um eterno ciclo de deslocamento. Em vez de resolver o problema de alguma forma significativa, eles negligenciam o crescimento exponencial do problema. Entre as pessoas que a UNRWA considera "refugiados" está Mohammad Hadid. Mohammad Hadid é o magnata incorporador imobiliário e pai das supermodelos Gigi e Bella Hadid. Ele nasceu em Israel em 1948 e, durante a guerra, sua família partiu e seus membros se tornaram refugiados; eles se mudaram para Damasco, Tunísia, Grécia e depois para Washington, DC, onde Mohammad se converteu em um grande sucesso. A despeito de tudo isso (e a menos que ele tenha explicitamente pedido para que seu nome seja removido dos livros!), ele ainda está registrado na UNRWA como refugiado e é considerado um "problema" que precisa ser "resolvido". Suas filhas deslumbrantes Gigi e Bella, embora nascidas nos EUA, ainda podem ir à Síria, cadastrarem-se na UNRWA e se tornarem parte do "problema do refugiado palestino". A UNRWA não rastreia o paradeiro nem o desenvolvimento de nenhum de seus "refugiados registrados" e nunca remove ninguém de suas listas, de modo que alguém pode se tornar um magnata multimilionário de Los Angeles e ainda ser contabilizado como parte do "problema dos refugiados".

A UNRWA é como um clube de associados geracionais, patrocinado pela quantia de US$ 1,2 bilhão doada pela comunidade internacional.[16] Então, por que isso acontece?

Quando a agência foi formada, o mundo pressupôs que o assentamento dos refugiados não seria um grande problema. Afinal, eles eram todos árabes e estavam cercados por países árabes que tinham transformado a situação palestina em um tópico central em suas agendas sociopolíticas. Entretanto, rapidamente ficou claro que a UNRWA era um completo e absoluto fracasso. Apenas três anos após a sua criação, David Fritzlan, o encarregado de negócios dos

EUA na Jordânia, enviou o seguinte telegrama ao Departamento de Estado dos EUA:

> Há algum tempo tenho estado conturbado pelo fracasso da UNRWA em realizar qualquer coisa substancial na Jordânia na forma de reassentamento de refugiados. O resultado [é] que vastas somas de dinheiro foram sendo investidas mês após mês apenas para sustentar os refugiados, com nenhum esforço paralelo para torná-los independentes e removê-los da lista de beneficiários.

Os Estados árabes, observou Fritzlan, precisavam explicar aos refugiados que "não obstante suas promessas [...], era improvável que muitos deles voltassem para suas antigas casas". Porém, os árabes não estavam fazendo nada disso, disse o encarregado de negócios dos EUA. Não obstante as pretensões de apoio aos esforços de reabilitação de refugiados, a política básica da Liga Árabe era frustrá-las. "O propósito dessa política", concluiu Fritzlan, "[é] simplesmente manter vivo o problema dos palestinos, na esperança de causar a queda de Israel".[17]

Fritzlan queixou-se contundentemente de que os países árabes estavam tomando o dinheiro da ONU sem intenção de resolver a crise dos refugiados. Em 1958, os EUA e o Reino Unido ficaram fartos da UNRWA. Eles sabiam que a agência não conseguira cumprir seu propósito original e estavam trabalhando para que ela fosse eliminada, quando vivenciaram uma cena que teria deixado Don Corleone orgulhoso:

> O embaixador saudita nos Estados Unidos convidou-se a ir ao Departamento de Estado em Washington, DC, para fazer uma oferta que não podia ser recusada [...] [o embaixador saudita] Abdullah al-Khayyal começou a reunião dizendo que estava ali representando todos os embaixadores árabes, a fim de assinalar o preço a ser pago se os Estados Unidos recusassem sua demanda. Ele disse estar convencido de que os Estados Unidos

> estavam interessados em um relacionamento próximo com o mundo árabe. Washington, disse ele, deve evitar a repetição de erros passados. A extinção da UNRWA, acrescentou, "teria repercussões muito ruins nos países árabes".[18]

Quando o subsecretário de Estado americano Christian Herter, um republicano de Massachussetts, perguntou quais eram, exatamente, os erros passados dos EUA, Khayyal respondeu: "Apoiar o plano de partilha da ONU".[19]

Em outras palavras, ao apoiar a existência do Estado de Israel, os EUA e o Reino Unido haviam contrariado o mundo árabe e agora, se quisessem petróleo, ou alianças, ou inteligência militar estratégica, tinham que pagar por isso. Quando Herter pediu a Khayyal que se sentasse com os israelenses e ajudasse a encontrar uma solução, Khayyal respondeu que ninguém falaria com os israelenses. Ponto-final.

Com efeito, a comunidade internacional começou a pagar proteção para o mundo árabe, que já chega a US$ 1,2 bilhão por ano.

O tom adotado para com a comunidade internacional continua a ser entrelaçado de ameaças veladas dos horrores resultantes se os países *não* pagarem. Tomemos, por exemplo, as seguintes palavras do então porta-voz da UNRWA, Chris Gunness:

> Esperamos que os doadores doem generosamente, porque, não se engane, nada menos que a estabilidade no Oriente Médio está em jogo [...]. Em um momento no qual grupos extremistas estão em modo de recrutamento, certamente não é do interesse de ninguém ter meio milhão de filhos não nas escolas da ONU, mas nas ruas [...]. É realmente do interesse de alguém ter um milhão de pessoas famintas e furiosas em Gaza?[20]

Nem os próprios refugiados gostam dessa linguagem. "É muito ofensiva para nós", diz Mohammad Abu Srour, do grupo de refugiados do campo de Aida. "A UNRWA deveria buscar dinheiro com base em respeito, moralidade, humanidade e direitos humanos [...]. Você não pode ameaçar as pessoas dizendo que outras pessoas se tornarão terroristas para alcançar seus objetivos. É uma forma muito ordinária de fazer as coisas."[21]

E ele está certo! Os refugiados precisam de respeito, moralidade, humanidade e a possibilidade de um futuro melhor. E a única forma de expressar isso é ajudá-los a criar esse *futuro*, não manter o problema vivo. Mas a UNRWA não está interessada nisso. Em vez de usar seu fundo de bilhões de dólares para ajudar os refugiados a estabelecer uma vida estável, independente e gratificante, ela ajuda a perpetuar o problema. É verdade que a UNRWA fornece apoio crucial, como alimentação, educação e assistência de saúde para milhões de pessoas; no entanto, essa deve ser a função de um governo, não de uma entidade da ONU. Além disso, há de fato um enorme problema com o sistema educacional da UNRWA.

A organização criou seus próprios livros didáticos e currículo ou usa os livros dos países "anfitriões", sem a devida supervisão. Ensina-se às crianças propaganda antissemita e elas são encorajadas à violência e ao martírio. Os livros didáticos da UNRWA ensinam alunos da quarta série a contar usando terroristas suicidas (*shahids*), e aos alunos da décima primeira série o massacre dos Jogos Olímpicos de Munique é descrito como "um ataque contra os interesses sionistas no exterior". Um chocante e detalhado relatório sobre o assunto foi apresentado pela ONG IMPACT-se ao Committee on the Elimination of Racial Discrimination (CERD – Comitê para a Eliminação da Discriminação Racial) das Nações Unidas em agosto de 2019, que deu impulso a condenações e investigações da ONU, dos EUA e da União Europeia, para citar alguns.[22] Como declarou James Lindsay – ex-conselheiro geral da UNRWA –, em uma audiência na quadragésima segunda sessão do Conselho de Direitos Humanos da ONU em 23 de setembro de 2019, a organização precisa "evoluir ou se dissolver", e quando se trata da UNRWA, "a Assembleia Geral colocou a política acima da moralidade".[23]

Com efeito, a UNRWA tornou-se parte do problema, não da solução, tudo pago por você.

Eis a questão: resolver o problema dos refugiados significaria acabar com a guerra contra Israel e, a partir de agora, os palestinos (e muitos no mundo árabe) têm se recusado a fazê-lo. A melhor maneira de manter viva a guerra contra Israel é perpetuar o "problema de refugiados" sob a legitimidade da ONU, que defende um conceito internacional de "direito de retorno", às custas de muitas gerações desesperançadas. Enquanto o "problema dos refugiados" persistir, eles poderão continuar acreditando que (1) a guerra com Israel não acabou, e (2) eles ainda podem vencê-la.

Os refugiados palestinos são agora um ponto de discórdia em quaisquer conversações de paz e um ponto de discussão em cada *campus* universitário. Eles foram usados como uma desculpa para uma longa e sinuosa estrada que levou Israel de uma guerra a outra e de um processo de paz fracassado a outro.

Um cabo de guerra – e paz

MEMÓRIAS FORMATIVAS

Havia muitas coisas divertidas para fazer quando eu ficava com minha *safta* Fania em Degania, porém a minha favorita era aquela que me recepcionava nos portões do *kibutz*, um tanque de guerra enferrujado e ameaçador. Não uma obra de arte ou estátua comemorativa, mas um verdadeiro tanque do exército sírio. O tanque está nesse mesmo lugar desde uma fatídica noite de 1948, quando cinco membros do *kibutz* e um coquetel molotov conseguiram detê-lo (ou talvez tenha sido um bombardeio, ou talvez ambos?). As fotos daquela luta são bem horripilantes: o tanque foi detido literalmente na entrada do *kibutz*, à beira de uma trincheira recém-cavada.

Eu adorava aquele tanque quando criança. A besta de aço era um lembrete vívido e tangível da vitória de "poucos contra muitos", do heroísmo dos pioneiros, dos perigos que enfrentaram e de como haviam escapado por um triz após olhar a morte bem de frente. Meu primo, as demais crianças do *kibutz* e eu costumávamos brincar no tanque como se fosse um trepa-trepa. O que, claro, era a intenção. Esse tanque fora deixado ali por gerações para que as crianças entendessem o preço que pagamos, e continuamos a pagar, para termos o nosso próprio Estado. Imagine ter aquilo no seu parquinho infantil!

Cresci com o *ethos* da guerra, e ele se inseriu em cada aspecto da minha vida desde criança. Lembro-me especialmente do ano de 1982. Cheguei em casa da escola e fiquei entusiasmada ao encontrar minha mãe na sala de estar. Minha mãe, uma poderosa mulher de carreira, nunca estava em casa àquela hora. Corri para abraçá-la, quando vi as lágrimas nas suas faces. Ela tinha chegado em casa cedo para dar a notícia a Mira, minha irmã de 18 anos, que seu namorado Rami, o cara com quem ela ia se casar, havia sido ferido no Líbano. Na época, eu não tinha ideia do que estava acontecendo; apenas sabia que era algo muito ruim.

Minha linda irmã mais velha Mira estava totalmente histérica. Ela corria para cima e para baixo em nosso apartamento, uivando. Minha mãe a perseguia, tentando acalmá-la. Com uma voz alquebrada, ela gritou para a filha mais velha: "É apenas um arranhão, é apenas um arranhão!" Minha mãe estava tentando agarrar minha irmã, abraçá-la, mas Mira não queria nada disso. Ela estava inconsolável. "*Você está mentindo!*", ela gritou para mamãe. "*Eu sei que não é só um arranhão!*"

Mira estava certa, é claro. Não faço ideia de como ela sabia, mas ela sabia. Minha mãe estava tentando dar a notícia a ela lentamente, mas naquele momento Rami já estava em coma. Ele morreu no dia seguinte.

À medida que a tragédia se desenrolava, caí no chão do corredor e tentei me fazer menor do que já era. Eu me enrodilhei e me apoiei no canto da porta da frente, fechando a boca com força, mantendo os olhos bem abertos, vendo minha família desmoronando, em pânico e paralisada. Essa cena horrível está enterrada em minha alma. Eu tinha 7 anos. Rami fazia parte da nossa família. Ele costumava me jogar no ar e brincar comigo como uma criança. E agora ele tinha partido.

Aquele episódio foi decisivo para o meu desenvolvimento emocional. Uma criança que testemunha uma cena dessas pode se tornar altamente disfuncional ou hiperfuncional e eu escolhi a segunda possibilidade. Naquele instante percebi que a merda pode ser jogada no ventilador a qualquer momento, e um enorme drama pode bater à porta, sem aviso-prévio, para despedaçar a realidade. Em um instante tomei uma decisão subconsciente: "Não vou desmoronar dessa forma. Eles nunca terão que se preocupar *comigo* assim. Eu serei forte. Eu ficarei bem".

Na maioria das vezes, eu fui e sou forte. Eu me tornei forte e avessa ao drama. Aprendi a separar e a desassociar. Por anos, diria aos amigos que eu estava "ÓTIMA!" quando me perguntavam como eu ia, mesmo quando eu não estava indo muito bem. Foram necessários anos de terapia e uma infinidade de livros de autoajuda, aulas e seminários para voltar a ter contato com o emocional, reconhecendo a dor quando surge e dando-lhe espaço e respeito. Isso ainda é algo com que eu luto. Sempre terei que observar e acolher minhas emoções quando sinto que algo ameaçador está prestes a acontecer, mesmo que eu, automaticamente, queria fingir que elas não existem.

Estou dizendo isso neste momento porque esta é a parte do livro na qual irei falar sobre as guerras de Israel desde o seu estabelecimento e até os dias atuais. Ao longo dos anos, aprendi que mesmo as pessoas que nada sabem sobre Israel associarão o país a conflitos. Uma das primeiras perguntas que me fazem sobre Israel é: "Não é perigoso?" E mesmo que o país seja tão seguro quanto Venice Beach (se não mais), entendo de onde vem a pergunta. Israel teve seu quinhão de guerras, e a mídia internacional as devora. Afinal, "se sangra, é notícia".

Mas há um preço psicológico duradouro que os seres humanos pagam, escondido por trás das manchetes, e isso acontece em todos os lares israelenses e palestinos.

Este capítulo também pretende ilustrar como o "conflito recente" não é nada recente. Não depende deste governo ou de outro, de uma política ou de outra. A principal coisa a entender, tanto ao falar sobre as guerras quanto sobre a psicologia local em prol das tentativas de paz, é que Israel sempre lutou por sua existência, porém seus inimigos mudaram ao longo dos anos. E esta é a chave: o conflito *não* é entre palestinos e israelenses. É entre o *mundo árabe* e Israel.

MEDIÇÃO DE FORÇA

O conflito entre Israel e o mundo árabe é comumente dividido em três períodos:

- **Conflito intercomunitário (1860-1948).** Os anos que antecederam o estabelecimento do Estado eram característicos de uma guerra civil entre árabes e judeus. Em sua maioria, os árabes não queriam que os judeus retornassem e iniciaram ataques contra o *yishuv*, embora não houvesse disputas territoriais ou deslocamentos palestinos em larga escala. É claro que nem todos os árabes eram contra o retorno dos judeus. O xeique da Galileia e príncipe de Nazaré Daher Al Omar implorou aos judeus que voltassem e se reinstalassem em suas terras em 1738; e, em 1918, foi publicado um comovente artigo no jornal oficial de Meca que descrevia os "irmãos judeus retornando à sua terra". No entanto, na maioria das vezes, havia ataques e contra-ataques constantes e massacres periódicos de judeus na Palestina otomana e sob o Mandato Britânico.
- **Conflitos interestatais (1948-1973).** Quando o Estado de Israel foi estabelecido, a animosidade local se transformou em um

esforço organizado de todos os países vizinhos para a total derrota e destruição do novo Estado judeu. Foram três décadas de clássicas guerras interestatais, em que a principal ameaça a Israel eram as poderosas forças militares do Egito, bem como da Síria e, em certa medida, do Iraque, da Jordânia e da Arábia Saudita. Durante essas três décadas, a Guerra Fria estava no auge e Israel e o mundo árabe se tornaram, até certo ponto, representantes dos Estados Unidos e da União Soviética, respectivamente.

- **Conflito entre atores não estatais (1973 – atualidade).** Por volta de 1973 e até os dias de hoje, o conflito no Oriente Médio foi dominado por atores não estatais: organizações terroristas, guerrilhas e organizações insurgentes patrocinadas por outras nações e usadas como representantes para promover a guerra. A Organização para a Libertação da Palestina foi criada em 1964 com a intenção de estabelecer um Estado palestino em todo o Israel e fazê-lo por meio de um conflito armado. Ela se transformou e se dividiu ao longo dos anos, deixando de ser o ator principal; temos agora novos atores, como o Hamas e o Hezbollah, custeados pelo surgimento do Irã como uma nova potência regional aspirante, também obcecados com a destruição de Israel e a dominação mundial xiita/árabe.

Na psique israelense (e possivelmente na realidade), todos os períodos de conflito supramencionados são inseparáveis. Apesar de ter diferentes inimigos de diferentes países com diferentes agendas em diferentes momentos, os israelenses os veem como um único grande inimigo que está comprometido com sua destruição. Os nomes mudaram, mas a ideia básica é clara. Eles nos querem fora e eles nos querem mortos.

A falta de um acordo de paz na região neste momento não se deve à falta de tentativa. Muitas tentativas foram feitas ao longo dos anos, mas, para que ocorra uma mudança real, tanto os israelenses quanto seus inimigos terão que mudar sua forma de pensar.

Entretanto, antes de discutirmos essa solução difícil de se encontrar, vamos detalhar as guerras e as tentativas de paz mais recentes.

- **A Guerra da Independência (novembro de 1947 a julho de 1949).** Ver capítulo "Nasce um Estado". Israel foi constituído; as nações árabes invadiram. Essa guerra terminou em uma trégua – não em um acordo de paz – e a Linha Verde foi criada. Nos anos seguintes, o exército egípcio formou uma unidade especial, os *fedayin*, e realizou ataques terroristas contra civis quase diariamente.
- **A Guerra do Sinai (outubro-novembro de 1956).** O líder egípcio Gamal Abdel Nasser estava louquinho por uma segunda rodada com Israel. O Egito também bloqueou duas vias navegáveis cruciais para Israel (o estreito de Tiran e o Canal de Suez) e incentivou ataques dos *fedayin*. Isso motivou Israel a se juntar aos franceses e britânicos num empenho fracassado para tentar recuperar o Canal de Suez. Tratava-se principalmente de uma iniciativa francesa, mas os britânicos queriam o canal, e os israelenses queriam deter os *fedayin* (e abrir as vias navegáveis e impedir o armamento do Egito), então todos tinham um objetivo.
- **A Guerra dos Seis Dias (5 de junho a 10 de junho de 1967).** Essa infame guerra foi assim denominada devido à sua velocidade e precisão.

No contexto do apoio sírio às milícias palestinas que atacavam Israel pelo norte, o presidente egípcio Nasser advertiu Israel contra a movimentação de suas forças. Como se verificou posteriormente, Nasser havia recebido notícias falsas dos russos, dizendo que Israel estava prestes a atacar a Síria. Até hoje, ninguém sabe quem enviou essas mensagens ou por quê. Mas essa informação falsa provocou uma crise na qual o Egito, a Síria e depois a Jordânia planejaram atacar Israel. A tensão aumentava, o estreito de Tiran foi bloqueado e o Egito pediu às forças da ONU, que separavam o estreito de Israel, para que se retirassem. Os israelenses aguardavam um golpe árabe enquanto o cerco militar em torno de Israel do país apertava, e então a inteligência israelense descobriu planos para outro ataque árabe conjunto a Israel.

Em 5 de junho de 1967, Israel enviou 185 caças como uma investida preventiva, a fim de destruir as forças aéreas egípcias, sírias e jordanianas e suas bases aéreas. Síria, Jordânia, Iraque e Egito imediatamente ativaram seu ataque planejado, e Líbia, Líbano, Arábia Saudita, Sudão, Marrocos, Tunísia e Argélia também participaram. Foi uma batalha total, planejada por todos os árabes para se livrar de Israel de uma vez por todas.

Em seis dias, Israel pôs fim à guerra com uma vitória impressionante. Mais uma vez, as forças militares não só defenderam sua terra como também conquistaram um novo território. Ao norte, Israel tomou as Colinas de Golã da Síria. No sul, a Faixa de Gaza e a península do Sinai do Egito. E no leste, levou a Margem Ocidental (ou Judeia e Samaria) da Jordânia. Este último pedaço de terra já era disputado, pois a Jordânia o havia tomado 19 anos antes, na Guerra da Independência. Embora o tivesse anexado oficialmente, a comunidade internacional em geral (excluindo o Iraque, o Paquistão e a Grã-Bretanha) não aceitou a soberania da Jordânia sobre ele. No entanto, a Margem Ocidental está no centro do debate político internacional que você tem ouvido sobre Israel ao longo dos anos, e iremos nos concentrar nisso no próximo capítulo. Essa expansão para o leste incluía a joia da coroa de Israel – a Cidade Velha de Jerusalém. Depois de dois mil anos de exílio, paraquedistas israelenses marcharam através dos portões antigos e se postaram junto às muralhas do Antigo Templo. Os judeus haviam finalmente retornado ao lugar mais sagrado do judaísmo.

- **Resolução 242 do Conselho de Segurança da ONU (novembro de 1967).** Cinco meses após a Guerra dos Seis Dias, o Conselho de Segurança das Nações Unidas adotou uma resolução revolucionária: terra em troca de paz! Pela primeira vez, criou-se a possibilidade de paz real entre Israel e seus vizinhos. Israel aprovou a resolução depois de um mês, sinalizando ao mundo suas intenções de usar a terra ocupada como moeda de troca na negociação da paz.

- **A Guerra de Exaustão (junho de 1967 a agosto de 1970).** Os egípcios queriam a Península do Sinai de volta, mas, em vez de irem na direção de um acordo de paz com base na resolução da ONU citada, deram início a numerosos ataques contra as forças israelenses, principalmente por artilharia e incursões marítimas. Israel respondeu com força.
- **A Guerra de Yom Kipur (6 a 26 de outubro de 1973).** Essa foi uma das piores guerras da história do país. Era por volta das duas horas da tarde do Yom Kipur.* Minhas irmãs estavam andando de bicicleta nas ruas vazias do nosso bairro (em respeito às antigas tradições desse dia sagrado, os israelenses se abstêm voluntariamente de dirigir em Yom Kipur, e as ruas ficam lotadas de crianças andando de bicicleta nas ruas vazias), e minha mãe estava em casa se recuperando de uma cirurgia de estômago. O telefone tocou, e na linha estava a melhor amiga da minha mãe, Rachel. "*Yael!*", ela gritou. "*Pegue as meninas e corra para o abrigo! Agora!*" E desligou o telefone. Rachel trabalhava para o Ministério da Defesa, e minha mãe soube imediatamente que, fosse o que fosse, era algo grave. Ela desceu correndo para procurar minhas irmãs, gritando aos vizinhos que corressem para o abrigo, agora em pânico total e sangrando pelas bandagens. Minha mãe conseguiu encontrar minhas irmãs e convencer um punhado de vizinhos a abrir seus abrigos e entrar. Uma hora depois de ela ter recebido aquela ligação, sirenes soaram pelo país. Egito, Síria e Iraque, com assistência ativa da Líbia, da Argélia, do Marrocos, da Arábia Saudita e da Jordânia, coordenaram um ataque a Israel, que tomou a todos de surpresa. O ataque ocorreu em Yom Kipur, o dia mais sagrado do calendário judaico, e pegou Israel completamente fora de guarda. Os árabes chegaram incrivelmente perto de atingir seu objetivo de destruir o país. Israel acabou vencendo a guerra por pouco, mas a sobrevivência

* N.T.: Em hebraico, literalmente, Dia da Expiação, também conhecido como Dia do Perdão, dedicado ao jejum, à oração e à reflexão, ao arrependimento e ao perdão.

do país esteve por um triz, deixando o povo israelense abalado e em choque e com raiva por um longo tempo.

- **Os Acordos de Camp David (1978).** Os esboços dos acordos assinados na Cúpula de Camp David pelo presidente Jimmy Carter, pelo primeiro-ministro israelense Menachem Begin e pelo presidente egípcio Anwar Sadat. Eles levaram a que Israel devolvesse o território que havia conquistado do Egito em 1967 – a península do Sinai – em troca de um acordo de paz com o Egito. Os dois países vêm mantendo desde então uma fria, porém estável, paz. O presidente egípcio Anwar Sadat pagou com a vida por esse ato heroico e corajoso, tendo sido assassinado por um membro da Jihad Islâmica Egípcia em 1981.
- **A Primeira Guerra do Líbano (6 de junho a 29 de setembro de 1982).** No final da década de 1960, a Organização para a Libertação da Palestina se estabeleceu dentro do Líbano, na fronteira norte de Israel, e começou a lançar ataques contra alvos civis israelenses. Após aproximadamente 270 ataques terroristas e uma tentativa fracassada de assassinato do embaixador israelense no Reino Unido, os militares israelenses adentraram o Líbano para derrubar a OLP. A guerra foi chamada de "Operação Paz para a Galileia" e seria discutida nos anos seguintes, quando ficou claro que o ministro da Defesa, Ariel Sharon, "falhou" em informar a maior parte do governo israelense sobre seus planos de não apenas expulsar a OLP, mas também de chegar até Beirute. A falha de comunicação de Sharon (vendo a coisa com boa vontade) ou sua enganação (sendo mais realista) fez com que a opinião pública israelense se voltasse contra o governo. Essa foi também a guerra na qual Rami Shalgi, o namorado da minha irmã, foi morto.
- **A Primeira Intifada (1987-1993).** A Primeira Intifada, também conhecida como o "Levante", foi uma revolta popular palestina contra a ocupação israelense da Margem Ocidental e da Faixa de Gaza (que, você se lembrará, Israel havia tomado da Jordânia e do

Egito na Guerra dos Seis Dias, depois que estes as haviam tomado na Guerra da Independência). Os palestinos lutaram sobretudo atirando pedras, queimando pneus e arremessando coquetéis molotov, principalmente nas fronteiras de 1967 na Margem Ocidental.

- **A Guerra do Golfo (agosto de 1990 a fevereiro de 1991).** Na qual fui pessoalmente atacada por Saddam Hussein. Eu era uma adolescente em Tel Aviv quando o Iraque invadiu o Kuwait e, quando os EUA foram socorrê-lo, o Iraque respondeu lançando mísseis Scud em Tel Aviv. Eu estava na casa de uma amiga quando as sirenes soaram. O rádio instruiu a que todos entrassem em abrigos antiaéreos, então obedecemos. Disseram-nos que poderia ser um ataque com bombas de gás, por isso, enquanto os mísseis iraquianos explodiam ao nosso redor, colocamos fita adesiva nas fendas ao redor das janelas e das portas, para evitar a infiltração de gás mostarda. Estávamos todos aterrorizados e intrigados com esse ataque. O que tínhamos a ver com a invasão do Kuwait pelo Iraque e por que estávamos sendo atacados? Esses ataques duraram algumas semanas devastadoras e realmente me assustaram. Tive que ir à escola carregando uma máscara antigás em uma caixa de papelão, que decorei com cores vivas e rendas. Isso não ajudou a aliviar meus medos; foram tempos assustadores.
- **A Conferência de Madrid (1991).** Chefes de Estado dos Estados Unidos, da União Soviética e da Espanha juntaram-se a representantes de Israel, Síria, Jordânia, Líbano e Egito. Essa foi a primeira vez que houve comunicações indiretas entre israelenses e palestinos. Embora a OLP (ainda comprometida em destruir Israel) não estivesse "oficialmente" envolvida, ela fazia parte da delegação da Jordânia, negociando em nome de seu povo.
- **Os Acordos de Oslo (1993-1998).** Negociações secretas ocorridas na Noruega entre acadêmicos israelenses e líderes da OLP abriram caminho para o reconhecimento da Organização para a Libertação da Palestina como representante oficial do povo palestino. Foi criada

a Autoridade Palestina e Israel começou a se retirar dos territórios da Margem Ocidental e de Gaza. Em decorrência dos Acordos de Oslo, os primeiros-ministros de Israel Yitzhak Rabin e Shimon Peres, e Arafat da OLP ganharam o Prêmio Nobel da Paz. Contudo, alguns anos mais tarde, os Acordos de Oslo foram por água abaixo, por razões que veremos em breve. Esses acordos não foram bem recebidos pela ala direita de nenhuma das partes e o Hamas intensificou seus ataques terroristas contra civis israelenses, incluindo a explosão de um ônibus bem perto do meu apartamento em Tel Aviv.

- **Acordo de Paz entre Israel e Jordânia (26 de outubro de 1994).** Após anos de negociações clandestinas, um acordo de paz foi assinado entre Israel e Jordânia. Ele estabeleceu fronteiras, terra, água e agricultura, e terminou com uma foto lendária do rei Hussein da Jordânia acendendo o cigarro do primeiro-ministro israelense Yitzhak Rabin. À semelhança do acordo com o Egito, esse é um acordo frio, porém estável. A Jordânia não pediu a restituição da Margem Ocidental como condição para a paz, então os territórios ficaram em mãos israelenses.[1]
- **O Assassinato de Yitzhak Rabin (1995).** Não se tratou de uma guerra ou de um acordo de paz, mas muitos apontam este como o momento em que o movimento pela paz morreu. Um mês após a assinatura da segunda parte dos Acordos de Oslo, Rabin foi assassinado por um ultranacionalista *israelense* que rejeitou esse acordo e toda a ideia de trocar terra por paz. Eu estava em um show naquela noite, e como aqueles eram dias pré-celular, as notícias viajavam lentamente. Um murmúrio desagradável começou a vagar pela multidão, e de repente um homem irrompeu pelas portas e começou a gritar: "Atiraram nele! Ele está morto!" Rita, uma das cantoras nacionais de Israel, congelou no palco e depois se agachou, agarrando a cabeça entre as mãos. Todo mundo começou a ofegar, inclusive eu, que saí correndo. Dirigi para casa atordoada e aos prantos, assim como todos os

demais motoristas que estavam no trânsito ao meu redor. Foi um daqueles momentos na vida em que você vê um ponto de virada histórico devastador bem na sua frente.

- **Cúpula de Camp David (2000).** O primeiro-ministro israelense, Ehud Barak, e o presidente dos EUA, Bill Clinton, tentaram terminar o que Rabin e Peres haviam começado e se empenharam para a assinatura de um pleno acordo de paz destinado a estabelecer um Estado palestino. Barak concordou com quase todas as exigências dos palestinos, mas Arafat se recusou a assinar. Esse episódio continua a ser citado como o momento em que um indivíduo (Arafat) teve a oportunidade e o apoio global para conseguir uma mudança real para o seu povo e não a aproveitou.
- **Segunda Intifada (2000-2005).** Essa revolta começou quando o ex-ministro da Defesa Ariel Sharon visitou o Monte do Templo, que inclui a Mesquita Al-Aqsa. No início, houve uma série de agitações, mas a revolta logo seria definida por homens-bomba palestinos suicidas, matando indiscriminadamente civis israelenses. Os israelenses reagiram retomando partes da Margem Ocidental e de Gaza, às vezes em intensos combates. Foi um caos.
- **Iniciativa de Paz Árabe (2002).** A Arábia Saudita apresentou a Iniciativa de Paz Árabe, que, pela primeira vez, estabeleceu os termos que toda a Liga Árabe impunha para aceitar Israel como país. A iniciativa, embora encorajadora, causou grandes problemas para Israel, especificamente no tocante a fronteiras e refugiados. Além disso, as nações árabes se recusaram a concordar com a cláusula de "fim das exigências", como a que consta em quase todos os contratos em qualquer lugar do mundo (mais sobre este tópico em breve). Embora Israel tenha se recusado a aceitar os termos, a iniciativa abriu caminho para uma comunicação e cooperação não oficiais entre Israel e os estados do Golfo (um dos segredos mais mal guardados da região), que levou ao Acordo de Abraão em 2020.

- **A Segunda Guerra do Líbano (12 de julho a 14 de agosto de 2006).** Entra o Hezbollah. Israel havia expulsado a OLP do sul do Líbano, então o Irã criou e ainda está patrocinando o Hezbollah, que é uma organização terrorista e um partido político (e parte do governo libanês!). A organização está instalada na fronteira norte de Israel e se dedica, é claro, à destruição de Israel. No verão de 2006, o Hezbollah lançou um ataque em solo israelense no qual três soldados foram mortos e dois sequestrados, o que desencadeou uma guerra. O Hezbollah disparou milhares de mísseis contra civis no norte de Israel e a guerra durou 34 dias conturbados. Apesar das fortes críticas dentro de Israel, que levaram à renúncia do chefe do Estado-Maior das FDI e de outros oficiais, essa guerra conseguiu dissuadir ataques semelhantes contra Israel nos anos seguintes.
- **Ausência de guerras (2005 até o presente).** Você pode se surpreender ao ouvir, mas na verdade, não houve uma guerra "oficial" nos últimos anos. Dito isso, houve muitos ataques terroristas, ataques de mísseis e de morteiros, operações militares e derramamento de sangue – em especial, três rodadas de combates entre Israel e o Hamas, sediado em Gaza, e esforços armados israelenses para conter ações militares, a construção de bases e o armamento de milícias pelo Irã na Síria.
- **O Plano de Paz Trump (2019).** Essa foi a tentativa recente de um acordo de paz entre Israel e os palestinos, e ainda não se sabe se será ou não a base para qualquer coisa no futuro. Jared Kushner* elaborou uma proposta que incluía fortes incentivos econômicos para os palestinos. Não é uma má ideia, mas o fato de os palestinos não terem se engajado nesse processo é terrível. O governo Trump convidou os palestinos a sentar-se à mesa repetidamente, mas eles se recusaram também repetidamente. (Eles consideravam, não sem justificativa, que a administração

* N.T.: Jared Kushner é genro de Donald Trump e, em 9 de janeiro de 2017, foi nomeado conselheiro sênior da Casa Branca.

Trump era tendenciosa em relação a Israel.) A outra coisa que sabemos é que quanto mais o tempo passa, menos se está aberto à discussão. Esse plano não é muito diferente dos anteriores (dois Estados para duas nações – também conhecido como a Solução de Dois Estados), mas o território para uma futura Palestina diminui a cada minuto, por razões que explorarei daqui a pouco.

- **O Acordo de Abraão (2020).** Em um desenvolvimento rápido e inesperado, Israel, os Emirados Árabes Unidos e o Bahrein levaram a público suas relações não tão secretas e assinaram um acordo de paz. Alguns meses depois, Marrocos, Sudão e outros países começaram a dar indícios no sentido de criar um relacionamento oficial com Israel (E aí, Arábia Saudita?!). Esse é um desenvolvimento fantástico, pois é a primeira vez que os países árabes estão reconhecendo publicamente o que todos na região sabem, mas raramente admitem: Israel não é a maior ameaça no Oriente Médio. O regime iraniano, sim.

E terminamos! Isso foi muito para absorver, porém aqui está a principal conclusão: Israel sempre esteve na defensiva, desde antes de ser estabelecido o Estado e até os dias atuais. Há um ditado famoso em Israel, que o primeiro-ministro Benjamin Netanyahu leu em um discurso ao parlamento israelense e que é atribuído a Golda Meir: "Se os árabes depuserem suas armas, não haverá mais guerra. Se Israel depuser suas armas, não haverá mais Israel". Vamos torcer para que isso mude, no momento certo.

VOCÊ NEM SEMPRE CONSEGUE O QUE QUER; ENTÃO OBTENHA O QUE PRECISA AGORA!

Mick Jagger é um homem esperto, e as palavras acima são tão verdadeiras para as estrelas do rock como para o Oriente Médio. Um acordo de paz bem-sucedido entre Israel e os palestinos é o Velocino de Ouro dos assuntos internacionais, e quase todos os presidentes americanos desde a década de 1970 correram em direção a ele como Jasão e os argonautas. Mas o conflito ainda precisa ser resolvido, e assim a luta continua. Por quê?

Há muitas razões para a ausência de paz entre Israel e os palestinos, mas três questões são especialmente espinhosas:

1. **Segurança.** O primeiro problema é a continuação dos ataques de representantes de organizações terroristas. Cada vez que se inicia um processo de paz, radicais de ambos os lados resistem às tentativas, mas normalmente são apenas os radicais do lado palestino que expressam sua resistência matando pessoas (israelenses) – seja por meio de bombas explodindo em ônibus no centro de Tel Aviv e de Jerusalém ou pelos constantes mísseis e morteiros lançados de Gaza sobre as cidades no sul do país, como nos últimos anos. Isso causa medo e trauma na população israelense, o que muda a opinião pública em geral no país contra a paz e a favor do uso de uma força armada. Os reincidentes questionamentos israelenses incluem: por que negociaríamos com alguém que *ainda* está tentando nos matar? Como podemos confiar que um Estado palestino soberano controlará seus radicais e garantirá a segurança de Israel, se não é capaz de controlar seus grupos radicais agora? É claro, quando os israelenses enviam soldados a Gaza ou à Margem Ocidental a fim de lidar com radicais violentos, palestinos inocentes são mortos, propriedades destruídas, e o ciclo de violência e vingança continua, exatamente o que esses radicais querem.
2. **O Direito de Retorno.** Como expliquei no capítulo anterior, de 700 a 750 mil árabes foram deslocados pela Guerra da Independência e colocados em campos de refugiados sob o controle da UNRWA. Visto que a UNRWA permitiu que o *status* de refugiado fosse herdado, existem agora 5,6 milhões de "refugiados" palestinos registrados. Para que fique claro, estamos agora discutindo os "direitos" de 5,6

milhões de pessoas de regressar *não* para os territórios palestinos ou para um Estado da Palestina independente, a ser criado em um acordo de paz com base na solução de dois Estados, mas para *dentro* de Israel – um país cuja população total é de apenas cerca de 9 milhões. Por que você negociaria um Estado palestino que chamasse de seu, e então exigiria que milhões de seus concidadãos se mudassem para *dentro* de Israel? Deixe-me repetir isso. As conversações de paz são todas sobre a criação de uma solução de dois Estados, possivelmente a única solução em que podemos pensar hoje que criará estabilidade na região. No entanto, a fim de concordar com uma solução de dois Estados, os palestinos exigem o direito de retorno, que requer que os refugiados palestinos, três gerações distantes, retornem não para uma Palestina negociada, nova e independente, mas para *Israel*. Chamar essa exigência de absurda seria um eufemismo.

3. **Sem Exigências Adicionais.** A terceira questão é provavelmente a mais difícil de todas: pôr fim ao conflito. Em 21 de novembro de 2017, na celebração do centenário da Declaração Balfour, que prometeu aos judeus um lar nacional em sua terra ancestral, o primeiro-ministro Benjamin Netanyahu discursou no parlamento israelense e lamentou: "Infelizmente, devo dizer que ainda não encontrei um Sadat palestino que declare, por sua própria vontade, o fim do conflito, reconheça as fronteiras de Israel e apoie nossos direitos de viver pacificamente e em segurança". Não importa o que você pensa de Bibi, até seus críticos concordam que nisso ele não está errado. Sempre que um acordo de paz é proposto, ele tem a mesma brecha escancarada – a liderança palestina não incluirá o termo "sem exigências adicionais". Isso é exatamente o que parece: uma promessa de que as negociações serão concluídas e as partes prometem *não fazer exigências adicionais* uma da outra. Quase todos os contratos assinados na face da Terra têm uma cláusula nesse sentido. Ela marca a conclusão das negociações e o caráter definitivo do assunto em questão.

Entretanto, os palestinos *não* incluirão tal cláusula. A recusa de declarar, de forma inequívoca, que um acordo para criar uma Palestina segura e protegida ao lado de um Israel seguro e protegido não depende de exigências adicionais dá aos israelenses uma sensação desconfortável. É a definição de negociar de má-fé. É como se as negociações fossem para algum acordo de meia tigela, um ponto intermediário para chegar a algum objetivo maior não declarado. Deixa até os esquerdistas um pouco nauseados.

Israel é culpado de muitas coisas, mas tentou fazer a paz inúmeras vezes. Aceitou o Plano de Partilha da ONU em 1947. Adotou a Resolução 242 da ONU, Terra em Troca de Paz (que implementou quando assinou o acordo de paz com o Egito). Estendeu a mão aos árabes muitas vezes, inclusive em 1948, 1967, 1994, 2000, 2008, 2019 e 2020. Essas ofertas de paz foram apresentadas e recusadas constantemente.

Por que, para parte do mundo árabe, a maior "agressão" de Israel não são suas ações ou um governo desfavorável, mas sua mera existência? Vamos falar de números por um segundo. O mundo árabe compreende 22 Estados e mais de 12 milhões e meio de km^2. Israel tem 22 mil km^2. Por que o mundo árabe insistiria em adicionar 22 mil km^2 aos seus 12 milhões? A resposta pode ser difícil de digerir. Além dos motivos políticos que mencionei anteriormente, há uma outra enorme razão que explica por que parte do mundo árabe tem resistido à existência de Israel, e vou abordar isso com muita delicadeza: a religião.

Na interpretação fundamentalista do islamismo, tão logo uma terra esteja sob a lei muçulmana, ela pertence ao islã e nunca pode ser dada a descrentes, portanto, uma terra que já foi muçulmana pode ser sempre invadida por muçulmanos. Isso diz respeito a Israel de uma maneira bastante óbvia. Historicamente, essa interpretação extremista do islamismo tem sido um grande obstáculo à paz. Jerusalém é a terceira cidade mais sagrada do islamismo, e o Conselho árabe da cidade simplesmente não queria que os judeus tivessem nada a ver com ela.

Eles não se importaram que os resquícios do *segundo* templo judaico antecederam a ascensão do profeta Maomé em Al-Aqsa em aproximadamente 1.100 anos. Nem que a palavra *Jerusalém* seja mencionada no Antigo Testamento 659 vezes e exatamente zero vezes no Alcorão.

Dito tudo isso, continuo sendo otimista. Líderes pragmáticos de ambos os lados podem sempre superar tanto uma interpretação religiosa extrema quanto um público preocupado e criar uma nova realidade, se assim o desejarem. Em abril de 1974, logo após a Guerra de Yom Kipur, 89% da população israelense disse que estava extremamente preocupada com a segurança de Israel. Mas o primeiro-ministro israelense Menachem Begin e o presidente egípcio Anwar Sadat continuaram a manter suas conversas secretas por intermédio de líderes internacionais (entre eles Henry Kissinger), a fim preparar o terreno para uma "paz duradoura".

Em 19 de novembro de 1977, Sadat veio a Israel. Ele foi o primeiro líder árabe a visitar o país, tendo sido recebido no aeroporto por uma comissão de boas-vindas oficial. Dali, foi levado diretamente para Jerusalém, a fim de se encontrar com o primeiro-ministro israelense Menachem Begin. Ambos os líderes discursaram no Parlamento no dia seguinte e se comprometeram a acabar com o ciclo de guerras entre suas nações. Sadat disse que estava disposto a "ir a um Estado inimigo ainda em uma situação de guerra, a fim de quebrar os muros da animosidade entre as nações" e prometeu que "Israel poderá viver entre as nações árabes em paz e segurança". Begin disse: "Farei uma oração para que os Deuses de nossos antepassados mútuos nos deem sabedoria para superar as dificuldades e os obstáculos [...]. E, se Deus quiser, chegaremos ao cobiçado dia pelo qual nosso povo ora – a paz". Esse foi um dia de extraordinária magnitude. Ali estava um líder árabe, que recentemente tentara nos exterminar, estendendo sua mão em paz!

Dois meses antes da assinatura do acordo de paz com o Egito, os israelenses ainda estavam céticos. Sessenta e seis por cento das pessoas não acreditavam que o Egito estivesse interessado em um acordo de paz que manteria Israel seguro. No entanto, apenas um mês após a assinatura do acordo, 75% da população passou a acreditar nisso.[2] Isso sim é uma rápida transformação da opinião pública! Então, as coisas *podem* acontecer rapidamente quando os líderes certos aparecem.

O restante do mundo árabe considerou o ato uma traição imperdoável. O Egito foi expulso da Liga Árabe; o líder palestino Yasser Arafat afirmou: "A falsa paz não durará".[3] Como já mencionei, Sadat pagou com a vida por esse monumental acordo de paz, ao ser assassinado por um membro da organização terrorista Jihad Islâmica Egípcia em 6 de outubro de 1981.

Como você pode ver, um acordo de paz na região é perigoso, impopular a princípio, e mais complexo do que parece. Mas *pode acontecer* – se ambos os lados forem participantes dispostos. Então retomarei as palavras de sabedoria de Mick Jagger. Se alguns países árabes gostariam que Israel desaparecesse, bem, você nem sempre consegue o que quer. Se alguns israelenses prefeririam ter um Israel que se estenda do mar ao brilhante rio, bem, você nem sempre consegue o que quer. Mas se essas nações pensassem no que *precisamos*, podemos chegar a uma solução e o faremos. O mundo precisa entender que o conflito não é israelense / palestino; todo o mundo árabe está implicado e deve participar para que seja possível chegar a uma solução. Da perspectiva de Israel (e praticamente de cada líder mundial que estudou essa questão), a solução *não pode* incluir o retorno de 5,6 milhões de pessoas a um país de 9 milhões de habitantes. *Deve* incluir um "fim de exigências". E *deve* afirmar o direito de Israel de existir em segurança e proteção. E quando os israelenses constatarem essa conduta e acreditarem que estarão seguros, uma mudança virá, e virá rapidamente.

Todas as pessoas na região, em ambos os lados do conflito, sofreram. Toda família tem um trauma. Minha família tem alguns. Não foi apenas a morte de Rami que moldou quem eu sou de maneira profunda; foi um preço enorme que minha família pagou antes mesmo de eu nascer.

E quando eu soube qual era esse preço, eu também entendi que minha amada *safta* Fania não era minha avó.

TODO MUNDO SÓ DESEJA SER QUERIDO

Eu devia ter uns 5 ou 6 anos quando notei que todo ano, pouco antes do meu aniversário em maio, minha mãe e minhas irmãs ficavam envolvidas pela dor. Minha mãe e minhas irmãs mais velhas, Mira e Michal, se sentavam na cozinha ou na sala, em frente ao rádio ou à TV, se abraçavam, choravam, ou dormiam, ou faziam todas essas coisas, e por motivos que eu era incapaz de compreender. Eu não fazia parte daquilo. Elas eram tão tomadas pelo desespero que eu corria escada acima para o apartamento da minha amiga Nurit para me esconder, esperando que o dia passasse o mais rápido possível e eu pudesse ter minha família de volta. A tristeza era insuportável.

Mais tarde na minha infância, descobri o que havia acontecido. Eu soube que o jovem e belo homem uniformizado da foto em preto e branco pendurada acima da cama da minha mãe tinha sido o primeiro marido dela e pai das minhas duas irmãs mais velhas. O nome dele era Isaac Artzi, mas todos o chamavam de Aki. Aki tinha sido piloto de combate e seu avião foi abatido pelas forças militares egípcias na Guerra de Exaustão em 1º de dezembro de 1967. O avião, um Vautour número 31 de fabricação francesa, foi atingido e explodiu no ar, afundando nas águas do Canal de Suez, sem nunca ter sido recuperado. Os corpos de Aki e de seu navegador, Elchanan Raz, nunca foram encontrados. Minha mãe tinha 26 anos quando ficou viúva, com uma criança e um bebê: Mira, de 3 anos, e Michal, de 18 meses.

De acordo com a opinião geral, Aki era um homem extraordinário. Um rapaz do *kibutz*, piloto de combate das FDI, e tão bonito quanto um modelo masculino da Levi's dos anos 1990, com aqueles olhos enormes e brilhantes que me fitavam da foto acima da cama da minha mãe. A mãe *dele* era minha amada *safta* Fania, minha avó do *kibutz*. Eu não fazia ideia. Cresci acreditando que todo mundo tem três avós, então eu tinha *safta* Dina (Tishby), *safta* Hilda (Yavor) e *safta* Fania (Artzi). *Safta* Fania era minha pessoa favorita no mundo, e de repente percebi que ela não era quem eu pensava que fosse e que eu era realmente uma estranha naquele lado da família.

Esta história é horrível por todas as razões óbvias. Minha jovem mãe teve que colocar sua vida de volta nos trilhos pelas filhas. O fato é que nunca teve nenhum desfecho para esse acontecimento traumático, já que o corpo de Aki jamais foi recuperado. E minhas irmãs cresceram sem pai. Todas elas tiveram que sobreviver financeira e emocionalmente depois desse trauma que define a vida. Minha experiência, por outro lado, vivendo na periferia daquele evento, não era nada mais do que dano colateral.

Quando soube o que tinha acontecido, fiz o que sempre fazia e ocultei meus sentimentos, até de mim mesma. Afinal, foram *elas* que sofreram, não eu, e por isso coloquei um sorriso no rosto e segui em frente. Fiz o mesmo quando Rami foi morto: "Não se preocupem comigo. Eu ficarei bem".

Eu conseguia interpretar o meu papel todos os dias do ano, exceto um: o Dia da Lembrança dos Soldados Tombados nas Guerras de Israel e das Vítimas do Terrorismo. Israel é um país minúsculo, e, como o serviço militar é obrigatório para a maioria dos cidadãos, todos conhecem alguém que morreu em batalha ou em um ataque terrorista. O Dia da Lembrança é doloroso, comunitário e muito pessoal para todos. Começa com uma sirene de partir o coração às oito horas da noite, que dura um minuto e é ouvida em todo o país. No decorrer daquele minuto, o país inteiro fica parado. As pessoas param o que quer que estejam fazendo – trabalhando, comendo, brincando com seus filhos, até mesmo dirigindo. Saem dos veículos no meio das rodovias e param para fazer um minuto de silêncio, inclinando a cabeça em homenagem aos mortos. Cerimônias acontecem em todo o país, a começar pela principal delas, em Jerusalém, que conta com a presença do primeiro-ministro, do presidente e de funcionários do governo e é transmitida pela TV nacional. Na manhã seguinte, às onze horas da manhã, outra sirene é ouvida, dessa vez com duração de dois minutos, e novamente todos interrompem o que quer que estejam fazendo. Durante essas 24 horas, o país está imerso na tristeza. Lojas e restaurantes fecham, o rádio toca músicas melancólicas, as redes de TV transmitem filmes comemorativos sobre os tombados. É algo praticamente inevitável, mesmo para uma garotinha, sobretudo quando acontece bem na sua casa.

Quando comecei a cantar profissionalmente na adolescência, eu participava da cerimônia do Dia da Lembrança na minha escola, que era um grande acontecimento em nosso bairro. Eu ensaiava belas e tristes músicas e as apresentava com orgulho para minha comunidade. Só ficava engasgada pelas lágrimas mais tarde à noite, quando estava sozinha. E eu não entendia o porquê. Por que eu estava chorando por algo que não havia acontecido comigo? Por que eu sentia que essa dor *era* minha quando não era?

Empurrei essas perguntas sombrias para um pequeno compartimento da minha mente até me mudar para os Estados Unidos e vivenciar o choque cultural conhecido como American Memorial Day: um dia de hambúrgueres grelhados com os amigos. No início, fiquei ofendida com essa versão de lembrança (ou falta dela), e depois – aliviada. Eu não tinha que passar por esse pesadelo novamente se não quisesse. Naturalmente, há quem optasse por acompanhar as comoventes cerimônias militares do Memorial Day; no entanto, viver em um país no qual servir nas forças militares é uma admirável escolha individual, em vez de uma necessidade vital para a nação, me deu a opção. Eu poderia chorar ou sair para comprar um colchão com desconto. Problema resolvido.

Mas o problema não foi resolvido e eu não continuei a lidar com o assunto com essa leveza toda. Como diz o ditado: "Aonde quer que você vá, é você que está lá", e o que quer que fosse aquela dor, ela não desapareceu quando minha localização geográfica mudou. Descobri isso quando me pediram para apresentar um serviço do Dia da Lembrança israelense em Los Angeles. Eu disse que sim, é claro, mas para meu horror, quando o dia chegou, quase não consegui subir ao palco. Lágrimas incontroláveis e ansiedade me perseguiram desde Tel Aviv até os bastidores do auditório da American Jewish University em Mulholland Drive. Algo não estava certo.

Levei anos para descobrir a cicatriz psicológica que eu carregava. Oculta, sutil e profunda. Quando eu tinha 27 anos, participei de um programa de treinamento e desenvolvimento chamado Landmark Education. Nele você aprende um monte de "distinções" para ajudá-lo a obter clareza sobre várias questões da vida. Uma das principais distinções é "o que aconteceu/que significado você atribuiu". Em poucas palavras, o cerne dessa distinção é que, quando algo nos acontece na vida, em vez de vê-lo pelo que é, imediatamente lhe atribuímos um significado – inconsciente e constantemente. Chegamos a esses significados com muita rapidez, e então prosseguimos com eles, completamente inconscientes de que acabamos de inventá-los.

Comecei a olhar para os momentos mais dolorosos da minha vida e fragmentá-los através das lentes da distinção "o que aconteceu/que significado você atribuiu". Trabalhei meus problemas, começando com os óbvios. Uma amiga me olhou de modo engraçado no ensino médio – que significado atribuí a isso? Ah, que eu não sou legal o suficiente. Ah! Entendo. Talvez ela só estivesse com fome? Ok, próximo. Meus pais se divorciaram – que significado atribuí a isso? Ah, que eu não preciso de um homem. Isso também não é verdade! E assim por diante. Mas então me lembrei dos Dias da Lembrança. Por que eu estava tão triste por algo que não havia acontecido comigo? Que significado atribuí ao Dia da Lembrança? Minha mãe e minhas irmãs ficaram arrasadas...Que significado atribuí a isso? Aki morreu... Que significado atribuí a isso em relação *à minha pessoa*? A percepção me tirou o fôlego.

O significado que atribuí à morte de Aki era que eu não passava de um erro. Que eu não era desejada. Que eles teriam preferido que eu não estivesse viva. Afinal, se Aki não tivesse morrido, eu não teria nascido, e, já que elas estavam tão tristes com a morte dele, claramente não me queriam por perto. Mas eu *estou* por perto e sempre lembrarei a minha mãe que *ele* não está.

Vivi minha vida inteira pensando que eu era um erro e que minha mera presença fazia com que minha mãe revivesse sua tragédia.

Minha realidade se abriu como a sequência final em *Matrix*. Cada decisão que eu já havia tomado era consequência dessa "conclusão" oculta a que cheguei quando criança. Chorar incontrolavelmente no Dia da Lembrança não tinha nada a ver com Aki. Eu não estava chorando por um homem que eu não conhecia. Eu estava chorando por mim mesma, sentindo-me sozinha e indesejada.

Não estou dizendo isso para ser dramática. Estou bem ciente de que outras pessoas passaram por coisas muito piores – crescer sem pai, como aconteceu com minhas irmãs, perder toda a família ou a casa, ou ficar ferido em uma guerra é muito pior. Mas estou dizendo isso para destacar que pessoas e nações pagam pelas guerras de várias maneiras. Os custos são complicados e difíceis de decifrar e podem ser carregados por gerações a fio. Nascer em uma família que perdeu alguém dessa forma moldou quem eu sou. E está moldando cada pessoa em cada nação que esteja em meio a uma guerra, agora e para sempre.

Sou muito grata pelo trabalho interior que fiz ao longo dos anos, por mais desagradável e doloroso que tenha sido. Compreendo agora que a tristeza da minha mãe no Dia da Lembrança não tinha nada a ver comigo. Minhas irmãs não fizeram nada de errado e todas elas me amam. Tão logo me dei conta disso, fiz uma audioconferência Los Angeles–Tel Aviv com as três para dizer exatamente isso. Para explicar por que eu ficava às vezes ressentida e pedia desculpas por nunca as ter acompanhado à cerimônia do Dia da Lembrança na base da força aérea de Aki, mesmo quando isso se tornou um passeio em família, incluindo meus cunhados e minhas sobrinhas e sobrinhos.

Também sei que tive, de fato, três avós, e que minha *safta* Fania me amava profundamente e de verdade. E como ela foi legal por me adotar como sua neta biológica, sempre me deixando sentir o amor que nutria por mim.

Há um ditado na alquimia que diz "o que está em cima é como o que está embaixo", e uma forma fácil de visualizar esse conceito é pensar em uma árvore. Quando olhamos para uma árvore, tudo o que vemos é o tronco e os galhos acima do solo. No entanto, no subsolo, as raízes são um reflexo espelhado daquela árvore acima do solo. Seguindo esse raciocínio, a psique do ser humano não é diferente da psique de sua nação. Eu só queria ser desejada, aceita, amada. Todos querem o mesmo – serem desejados, aceitos e amados. E cada nação quer o mesmo também.

Israel quer ser aceito. Ele quer legitimidade e normalização das relações internacionais, e não aceitará nada menos do que isso. Essa é a diferença entre a paz existente com o Egito, a Jordânia e, esperançosamente, os Emirados Árabes Unidos e Bahrein,[4] e a ausência dessa paz com os palestinos. Os líderes dessas nações árabes, Anwar Sadat; o rei Hussein bin Talal; o xeique Mohammed bin Zayed bin Sultan Al Nahyan; e o príncipe Salman bin Hamad bin Isa Al Khalifa aceitaram que Israel está aqui para ficar e reconheceram isso por escrito. A paz com esses países está proporcionando segurança e estabilidade para a região e para o mundo. Israel foi aceito; a terra foi trocada quando solicitado; a guerra acabou.

As pessoas em Israel e no lado palestino entendem os danos causados por décadas de luta e são empáticos com a dor alheia. É verdade, há radicais em ambos os lados que nunca aceitarão o outro, mesmo que o preço seja derramamento de sangue por muitas gerações, mas as vozes de empatia e aceitação estão aqui e estão crescendo. Em 1995, Buma Inbar perdeu seu filho no Líbano. Em 2006, iniciou os Serviços do Dia da Lembrança Israel-Palestina. Todos os anos, na véspera do Dia da Lembrança, famílias que perderam seus entes queridos, tanto no lado israelense quanto no palestino, se reúnem para recordá-los e nos lembram que "a guerra não é um destino predeterminado, apenas uma escolha humana". Em 2019, a cerimônia contou com a presença de mais de 9 mil pessoas, com apenas algumas centenas de pessoas manifestando seu protesto.

A guerra nunca será uma resposta final; só a paz pode obtê-la. E como o estadista lendário, o ex-primeiro-ministro israelense, presidente, e Prêmio Nobel da Paz Shimon Peres costumava dizer: "Vi a guerra e vi a paz. A paz é melhor".

Assentamentos

COM MEUS PRÓPRIOS OLHOS

Uma das vantagens de ter feito meu serviço militar como cantora e dançarina-soldada-palhaça das FDI foi a possibilidade de viajar pelo país. Ao longo dos dois anos e meio de meu serviço, fui a todos os lugares, do norte ao sul, dia após dia. Visitei centenas de bases militares e conheci pessoas incríveis. Chegávamos à nossa base em Tel Aviv pela manhã e, como eu era a comandante da minha tropa, recebia dos meus superiores a localização da apresentação daquela noite. Aquele pedaço de papel determinaria o restante do nosso dia, pois cada base ou corpo tinha suas próprias características. As bases da força aérea significavam novas instalações e a melhor comida que os militares poderiam fornecer. Os cursos de oficiais eram divertidos e empolgantes, mas significava lidar com uma energia masculina exagerada, pois esses jovens não viam uma garota havia meses. Nenhuma agressão física jamais ocorreu, é claro; no entanto, lembro-me de uma noite em que a multidão barulhenta começou a cantar uma série de músicas obscenas demais para serem publicadas aqui e completamente deselegantes. Como comandante da tropa, interrompi minha banda no meio do show e repreendi o público. Desculpa, mas não vou me desculpar.

Em uma bela manhã de verão, fui à minha base e recebi nossa agenda diária, descobrindo que iríamos nos apresentar em Hebron. Não fiquei muito satisfeita.

Como você deve se lembrar, na Guerra dos Seis Dias de 1967, Israel assumiu o controle sobre territórios em sua fronteira leste, a oeste do rio Jordão (ou seja, a Margem Ocidental). Esse território incluía a cidade de Hebron nas montanhas da Judeia, cerca de 35 km ao sul de Jerusalém. Na periferia de Hebron está localizado o pequeno assentamento de Kiriat-Arbá, estabelecido em 1971. A pequena cidade fica a uma curta distância da Gruta dos Patriarcas, na qual se acredita que Abraão, Isaque, Jacó, Sara, Rebeca e Lia (mais conhecidos como os patriarcas e matriarcas do povo judeu e, portanto, as mães e pais de muçulmanos e cristãos também) estejam enterrados. Nada de mais.

Hebron é uma das cidades mais antigas do mundo e uma das únicas no Oriente Médio que foi habitada desde os dias bíblicos, incluindo uma comunidade judaica consistente, embora flutuante. Naturalmente, Hebron é muito importante para os judeus. É também muito importante para os muçulmanos. E, como está em um local altamente disputado, seria uma merda de show!

Recebi minhas ordens para a apresentação em Hebron com o coração pesado. Primeiro, eu sabia que por estarmos indo para um lugar perigoso eu teria que estar armada. Sou um tanto pacifista e nunca tive aspiração de me tornar a encarnação israelense de G.I.

Jane. Na verdade, sou uma atiradora bastante decente, porém nunca quis usar meu rifle fora de um campo de tiro. Em segundo lugar, eu sabia que minha mãe ficaria muito brava comigo por ir a Hebron.

Veja, apesar das perdas pessoais que minha família sofreu, ela sempre permaneceu liberal. Quando entrei para as FDI, minha mãe sugeriu que eu me recusasse cumprir uma ordem se fosse enviada para "os Territórios" – a Faixa de Gaza e a Margem Ocidental. Optei por recusar a ordem *dela*. Eu não queria causar confusão, e minha curiosidade era mais forte do que as opiniões políticas da minha mãe. Então peguei meu fuzil M16 e todos nós entramos na *van* para ir a Hebron, na Margem Ocidental.

Aquele dia provou ser um momento crucial na minha compreensão política da região. Lá estávamos nós, seis garotas de 19 anos que só queriam cantar e dançar, viajando em uma *van* blindada pelo que parecia ser um país árabe hostil. Como fizemos o nosso trajeto através da cidade velha, fomos observados por lojistas árabes, mulheres com o rosto coberto, crianças de olhos arregalados e alguns colonos usando um solidéu, caminhando calmamente, armados até os dentes. Eu estava agarrada ao meu reconfortante M16 enquanto nos dirigíamos para a base das FDI, que ficava literalmente em uma pequena sala localizada no pátio interno de algumas casas árabes de dois andares, ladeadas por varandas.

Desembalamos nosso equipamento, conectamos o sistema de sonorização e fixamos os nossos microfones no pátio. Havia poucos soldados servindo naquela base, não mais que dez, mais a oficial que havia pedido que viesse especificamente a minha tropa e se apresentasse para seus soldados. (Essa mulher acabou por ser ninguém menos que a futura ministra da Justiça israelense e rainha da ala direita de Israel, a sra. Ayelet Shaked. Construímos uma amizade ao longo dos anos, não obstante nossas diferenças políticas.)

Naquela noite, fizemos nosso show. Os israelenses foram gentis e adoráveis, os árabes ficaram na deles e o dia terminou sem nenhum drama. Porém, o tempo todo, eu estava extremamente confusa.

O que diabos estávamos fazendo ali? Hebron é de fato mencionada na Bíblia, e embora os judeus tivessem vivido lá ao longo dos séculos, era agora claramente uma cidade árabe e era óbvio que os moradores não nos queriam ali. Nada disso fazia sentido para mim, e eu estava determinada a saber como e por que Israel estava lá, para que eu pudesse formar uma opinião esclarecida.

Então aqui estamos nós. Neste ponto do livro falei muito sobre o antagonismo do mundo árabe em relação a Israel, mas estou perdendo um elemento fundamental. A letra A de *assentamentos*. Então aí vai.

COMO E POR QUÊ

Os assentamentos se converteram em um sinal de perigo e um dos principais motivos para o antagonismo contra Israel. Na verdade, os assentamentos envenenaram o debate internacional sobre Israel a tal ponto que agora são apenas mais um elemento confuso em uma região confusa. É por isso que estamos aqui – para esclarecer alguns fatos. Mas, primeiro, deixe-me fazer uma pausa por um segundo. Quando comecei a escrever este capítulo, fiquei extremamente desconfortável. "Os assentamentos" se referem a cidades e aldeias judaicas localizadas fora das fronteiras de 1967 (a Linha Verde) e, como já mencionei, venho de uma origem liberal e a *vibe* geral em torno da nossa mesa de jantar era: "assentamentos = *ruim*". Mas há um *porquê*, um *como* e um *quem* quando explicamos os assentamentos, então vamos fazer isso primeiro, mesmo que deixe minha família desconfortável.

A Margem Ocidental, que foi tomada por Israel após a Guerra dos Seis Dias,[1] está sob o que é conhecido na terminologia jurídica internacional como *occupatio bellica*, ou ocupação beligerante: terras que foram conquistadas na guerra estão sob controle militar e não foram oficialmente anexadas pelo vencedor. A posição oficial de Israel acerca desses territórios está cheia de tecnicalidades. A primeira diz respeito à própria terra. Você se lembra do *status* da Margem Ocidental antes da Guerra dos Seis Dias? Essas terras nunca foram reconhecidas pela comunidade internacional como oficialmente parte de qualquer outro país, então, *tecnicamente* falando, não são ocupadas por ninguém e não foram conquistadas por ninguém.[2] Portanto, de acordo com precedentes legais internacionais, Israel não tem uma segunda parte contratante com quem negociar, tipo: "Se os territórios não estão ocupados, Israel não pode ser um ocupante". A segunda tecnicalidade são as posições dos vários governos israelenses sobre os próprios assentamentos ao longo dos anos, e o debate internacional sobre se eles sequer podem existir ou não. Em geral, a posição de Israel sobre os assentamentos (que muda, dependendo do governo) é que, com base na Quarta Convenção de Genebra, da qual Israel é uma nação signatária, a *occupatio bellica* permite que um país deixe que as pessoas vivam naquela área controlada militarmente. Enquanto o território não for anexado e até que seja negociado em troca de um acordo de paz, não há justificativa legal para proibir o assentamento. A comunidade internacional, no entanto, contesta essa alegação e argumenta que o direito internacional, incluindo a Convenção de Genebra, proíbe um ocupante de alterar o *status quo* em um território ocupado. Isso também é, sem julgamento, um blá-blá-blá legal muito criativo, uma vez que não estamos lidando com o exercício de um pensamento teórico jurídico, mas com seres humanos. Mas eis aí o que temos, uma manifestação na vida real de uma zona cinzenta legal, infelizmente ainda forte desde 1967.

Agora vamos ao como e por quê, o que para uma esquerdista como eu era ainda mais difícil de aceitar. Já mencionei o quão pequeno Israel é, mas para entender *o quão* pequeno ele é, tente imaginar que, na véspera da Guerra dos Seis Dias, a largura no centro do país, de leste a oeste, da Jordânia, país inimigo, ao Mar Mediterrâneo, estava entre 13 e 17 km. É isso aí. Mais curto do que meia maratona. Essa é a distância entre o local em que estou escrevendo este livro, em West Hollywood, e o *pier* de Santa Monica, onde vamos relaxar na praia. É a distância do

Battery Park em Manhattan ao Central Park. É absurdamente. Muito. Perto. Era um risco de segurança incrível, como havia sido provado em 1967 e logo seria provado novamente em 1973.[3]

Essas eram as terras que *teriam* formado o independente Estado da Palestina se os palestinos tivessem concordado. Mas eles não concordaram, de modo que tais terras nunca "pertenceram" formalmente a eles. Depois do estabelecimento do Estado de Israel e da guerra subsequente de 1948, a Jordânia tomou a Margem Ocidental, mas não houve reconhecimento internacional dessas terras como oficialmente pertencentes à Jordânia e, por conseguinte, fronteiras nunca foram estabelecidas. Então, em 1967, todos os países vizinhos tentaram novamente varrer Israel do mapa, e como um ato defensivo Israel avançou e, sim, tomou essas terras. Desde o final da era otomana, a Margem Ocidental jamais havia realmente sido "de propriedade" de qualquer Estado, mas eis que agora estava em posse de Israel.

De repente, Israel se encontrou com uma terra ampliada e várias facções da sociedade, políticas e religiosas, começaram a desenvolver ideias sobre o que deveria ser feito com esses territórios. Acredito que o termo técnico para isso seja *balagan*, a palavra hebraica para "bagunça".

Após a Guerra dos Seis Dias, Israel, tendo sido atacado por uma eternidade, percebeu que essa era uma oportunidade de criar, de uma vez por todas, fronteiras defensáveis. Em outras palavras, decidiu adicionar preenchimento estratégico, construindo nos territórios que havia tomado recentemente da Jordânia e do Egito. Esse não era um empreendimento colonial; tratava-se de garantir a sobrevivência. Houve uma guerra, a terra mudou de mãos e o incrivelmente vulnerável Israel estava montando suas defesas para o próximo ataque que, evidentemente, não tardaria. O único pedaço de terra que Israel formalmente anexou foi Jerusalém Oriental. Até 1948 e por mais de um século antes, Jerusalém tinha uma maioria judaica e havia um amplo consenso entre os israelenses de que Jerusalém deveria ser novamente a capital de Israel. Mesmo assim, nas negociações de 2000 e 2008, Israel ofereceu aos palestinos a Cidade Velha de Jerusalém (excluindo o bairro judaico) como capital – e sua oferta foi recusada pelos palestinos mais uma vez.

A Faixa de Gaza é uma bagunça por si só e chegaremos a ela em breve, mas por ora irei me concentrar na Margem Ocidental, que se complicou rapidamente. Os primeiros assentamentos a serem restabelecidos foram em partes da Margem Ocidental que haviam tido uma população judaica antes da guerra de 1948, durante a qual os moradores foram obrigados a fugir ou foram mortos. Um programa não oficial foi criado pelo ministro do Trabalho Yigal Alon, conhecido como "Plano Alon", para o assentamento em alguns dos territórios ocupados, a fim de criar uma zona-tampão para ataques futuros. O plano nunca foi formalmente adotado, mas partes dele foram implementadas e os assentamentos começaram a pipocar em áreas desabitadas ao redor da Margem Ocidental. Contudo, apesar da grande importância da Margem Ocidental em séculos de história judaica, Alon planejava devolver a maior parte dela aos jordanianos e até propôs que fosse criado ali um semi-Estado palestino. Os palestinos e os jordanianos rejeitaram as ofertas.

O primeiro assentamento na Margem Ocidental foi Kfar Etzion, restabelecido pelos descendentes dos membros originais do *kibutz* Kfar Etzion que ali viviam antes de ser tomado pelas forças militares jordanianas em 1948, e os demais habitantes judeus, que não tinham fugido, foram massacrados. Seguiram-se Rosh Tzurim, Alon Shvut e Elazar.

Em 1974, foi criada uma organização denominada Gush Emunim (o Bloco dos Fiéis), que seguiu o exemplo do antigo manual pioneiro sionista. Ela adotou o conceito de reconstrução de uma pátria e adicionou um respingo de fervor religioso. Seu líder espiritual era um rabino carismático chamado Zvi Yehuda Kook, e o movimento trabalhou ativamente para se assentar em *todos* os novos territórios. No começo, o grupo era pequeno e considerado marginal, radical e um tanto irrelevante, e frequentemente entrava em embates com o governo quando tentava estabelecer assentamentos de forma ilegal.

Entretanto, com o lento colapso dos processos de paz ao longo dos anos e à medida que os israelenses ficavam cada vez mais desiludidos, o Gush Emunim cresceu e seus membros se integraram em todos os aspectos da sociedade israelense, da política às forças militares, da mídia ao entretenimento. O grupo era apaixonado, idealista, pragmático às vezes e não pragmático em outros momentos. Seus membros queriam que toda a terra bíblica de Israel, incluindo a Margem Ocidental (Judeia e Samaria), fosse judaica, ignorando de certa forma todo o outro grupo de pessoas que ali vivia. Ou, como o ex-primeiro-ministro Levi Eshkol descreveu imediatamente depois da Guerra dos Seis Dias em 1967: "Só queremos o dote – sem a noiva."[4] O dote era a terra e a noiva, os 900 mil árabes palestinos que viviam na Margem Ocidental.

Quando Menachem Begin, do partido de direita Likud se tornou primeiro-ministro em 1977, muitos pensaram que ele permitiria que os assentamentos florescessem livremente. Para surpresa de todos, isso não aconteceu. Nos primeiros poucos anos de sua liderança, o Likud conteve os colonos e suas demandas e o pessoal do Gush Emunim não ficou muito feliz. Quando o Likud foi reeleito em 1981, no entanto, o projeto de assentamentos tornou-se mais e mais institucionalizado. A mudança na opinião pública israelense sobre os assentamentos se deu lentamente, à semelhança do sapo que se ajusta à temperatura da água, e os assentamentos continuaram seu crescimento lento.

Nos anos de 1990, enquanto o processo de paz de Oslo estava em pleno andamento, o primeiro-ministro do Partido Trabalhista, Yitzhak Rabin, reduziu os incentivos governamentais para a construção de novos assentamentos que o governo do Likud, na década de 1980, havia implementado. Ele declarou que Israel não "tomará a iniciativa nem dará nenhum passo que altere o *status* da Margem Ocidental e da Faixa de Gaza, e aguardará o resultado de negociações permanentes relacionadas ao *status*". Observe a palavra *permanentes*. Rabin estava negociando com a maior boa-fé possível, a fim de levar o conflito ao fim – um fim *permanente*.

Em 1995, como condição dos Acordos de Paz de Oslo, os palestinos e o governo israelense concordaram em compartilhar o poder na Margem Ocidental, que foi dividida nas áreas A, B e C, que, em um mapa, parecem fatias de queijo suíço. A área A, que inclui as grandes cidades e aldeias palestinas, ficaria sob total controle palestino; a área B, sob controle palestino, com Israel supervisionando a segurança; e a área C permaneceria sob controle israelense. Essa divisão seria feita em etapas, visando a um acordo de paz completo a ser assinado no prazo de cinco anos. Só que o acordo não foi assinado, e também trataremos disso em breve.

O processo de Oslo entrou em colapso. Tensões entre grupos extremistas atingiram novos níveis de horror, com ataques terroristas islâmicos atingindo civis em cidades por todo Israel e com alguns colonos cometendo atos assassinos por conta própria. Na manhã de 25 de fevereiro de 1994, um ataque chocante foi perpetrado por um colono judeu de Hebron. Ele entrou na Gruta dos Patriarcas e abriu fogo, matando 29 e ferindo 125 muçulmanos em oração. Desnecessário dizer que o ato foi condenado de ponta a ponta em Israel, porém uma merda horrível como essa também ajudou a obstruir qualquer possibilidade de paz.

Para fazer a paz, uma nação precisa de um único líder e, do mesmo modo, para foder legal as coisas, uma nação também precisa de um único líder. Infelizmente para o mundo inteiro, os palestinos tinham apenas esse segundo tipo de líder.

UM PONTO DE VIRADA DECISIVO

O colapso das negociações de paz ocorreu no ano de 2000, há cerca de 20 anos, com a morte final dos Acordos de Oslo. Por causa disso houve a Segunda Intifada e ergueu-se o Muro da Fronteira com a Margem Ocidental, a Cerca de Segurança, a Barreira de Separação ou qualquer denominação que você deseja atribuir com base em suas opiniões políticas. O colapso das negociações acelerou o crescimento dos assentamentos e, desde então, a população judaica quase dobrou. (Há 9 milhões de pessoas que vivem em Israel, e apenas 463.901 colonos judeus na Margem Ocidental.) Mais ainda, o colapso dessas negociações desferiu um golpe mortal na centro-esquerda de Israel e no "campo da paz" israelense, deixando a maior parte do país derrotada e estupefata.

De 1992 a 1995, Israel foi liderado pela segunda vez por Yitzhak Rabin, o famoso ex-comandante militar que se tornou aspirante a pacifista. Ele e seus aliados da esquerda estavam dispostos a tolerar alguns assentamentos como uma zona-tampão para segurança e uma moeda de barganha para um futuro acordo de paz. E assim seu governo *continuou* a construção em alguns dos maiores assentamentos. Rabin estava tentando não irritar os colonos até que um acordo de paz tangível estivesse sobre a mesa e pudesse ser apresentado àquela comunidade. Seu assassinato em 1995 diminuiu o ritmo das negociações de paz pelos cinco anos seguintes, até chegar o momento em que parecia ter surgido uma oportunidade, em 2000.

Conforme descrito no capítulo anterior, Bill Clinton convidou o primeiro-ministro israelense Ehud Barak e o líder palestino Yasser Arafat para uma reunião em Camp David, para terminar o que Rabin e Peres haviam começado anos antes: completar os Acordos de Oslo e assinar um pleno acordo de paz para o estabelecimento de um Estado palestino. Barak aceitou quase todas as exigências de Arafat. Conforme um amigo meu, membro da delegação enviada a Camp David, o acordo foi estabelecido e feito. Havia um Estado palestino em mais de 90% da terra exigida, e os palestinos finalmente poderiam começar a construir um país próprio. Tudo o que Arafat precisava fazer era assinar e justificar seu Prêmio Nobel da Paz. Mas ele não o fez. Ele disse não.

Arafat se recusou a assinar o acordo. E não só disse não, mas, enquanto "negociava" com Clinton e os israelenses de um lado da boca, polindo seu Prêmio Nobel de Paz e viajando pelo mundo em seu jato particular, ele também incitava, apoiava e coordenava uma revolta terrorista islâmica, radical, fundamentalista e mortal na

Margem Ocidental e na Faixa de Gaza. As agências de inteligência americanas e israelenses sabiam disso, mas decidiram ir em frente de qualquer maneira, esperando que Arafat fizesse a coisa certa quando chegasse o momento. Mas ele não fez.

Arafat provou que a ala direita de Israel tinha razão e abandonou o acordo, provocando outra revolta sangrenta em seu rastro. A última gota d'água foi a tomada por Israel do navio Karine A em 2002, que ia do Irã para Gaza carregando cinquenta toneladas de armas. O navio deixou claro para os americanos que Arafat ainda era, na verdade, um terrorista. Eles limitaram suas relações com ele e com grande parte da Autoridade Palestina.

As ações de Arafat causaram um retrocesso de décadas na região. Israel estava disposto e pronto para desmantelar assentamentos e abandonar a Margem Ocidental em troca de reconhecimento e uma paz verdadeira. Já fizera isso antes e o faria de novo, e dessa vez para sempre. Mas Israel não conseguiu. Os palestinos, por outro lado, mostraram que preferiam dançar com a ala da direita de Israel do que ser um verdadeiro parceiro do campo da paz.

Quando as negociações colapsaram, a Margem Ocidental entrou em uma erupção de sangue. Recomeçaram os ataques terroristas contra cidadãos israelenses e as FDI passaram a fazer uso de enorme força para impedi-los. O cidadão em Israel passou a se opor aos Acordos de Oslo e tornou-se cético em relação à possibilidade de paz em geral. E depois que mais um terrorista atravessou livremente o território montanhoso e não cercado de Ramallah a Tel Aviv, coberto de bombas e pronto para se explodir entre a população civil dentro de Israel, foi erguido o muro de separação ao redor da Margem Ocidental, cortando terras palestinas e forçando milhões de palestinos a viverem sob um confinamento opressivo.

E o que acontecia com Arafat, enquanto isso? Manter o *status quo* tem suas vantagens. Ele teria se convertido no nono governante mais rico do mundo na época. A comunidade internacional pagava à OLP, e depois à Autoridade Palestina (AP), bilhões de dólares para apoiar o povo palestino. Desnecessário dizer que esses bilhões não chegaram ao povo palestino, que ainda luta contra a pobreza. O Fundo Monetário Internacional (FMI) e o Mossad avaliam que a riqueza pessoal de Arafat chegou a US$ 6,5 bilhões. O FMI descobriu um rombo de US$ 2 bilhões na AP, e também que centenas de milhões de dólares desviados de pagamentos destinados aos salários da AP haviam sido movimentados em contas bancárias suíças registradas sob vários nomes.[5] Na época de sua morte, em 2004, Arafat havia ludibriado os israelenses e a comunidade internacional e roubado o dinheiro de seu povo sistematicamente por décadas.

Na qualidade de diretor do Islamic Theology of Counter Terrorism, o especialista Noor Dahri escreve: "Yasser Arafat foi um falso herói, um lorde da corrupção e um verdadeiro chefão do terrorismo palestino".[6]

Vozes da inteligência israelense e das comunidades políticas alertaram na época que um colapso dessas negociações iria enterrar o campo da paz pelos próximos vinte anos. Eles foram certeiros. O campo da paz não possuía um plano B. Colocamos todas as nossas fichas em Arafat como o representante eleito do povo palestino, acreditando que ele faria a coisa certa para o seu e o nosso povo e para o futuro do mundo. Ledo engano.

Esse colapso, há mais de vinte anos, criou toda uma nova geração de crianças, em ambos os lados, que não veem a paz como um objetivo legítimo. A própria palavra *paz* ficou contaminada e é descartada com um revirar de olhos e a palavra *ocupação* é usada como arma pela extrema direita para julgar israelenses "leais" e "desleais". É de partir o coração.

Arafat deu à direita israelense um presente de durabilidade eterna. Provou o argumento de que os palestinos não estão interessados em um acordo com Israel – que não querem que Israel exista; só querem manter o *status quo* e aguardar até que Israel desmorone por fora ou por dentro e eles possam tomar toda a região. Isso foi mais do que uma traição. Foi mais uma *nakba*. Um desastre autoinfligido pelo campo da paz de Israel e pelos pombos,* liberais e moderados, que acreditavam em Yasser Arafat.

Ainda sou liberal e ainda acredito que nossas duas nações podem, devem e viverão em paz. No entanto, uma liderança nova e criativa precisa surgir, e eu realmente espero que os palestinos dessa vez não apenas se sentem à mesa, mas também usem sua caneta.

EMPURRA DAQUI, PUXA DALI

O tema dos assentamentos não está, de forma alguma, na base de um consenso israelense. O debate interno é apaixonado e contínuo. Aqui está, em pinceladas gerais, a divisão interna em Israel sobre o assunto: a ala da direita linha-dura, os "falcões" do espectro político, apoia os assentamentos; a ala esquerda, dos "pombos", é contra – e o centro, que constitui a *maioria do país*, está em algum lugar em torno de "apresente-nos um bom acordo e iremos conversar".[7] O apoio aos assentamentos não é a tendência dominante e o debate interno é diretamente afetado pelo nível de confiança que os israelenses depositam nos palestinos.

Em 2020, a população palestina na Margem Ocidental era de aproximadamente 2,9 milhões e a população judaica, de 463.901. Quando pessoas pelo mundo criticam Israel pelos assentamentos, elas devem ter em mente que estamos discutindo cerca de 5% de toda a população de Israel. Não digo isso para justificar qualquer coisa, apenas para dar um senso de proporção.

Na Margem Ocidental, os colonos judeus podem ser divididos em três principais grupos demográficos: nacionalistas religiosos, motivados pela ideologia; israelenses seculares, motivados por incentivos governamentais e espaço para criar famílias próximo à natureza; e judeus ultraortodoxos (*haredim*), que procuram uma vida acessível e

* N.T.: No contexto político, os "pombos" são favoráveis à resolução de conflitos através de negociações diplomáticas, ao passo que os "falcões" tendem a optar por uma retórica agressiva ou por uma solução militar.

a capacidade de viver em um ambiente no qual possam cumprir os preceitos judaicos. Desses grupos, apenas os cidadãos nacionalistas religiosos são ideólogos barra pesada.

A "missão" dos nacionalistas é retornar a "Eretz Israel Hashlemá", a toda a terra bíblica de Israel. Eles também gostam de assinalar um poema de 1929, de autoria do líder revisionista Zeev Jabotinsky, "A Margem Oriental do Jordão", um anseio por ambas as margens do rio Jordão. Em seu poema, Jabotinsky diz: "duas fronteiras para o rio Jordão, esta é nossa e aquela também". Essa ideia obviamente fora abandonada anos atrás, e inclusive o mais fervoroso dos judeus entende que necessitamos de *uma* terra, não de *toda* ela. O mesmo precisa acontecer do lado palestino.

O argumento tem dois lados, fervorosos em seus extremos (a maioria, novamente, está aberta a um bom acordo) – a esquerda pensa que os assentamentos são um desastre e a direita pensa que, se Israel *sair* dos assentamentos, será um desastre – e ambos os lados estão armados de muitos argumentos. Quando Ayelet Shaked e eu estávamos em Hebron como jovens soldadas, conseguimos formar uma opinião exatamente oposta depois de passarmos um tempo no exato mesmo lugar. Discutimos isso recentemente quando fui à casa dela para acender as velas de *shabat*,* como fazem duas garotas culturalmente judias e seculares. Nós duas concordamos com os mesmos três pontos – que Israel deve ser judaico, democrático e forte –, apenas discordando de como chegar a isso. Entretanto, somos capazes de manter um debate cordial e amigável, cutucando uma à outra ao apresentarmos nossa respectiva "prova", o que é exatamente a maneira como a política deve ser discutida.

No entanto, apesar da convicção ardente de Ayelet, mesmo à direita política, originária do movimento revisionista de Jabotinsky, que sempre defendeu a expansão das fronteiras de Israel por questões de segurança e ideológicas, nunca realizou uma anexação completa quando

* N.T.: Sétimo dia da semana; dia de descanso.

estava no poder. "Ninguém", como Ayelet me disse recentemente, "quer anexar toda a Margem Ocidental e controlar os palestinos". De fato, historicamente, a ala direita fez concessões territoriais em troca de paz ou na esperança de obter a paz. Isso realmente ocorreu quando Menachem Begin (antigo líder do Etzel) devolveu a península do Sinai ao Egito e evacuou todos os assentamentos, incluindo a grande e bem estabelecida cidade de Yamit. Isso também realmente ocorreu quando Ariel Sharon (no passado, ardoroso defensor dos assentamentos e queridinho da direita) tirou unilateralmente Israel da Faixa de Gaza em 2005 e evacuou assentamentos ao redor de Gaza e do Gush Katif. E isso realmente ocorreu em 2020 quando o primeiro-ministro Benjamin Netanyahu considerava anexar parte da Margem Ocidental (mais uma anexação simbólica, que ainda assim teria sido extremamente inútil), porém desistiu da ideia em troca de um tratado de paz com os Emirados Árabes Unidos e com Bahrein.

Infelizmente, a triste realidade é que milhões de palestinos continuarão a viver em condições opressivas, sofrendo com a pobreza e com a falta de oportunidade, até que Israel e Palestina cheguem a um acordo final de paz. As razões variam, desde as políticas israelenses até a inadequação da liderança, porém a realidade é insustentável tanto para os israelenses quanto para os palestinos.

Depois da surpreendente vitória na Guerra dos Seis Dias, além do entendimento de que Israel precisa defender as fronteiras do país, uma onda messiânica de retorno às "cisternas" bíblicas tomou conta de parte da população. (Essas cisternas bíblicas foram descritas em uma das canções mais icônicas de Israel, "Jerusalém de Ouro", da autoria de Naomi Shemer.) Nacionalistas religiosos adotaram preocupações válidas com a segurança e acrescentaram a elas um fervor religioso intenso. E agora, ao lidar com a Margem Ocidental (ou Judeia e Samaria, dependendo de suas visões políticas), não precisamos apenas abordar a segurança. Agora precisamos também lidar com Deus.

TALVEZ A SOLUÇÃO ESTEJA NO PRÓPRIO PROBLEMA

No Oriente Médio, a religião é um ponto que não podemos ignorar. Sim, Israel foi formado e é governado como uma democracia secular ocidental; contudo, a região toda flutua nas marés da religião – judaísmo, cristianismo e islamismo. Como ocidentais liberais, às vezes tendemos a menosprezar a religião, mas no Oriente Médio não levar a religião em conta é um grande erro. Seja do lado judaico, quando jovens homens armam uma barraca em uma colina infértil no meio do nada e prometem vingança contra os palestinos, seja do lado árabe, quando jovens homens prometem matar todos os judeus e nunca entregar um centímetro de terra aos infiéis, ambos fazem isso em nome de Deus.

Na Margem Ocidental, um conflito militar levou à expansão das fronteiras, e a necessidade militar de uma certa "gordura" nas fronteiras de Israel se entrelaçou com uma causa religiosa. Ambos os lados trazem provas de suas alegações como um decreto divino, e as iniciativas de paz constantemente encontram um obstáculo sagrado.

Isso é o que acontece quando o rabo sacode o cachorro. A maioria das vozes israelenses e palestinas, aquelas que desejam encontrar uma maneira de viver lado a lado em prosperidade, estão sendo abafadas por ruidosos discursos nacionalistas, radicais ou religiosos, de ambos os lados. E, como o divino está, infelizmente, agravando o problema nos dias atuais, podemos querer levar em conta a opção de ir à fonte para encontrar uma solução.

Nas práticas médicas homeopáticas e holísticas há o seguinte conceito cardeal: *semelhante cura semelhante*. Isso significa que, às vezes, a cura para uma doença é a própria doença. Na medicina ocidental, essa prática é chamada de viroterapia. É um campo incipiente e testes estão sendo feitos para aproveitar o poder de vários vírus e de células infectadas a fim de abrir novos caminhos na ciência da cura. Talvez possamos seguir o exemplo do universo da medicina para criar uma redefinição de paz no Oriente Médio.

A resposta pode ter estado bem à nossa frente o tempo todo. A religião faz parte do problema na região, entretanto, pode haver um ponto de vista divino que poderia ser usado para desbloquear o impasse. Não inventei isso, é claro – sendo uma judia secular, como poderia? Encontrei a sugestão de uma possível solução na vida e nos ensinamentos do falecido rabino Menachem Froman.

O rabino Froman era único. Colono, era o rabino-chefe do assentamento Tekoa nas montanhas da Judeia. Foi discípulo do falecido rabino Kook (o líder espiritual do movimento de assentamentos Gush Emunim), mas também um ferrenho ativista da paz. Amado e admirado pela esquerda, pela direita, por judeus e árabes, o rabino Froman dedicou sua vida a promover a paz entre árabes e judeus, e nunca teve medo de adotar uma posição ousada e praticar ações controversas para mudar o coração e a mente das pessoas.

O rabino acreditava que a semente do conflito entre as nações se baseava, em última análise, na religião. Portanto, o fim do conflito e a verdadeira paz só poderiam vir quando líderes religiosos de ambos os lados se reunissem ao redor da mesa e ajudassem a encontrar uma solução consensual.

Froman era persistente. Encontrava-se constantemente com líderes religiosos árabes e com ativistas da paz esquerdistas. Ele condenava os ataques cometidos pelos judeus a pessoas, propriedades e oliveiras. Opunha-se com intensidade ao movimento extremista judeu Juventude das Colinas e visitava mesquitas que por ele, ou por outros extremistas, haviam sido vandalizadas; e mantinha uma coexistência pacífica e amizade com seus vizinhos da aldeia árabe Jubbet ad-Dib.

Seu movimento de base, Terra da Paz, encetou encontros por todo o país entre colonos, ativistas de esquerda e palestinos. Ele também se encontrou com figuras altamente controversas, inclusive as consideradas terroristas por Israel, pelos EUA e pelo restante da civilização ocidental, como o líder espiritual do Hamas, o xeique Ahmed Yassin. Aparentemente, esses dois líderes se entendiam muitíssimo bem. O rabino Froman costumava citar o xeique Yassin, dizendo: "seus infiéis e nossos infiéis se uniram para suprimir religiões".[8] Uau!

Eu sei, eu sei. Como uma pessoa humanista secular e liberal, essa frase é de arrepiar o cabelo da nuca. Yassin é um homem cruel e vil, que merece ficar no inferno por toda a eternidade. Mas como disse o rabino Froman: "Tentamos dar partida nesse carro há 44 anos e ele não vai a lugar nenhum; talvez devêssemos trocar o motor?" E ele tem razão. Já tentamos de tudo; por que não tentar de outra forma?

O rabino e o xeique sabiam que somente as pessoas que acreditam em Deus, *qualquer* Deus, poderiam aceitar uma realidade na qual seus desejos humanos terrenos não estão sendo plenamente realizados; que uma mão divina está trabalhando e é responsável pelo que aparece na vida, mesmo que você não o ame.

A religião, curiosamente, sempre encontrou uma maneira de fazer concessões e se adaptar à mudança dos tempos; caso contrário não teria sobrevivido. Um exemplo recente e extremo de como a religião encontra soluções para os problemas do mundo moderno pode ser encontrado, dentre todos os lugares, na República Islâmica do Irã. Em 1986, o aiatolá Khomeini emitiu uma *fatwa* religiosa *em favor* de cirurgias de transgêneros, terapias de confirmação de gênero e de reposição hormonal. Sim, você está lendo corretamente. Eles encontraram uma base religiosa para emitir uma *fatwa* explicando que se Deus fez "eles" dessa forma, então é responsabilidade do governo de Deus cuidar dessa questão. É óbvio que isso não significa que o Irã trata sua comunidade LGBTQIA+ adequadamente. *Ele não trata*. No entanto, o governo do Irã paga por cirurgias de transgêneros e terapia hormonal. Se uma justificativa religiosa para dar (com toda razão!!!) apoio e assistência a transgêneros pode ser encontrada no Irã, dentre todos os lugares, por que não uma solução semelhante na Palestina?

Afinal, está escrito no Alcorão que *os judeus retornarão à Terra Prometida*. (EU SEI! Coisa doida, não é?), então talvez nas próximas negociações de paz, os líderes religiosos possam decidir deixar de lado onde se diz para matar os judeus suínos e se concentrar em tornar a Surata das Crianças de Israel do Alcorão, *Sura Bani Isra'il* 17:104, mais popular: "E depois Nós [Deus] dissemos aos filhos de Israel: 'Habitai com segurança a Terra Prometida'".[9] Talvez isso ajude alguns islamistas radicais pelo menos a aceitar a *existência* de Israel, o que poderia ser um bom ponto para começar.

Deixe-me esclarecer mais uma vez. Não estou defendendo de forma alguma a inserção da religião na política. Jamais. Israel foi estabelecido como um Estado secular, culturalmente judeu e democrático, o que significa que o governo respeita as tradições judaicas ao mesmo tempo que concede total liberdade religiosa para todos – o único país da região a fazê-lo. Contudo, estou disposta a começar a praticar um pouco mais do meu dito liberalismo e da minha tolerância também no que diz respeito à religião, em vez de cancelar tudo completamente. E quem sabe: talvez uma nova abordagem possa ser encontrada, oculta em algum lugar nesses textos antigos.

No final de sua vida, o rabino Froman foi diagnosticado com câncer. Ele mudou seu sobrenome para Hai-Shalom, que, traduzido do hebraico, significa "A paz está viva". Ele explicou isso dizendo: "devemos entender que, no Oriente Médio, não podemos varrer a religião para baixo do tapete". Seu funeral foi um reflexo de como ele viveu. O rabino Froman foi levado ao seu local de descanso final por judeus e árabes, que lamentaram conjuntamente esse sonhador – seu amigo. Hadassah Froman, sua forte e energética viúva, sua parceira na vida e no ativismo, tomou o bastão do marido e continua lutando pela paz, realizando encontros entre árabes e judeus e participando de manifestações pela paz, algumas delas na frente da casa de Bibi. Como muitas mulheres israelenses antes dela, ela é outra Mulher Maravilha.

A Margem Ocidental é um pequeno pedaço de terra na qual a religião está tendo terríveis consequências na vida real. Então, da próxima vez que tivermos uma negociação de paz, vamos pensar na possibilidade de trazer à mesa um rabino e um imã que nos ajudem a encontrar uma saída e não como o começo de uma piada. Eles são, afinal, os povos do livro.

Árabes

VIDA, *HOMUS* E UMA COEXISTÊNCIA (QUASE) PERFEITA

Meu pai adorava *homus*. Comer em geral era um passatempo que ele adorava, mas crescendo em Jerusalém ele desenvolveu um amor especial pelo *homus*. As pessoas em Israel são extremamente apaixonadas pelo *homus*, e construirão parcerias com base nos lugares que consideram que é servido o melhor *homus* do país. Apesar de não ter camisas de times, é um esporte nacional. Há um lugar, no entanto, que é universalmente aceito como o melhor. Esse lugar é Abu Hassan, em Jaffa. O estabelecimento é o que se poderia chamar de "boteco". Escondido no aclive de uma rua lateral do antigo porto, é simples e espartano, com apenas umas dez mesas e cadeiras de metal extremamente desconfortáveis. A família Abu Hassan é proprietária do restaurante há décadas, e eles servem *homus*. Deixe-me corrigir isso: eles servem *masabacha* (ou "café da manhã", em árabe), que não é apenas *homus*; é uma manifestação divina, a mais elevada encarnação do grão-de-bico à disposição da humanidade. Não tem nada a ver com o patê que você pode ter encontrado em supermercados nos Estados Unidos. *Masabacha* é o próprio manjar dos deuses.

Em uma espaçosa tigela de sopa, aninhado em uma generosa porção de *homus* quente e cremoso, há um molho de *tahine* picante e com gosto de limão. Ambos incluem uma colherada de grãos-de-bico inteiros quentes, banhados em azeite de oliva fresco. Salsinha verde fresca e páprica vermelha escura são generosamente polvilhadas, e todo o prato é acompanhado por limões, alho e pimenta para condimentar sua vida. Sim, o prato é realmente poético – assim como o olhar no rosto das pessoas ao comê-lo. Talheres é para amadores em Abu Hassan. Nós, moradores locais, usamos o pão sírio como utensílio para levar essa mistura celestial diretamente à boca, ou apenas cebolas cruas, se você for tão corajoso quanto meu pai, minha irmã e eu.

Nós três íamos bastante ao Abu Hassan às sextas-feiras na hora do almoço, esperávamos pacientemente na fila (sempre há fila) e tínhamos o pedido pronto assim que sentávamos nas cadeiras. Garçons e cozinheiros se movimentam agitados por todo lado, correm para ajudar na cozinha e voltam para servir as mesas, enquanto gritam ordens uns para os outros. O lugar é barulhento, está sempre cheio e é delicioso pacas. Entrávamos, pedíamos, comíamos e íamos embora. Como meu pai costumava dizer: "Aqui você não mastiga, você engole".

Estou contando essa história para você por alguns motivos. O primeiro é que você realmente deve ir ao Abu Hassan quando estiver em Israel. O segundo é para ilustrar a realidade na rua.

Como o nome indica, Abu Hassan é uma empresa familiar árabe, mas a clientela é completamente misturada. Árabes e judeus comem juntos, conversam e riem sem dar a mínima para manchetes sensacionalistas da mídia internacional.

É claro que uma anedota não prova uma regra, mas o ponto é que os árabes israelenses são uma parte natural da tessitura da sociedade em Israel. Essa é uma observação tão óbvia para qualquer cidadão israelense que parece totalmente desnecessário mencioná-la dessa forma. Mas quando, *sim*, se observa o que sai na mídia, parece que a animosidade, a agressão e o ódio entre os dois povos são constantes e uniformes. Não são.

Neste capítulo, abordarei o povo palestino dentro e ao redor de Israel através de três localizações geográficas distintas:

- Os palestinos que vivem dentro de Israel – os árabes-israelenses
- Os palestinos que vivem na Margem Ocidental
- Os palestinos que vivem em Gaza

Os palestinos árabes-israelenses, os palestinos da Margem Ocidental e a população da República Independente de Gaza (ok, esse não é *realmente* o nome do lugar, mas você verá mais tarde por que o chamo assim) são às vezes agrupados como um só povo e, no entanto, são totalmente diferentes em termos de suas liberdades, seus direitos, seus sistemas de governança, sua posição nacional, sua posição internacional, suas alianças políticas e seu futuro previsível. E também em termos de suas relações com Israel como Estado e com o povo israelense.

No entanto, poucos ativistas nos Estados Unidos falam a esse respeito. Ao contrário, eles falam sobre uma Palestina unificada que na verdade não existe.

A GÊNESE DA IDENTIDADE PALESTINA, OU É AQUI QUE EU REALMENTE ME ENCRENCO

A primeira vez que o povo palestino foi chamado de nação, por ele próprio ou oficialmente pela comunidade internacional, foi em 1964, não obstante o que eles possam querer que você acredite. Deixe-me explicar.

A palavra *Palestina* foi usada pela primeira vez pelos romanos para designar a região após a supressão da rebelião judaica de Shimon Bar Kokhba no ano de 132 d.C. Quando eles restabeleceram seu domínio sobre a área, o imperador Adriano mudou o nome do lugar de Judeia para Síria Palestina, e mais tarde para Palestina. O nome era baseado em um povo de fora do Oriente Médio (de origem europeia, de acordo com testes arqueológicos de DNA) que povoava a região na época, e foi usado para subverter as origens judaicas da terra e provavelmente também para irritar os judeus, o que tenho certeza de que foi alcançado.[1]

"Mas ei", você poderia dizer se conhecesse as Escrituras, "e os antigos filisteus da Bíblia? Os hebreus tomaram as terras *deles* primeiro, certo?" Bem, sim, mas os filisteus da Bíblia já não existem, e não há relação entre os filisteus bíblicos e os palestinos de hoje. Testes arqueológicos do DNA dos restos mortais dos filisteus indicam que eles emigraram da Europa,[2] e escritos arqueológicos daquele período apontam para uma língua sírio-arábica indecifrável (significando não regional, não árabe, amárica, hebraica, aramaica ou assíria). Além disso, em termos de religião, o islamismo só passou a existir séculos mais tarde.[3] O argumento de que os palestinos são a mesma nação que os filisteus bíblicos é conveniente, porém está simplesmente errado. Sei que essa é uma verdade não totalmente acordada, mas isso não a torna menos verdadeira. Alguns, como Mahmoud Abbas, tentaram associar os palestinos de hoje aos antigos cananeus, porém essa bela mitologia não pode ser corroborada em nenhum lugar, nem em documentos históricos nem em achados arqueológicos.

Os judeus irritantes, por outro lado, são tradicional, filosófica e religiosamente as mesmas pessoas. Já há dois mil anos, Pessach era celebrada, a *cashrut** mantida, o *shabat* observado, e o divino era Um. A língua também era a mesma, pois consigo ler pessoalmente cartas deixadas em pedaços de argila no topo da fortaleza de Massada dois mil anos atrás – e, claro, há a Bíblia. Os palestinos de hoje são uma nação orgulhosa, mas o conflito não remonta *àquela época*, como alguns tentaram argumentar. Não se trata de uma opinião subjetiva, nem é uma declaração sobre qual nação é melhor, então, por favor, me poupe dos seus tuítes. Isso apenas tem a ver com quem é mais velho. (E, como moro em LA, mais velho não é necessariamente melhor.)

A questão é que, ao longo da história, nunca houve uma identidade palestina coerente, nacional, religiosa ou política. A *Palestina* foi usada em referência a uma localização *geográfica*, e as pessoas que nasceram naquela região eram denominadas árabes da Palestina, judeus da Palestina, cristãos da Palestina, drusos da Palestina etc. Em um censo de 1922 do Mandato Britânico, os ocupantes da terra foram divididos em maometanos, judeus, cristãos, drusos, samaritanos, bahais, hindus e siques – todos eles palestinos. O Plano de Partilha da ONU destinava-se a um Estado judeu e a um *Estado árabe*, não a um *Estado palestino*. E, mesmo quando o professor Zureiq escreveu seu infame panfleto *nakba*, ele chamou os residentes locais de árabes: nenhuma menção a palestinos em qualquer lugar. O termo *palestinos*, da forma como nos relacionamos com ele hoje, não consta em nenhum lugar.

Isso porque, antes do estabelecimento de Israel, os moradores árabes da região não possuíam uma identidade unificada e estavam

* N.T.: Termo que se refere ao conjunto de regras de alimentação do judaísmo inclusive a maneira de abater e preparar os animais para consumo.

divididos entre si com base em diferentes vínculos, de lealdades familiares e tribais a exigências de serem anexados à Síria, Jordânia e afins. Era uma identidade pan-árabe e não um apego nacionalista específico à Palestina *per se*. A única coisa com que esses grupos árabes locais concordavam era a resistência aos judeus e ao movimento sionista. Na verdade, eles levaram isso tão longe que o líder jerosolimita árabe nacionalista e muçulmano Haj Amin Al-Husseini foi para a Alemanha durante a Segunda Guerra Mundial, encontrou-se com Hitler e emitiu uma *fatwa* contra os aliados ocidentais antes de lutar lado a lado com a Alemanha nazista.

Uma identidade palestina coerente foi introduzida na sessão do primeiro Conselho Nacional Palestino em Jerusalém, em 28 de maio de 1964, e no mês de junho seguinte a Organização para a Libertação da Palestina (OLP) foi criada. Pela primeira vez, foi elaborada uma carta de princípios nacional palestina – e ela era muito extremista, pois exigia a libertação de toda a terra e a resistência a Israel pela força armada (isso foi alterado mais tarde, mesmo que nem todos tenham gostado). Uma bandeira palestina foi adotada na conferência – nas cores preta, branca, vermelha e verde, um pequeno ajuste à bandeira árabe hasteada na Revolta Árabe pelas tribos do deserto de Hejaz e por Lawrence da Arábia na Primeira Guerra Mundial. A OLP definiu como palestina cada pessoa que tivesse nascido naquela terra ou cujo pai fosse palestino (mais tarde mudou para pai e mãe), e uma frente relativamente unida foi criada a fim de trabalhar pelos direitos do povo palestino, suas exigências e necessidades.

Demorou um tempinho para que a geração mais velha entendesse essa nova realidade de uma nacionalidade palestina, tanto do lado árabe quanto do lado israelense. Golda Meir, a terceira mulher a ser primeira-ministra do mundo e uma esquerdista como ninguém, disse na TV americana:

> Quando os palestinos nasceram? O que era toda aquela área antes da Primeira Guerra Mundial? Quando a Grã-Bretanha obteve o mandato sobre a Palestina, o que era então a Palestina? A Palestina era então a área entre o Mediterrâneo e a fronteira iraquiana.

O entrevistador insistiu: "A senhora está dizendo que os palestinos não existem?" Glup.

Ela respondeu:

> Não! As margens ocidental e oriental eram a Palestina. Eu sou uma palestina [...]. Não havia nessa região algo como judeus, árabes *e* palestinos. Havia judeus e árabes. Eu não digo que não haja palestinos, mas digo que não existe um povo palestino distinto de todos os palestinos que vivem na Jordânia. Por que os palestinos na Margem Ocidental se tornaram mais palestinos depois do dia 5 de junho de 1967 [o início da Guerra dos Seis Dias] do que antes? Por que não estabeleceram um país *palestino adicionalmente* à Jordânia?[4]

A entidade nacional palestina é, por mais difícil que possa parecer aos meus amigos esquerdistas bem-intencionados, uma nova identidade. Foi criada pela primeira vez em 1964 como uma questão *política*, não uma questão de indigenicidade. A identidade palestina foi formada como uma resposta a Israel, a fim de lidar com um mundo em mudança.

Vamos ser novamente bem claros sobre isso: uma identidade palestina agora é evidente em si e intuitiva. Se você nasceu na Palestina, você se sente e deveria se sentir palestino. O domínio israelense *de facto* e as lamentáveis e contínuas disputas de terra só servem para enfatizar aquela identidade palestina intuitiva. Contudo, como entidade política e nacional, o conceito é novo e não deve ser usado como arma para criar fatos alternativos. A região já é dramática o suficiente.

O PIOR ESTADO DE *APARTHEID* DE TODOS OS TEMPOS

Observe agora a história de um israelense chamado George Karra. Ele obteve o bacharelado em Direito pela Universidade de Tel Aviv e, depois da formatura, abriu sua própria firma, tendo mais tarde se tornado juiz. Em 2011, foi ele o juiz que presidiu o julgamento que condenou um ex-presidente israelense à prisão. O colunista Thomas Friedman, do *New York Times*, escreveu que, em sua opinião, essa condenação foi uma das causas que desencadearam a Primavera Árabe. Cidadãos árabes vizinhos puderam ver que, em Israel, até os membros do mais alto escalão da sociedade pagam um preço quando o Estado de direito é exercido corretamente. Friedman disse que "um tribunal israelense condenou recentemente o ex-presidente de Israel".[5] Mas o jornalista não mencionou que George Karra é um cidadão árabe israelense. O honorável Karra agora é juiz da Suprema Corte de Israel.

No final da Guerra da Independência, em 1949, aproximadamente 150 mil árabes não foram expulsos ou deslocados, nem atenderam aos chamados de seus líderes árabes para fugir. Ao contrário, permaneceram dentro das fronteiras do novo país. Esses residentes árabes tornaram-se cidadãos israelenses, com plenos direitos e obrigações. Então, quando americanos e europeus bem-intencionados dizem coisas como "Israel precisa conferir direitos aos árabes", não tenho certeza do que eles estão falando.

Os manifestantes gostam de gritar em seus megafones que Israel é um Estado de *apartheid*, como a África do Sul. Essa ideia é um completo disparate.

Em muitos círculos, o *apartheid* é entendido como um governo minoritário que controla uma maioria para benefício da população minoritária, com segregação e leis discriminatórias. Comecemos pelos números. No final de 2020, Israel, um Estado democrático judeu, tinha uma população total de 9.246.000 habitantes. Constituído de 74% de judeus, 21% de árabes e 5% autodefinidos como Outros[6] – todos com direitos iguais. Em comparação, em 1990, a África do Sul, dirigida por um governo branco, tinha cerca de 76% de negros e 13% de brancos – com quase nenhum direito para os negros. Apenas um desses casos mostra uma minoria controlando uma maioria.

Ok, você pode guardar sua calculadora HP TI-89. Agora que podemos concordar que Israel não é uma minoria subjugando uma maioria, vamos perguntar como essa maioria usa seu poder. Usa muito bem, na verdade. É bem simples: fiel à Declaração de Independência do país, todos os árabes israelenses que permaneceram no Estado judeu recém-formado são cidadãos israelenses de pleno direito. Seja em Jerusalém, Acre, Nazaré ou Jaffa, os árabes israelenses votam e são eleitos para o parlamento israelense. Aliás, a participação dos árabes israelenses no governo começou no primeiro dia. Nas primeiras eleições realizadas, em janeiro de 1949, três árabes israelenses – Amin-Salim Jarjora, Seif el-Din el-Zoubi e Tawfik Toubi – foram eleitos membros do corpo legislativo israelense, o parlamento conhecido como Knesset. Eles têm sido parte da tessitura política em Israel desde então, mesmo quando as coisas se tornam irritantes.

Em 2014, a sra. Haneen Zoabi, membro do Knesset, defendeu o sequestro de três adolescentes israelenses, alegando que os militares israelenses eram um grupo assassino pior que o Estado Islâmico (ISIS) – tudo antes de se descobrir que esses três meninos tinham sido brutalmente assassinados por membros do Hamas. Em 2015, a sra. Heba Yazbak, membro do Knesset, postou na internet seu apoio a Samir Kuntar (um terrorista que matou, entre outros, um pai e sua filha de 4 anos, Einat) e a Dalal Mughrabi (um terrorista responsável pela morte de 38 israelenses, entre os quais 13 crianças). Alguns de seus colegas do Knesset tentaram impedir Yazbak de concorrer nas eleições israelenses de 2020; no entanto, a petição foi recusada pela Suprema Corte de Israel. O tribunal concluiu que, embora suas postagens fossem uma abominação, ela era protegida pelo direito de liberdade de expressão. Imagine um membro da Câmara ou do Senado expressando apoio a ataques terroristas contra cidadãos estadunidenses chamando *todos os soldados dos EUA de assassinos*. A sra. Yazbak foi eleita e atualmente é membro do Knesset. Por mais ressentido que alguém possa se sentir a tal respeito (o que acontece comigo), *é assim que a democracia é*.

Árabes israelenses gozam de direitos iguais para homens e mulheres e de proteção para a comunidade LGBTQIA+. Nenhuma dessas liberdades é concedida em *nenhum outro lugar em todo o Oriente Médio*. O casamento entre pessoas do mesmo sexo é plenamente reconhecido por lei em Israel (não pelos religiosos: à semelhança dos Estados Unidos, o sistema religioso ainda não chegou a isso – ainda!), e independentemente de religião ou de etnia, casais do mesmo sexo têm praticamente os mesmos direitos que os casais heterossexuais, incluindo todos os benefícios financeiros (à exceção apenas de barriga de aluguel e adoção, o que está sendo muito combatido e pode até ter se convertido em lei quando este livro for publicado). Isso é importante porque, indiscutivelmente, a vida de um árabe da comunidade LGBTQIA+ em Israel é melhor do que em qualquer outro lugar da região, no qual ele pode literalmente ser apedrejado até a morte. Atrevo-me também a dizer que, tendo em conta a forma opressora como as mulheres são tratadas na maioria dos países árabes da região, a sra. Zoabi e a sra. Yazbak não teriam tamanha liberdade para falar mal de seus governos se vivessem em qualquer outro lugar do Oriente Médio.

Os árabes que visitam Israel às vezes ficam surpresos ao ver que cada placa de rua e todos os produtos, de uma caixa de fraldas ao rótulo em um maço de cigarros, estão escritos em hebraico e em árabe. Os árabes são fundamentais para a cultura e a sociedade israelenses – desde o supramencionado honorável George Karra, ao presidente do Conselho de Administração do maior banco de Israel, Samer Haj Yehia; do coronel das FDI e membro da comunidade drusa Hisham Ibrahim, que foi convidado a acender uma tocha em nome das forças militares na celebração do Dia da Independência de Israel em 2020, a personalidades da TV como a icônica repórter e comentarista social Lucy Aharish, à apresentadora do Eurovision Song Contest Lucy Ayoub. Dos médicos e enfermeiros nos hospitais israelenses, 20,8% são árabes; a maioria dos farmacêuticos é árabe; Rim, a professora favorita na pré-escola da filha da minha amiga Yaeli, é árabe. Você entendeu. Eu me sinto um tanto racista por ter que fazer essa lista, mas isso não é tokenismo; é a realidade, com todos os seus desafios e complexidades, é uma poderosa tessitura da existência. Ademais, a partir da terceira eleição de Israel em um único ano, o terceiro maior partido do sistema eleitoral israelense em 2020 era um partido árabe. Novamente, como isso é *apartheid*??

Atualmente, os cidadãos árabes israelenses são aproximadamente 1.916.000. Oitenta e cinco por cento deles são muçulmanos e o restante, cristãos e drusos (um grupo religioso e étnico único que cresceu a partir do islamismo xiita e desenvolveu suas próprias regras e tradições). Como é o caso das minorias em todo o mundo, sua situação não é perfeita. O orçamento público é dividido desigualmente, os recursos são disputados e a autossegregação está viva, da habitação à educação. Em uma democracia multicultural como Israel, os palestinos árabes israelenses têm plenos direitos, enquanto também lutam para se integrar adequadamente e serem ouvidos, como acontece com as minorias em outros lugares do mundo. É por isso que os árabes israelenses votam, são eleitos, protestam e participam do sistema democrático, trabalhando ao lado de seus concidadãos para realizar uma mudança. E, sim, em Israel, o racismo continua a existir, cheio de energia, como em todo o mundo, e precisa ser condenado e extirpado. Entretanto, em uma pesquisa recente feita pelo professor

Sammy Smooha, da Universidade de Haifa, 77,4% dos cidadãos árabes israelenses que vivem em Israel disseram que *não desejariam* se mudar para um Estado palestino se ele fosse estabelecido,[7] o que significa que a tentativa de rotular Israel como um Estado de *apartheid* é um exercício de ginástica mental. Ou pior.

Quando visitei Israel há alguns meses, tive uma reunião com meu amigo e atual líder da oposição Yair Lapid. Nós nos encontramos em seu café favorito em Tel Aviv e, ao entrar, notei uma família de judeus ortodoxos almoçando ao lado de uma mesa de garotas animadas usando *hijab*. Cada grupo estava na sua, batendo papo entre uma xícara de café e uma salada. A única razão pela qual aquela cena ficou marcada para mim foi o fato de que eu já estava envolvida com a escrita deste livro. Observei a cena como americana, não como israelense. Como israelense, isso nem sequer teria chamado a minha atenção e, de fato, ninguém ao redor estava olhando. É apenas a vida. Em uma mesa ao nosso lado estava sentado o presidente do Knesset e membro do Likud Yuli Edelstein, e ele e Yair estavam pondo a conversa em dia e rindo.

E só para provar meu ponto um pouco mais, fiquei sabendo mais tarde que esse café é de propriedade de um árabe, Faras Kaaba, da aldeia de Umm al-Qutuf na Galileia. É também o único café *casher** em toda a vizinhança.

Esse é Israel. Árabes e judeus, esquerda e direita, relaxando em uma tarde ensolarada de Tel Aviv, bebendo um café expresso. Então, da próxima vez que você ouvir que árabes e judeus estão guerreando em Israel, apenas se lembre: a realidade é muito mais nuançada e às vezes muito melhor.

Essa é a realidade para as pessoas dentro das fronteiras do Estado de Israel, porém há outra realidade para aproximadamente 1,9 milhão

* N.T.: Que segue as regras de *cashrut*.

de palestinos. Uma realidade dura, pobre, teocrática, violenta, opressiva e sem esperança. Você já deve ter ouvido falar dessa prisão a céu aberto, também conhecida como Gaza.

LIBERTE GAZA DE FATO

Para entender o que acontece em Gaza, devemos primeiro entender o Hamas e, para isso, precisamos entender a Irmandade Muçulmana. A Irmandade Muçulmana é um movimento islâmico sunita que se originou no Egito em 1928 e visa implementar a lei islâmica, conhecida como Sharia, em todo o mundo, a começar pelo Oriente Médio. A Sharia, só para deixarmos bem claro, não é a melhor forma de viver se você gosta de democracia, liberdade, igualdade ou direitos humanos de qualquer tipo, muito menos se você é mulher ou membro da comunidade LGBTQIA+. Segundo a Sharia, por exemplo, uma mulher que é estuprada não pode testemunhar contra seu estuprador. Se ela quiser fazer uma queixa, precisa apresentar quatro testemunhas do sexo masculino para que um "tribunal" acredite que ela foi realmente estuprada. Caso não apresente essas quatro testemunhas do sexo masculino, ela será condenada por adultério, punível com a morte. O estuprador, por outro lado, pode ter sua condenação retirada se optar por fazer a coisa nobre e se casar com sua vítima. Outros pilares incluem: um marido pode espancar sua esposa, pois ela é sua propriedade, como claramente declarado no Alcorão, capítulo 4, versículo 34;[8] a homossexualidade é punível com morte por apedrejamento; o furto é punível com a amputação da mão; e qualquer um que abjura ou fala mal, critica ou nega o islamismo, Maomé como o único profeta verdadeiro, ou, obviamente, Alá, pode ser condenado à morte. É possível afirmar com segurança que a Sharia, em sua forma original e mais estrita, não é conducente à prosperidade humana.

Nos anos de 1960 e 1970, após a Guerra dos Seis Dias, alguns estudiosos de Gaza concluíram que a vitória de Israel foi uma punição pelo colapso de uma sociedade devota. Por conseguinte, eles se voltaram para a Sharia. Um jovem idealista, preso a uma cadeira de rodas, chamado Ahmed Yassin, juntou-se à Irmandade Muçulmana e começou a organizar a comunidade em Gaza ao redor de mesquitas e escolas, pregando a vida em conformidade com a Sharia. Essas atividades não preocuparam Israel no início, pois a Irmandade Muçulmana não possuía verdadeiras aspirações políticas.

Por volta de 1979 tudo mudou, como explica Ronen Bergman:

> Na época, a Irmandade Muçulmana em Gaza era vista principalmente como um movimento social, desprovido de ambições políticas. Ao longo dos anos de 1960 e 1970, isso era em grande parte correto. Mas então o aiatolá Khomeini derrubou o xá no Irã. Um erudito religioso, devoto e santo, liderou uma revolução, formou uma força militar e instituiu um governo funcional. Ele demonstrou aos muçulmanos em toda parte, não apenas aos xiitas como ele, que o islamismo não era somente uma religião limitada a sermões em mesquitas e caridade nas ruas, mas também um instrumento de ação política e de poder militar – que o islamismo poderia ser uma ideologia governante, que o islamismo era a solução para tudo.[9]

Uma organização que inicialmente se baseava em serviços de bem-estar social, *dawah*, agora acrescentava aos seus propósitos ambições políticas e *jihad*, uma guerra santa. Uma ala militar, as Brigadas Izz ad-Din al-Qassam, assim denominadas em homenagem a um revivalista e terrorista islâmico do século XX, foi criada para cumprir essa santa missão.

Em dezembro de 1987, Yassin anunciou que a *jihad* seria contra nós e formou um novo movimento: o Movimento de Resistência Islâmica, que, em árabe, forma o acrônimo HAMAS. Além de instituir a lei da Sharia, o movimento foi criado com o objetivo específico de estabelecer uma teocracia islâmica no lugar em que agora é Israel, e fazê-lo por meio do derramamento de sangue. O Hamas vê Israel como um *wakf* islâmico, uma terra santa, que precisa ser limpa. Ele declarou guerra à OLP por não ser religiosa o suficiente e escreveu uma carta de princípios cuja leitura é muitíssimo recomendada para quem deseja se divertir e ficar horrorizado ao mesmo tempo. Como uma liberal que acredita na liberdade de religião, eu me posicionava junto com Ben Affleck, ou seja, que "todas as religiões são legais, deixe-as em paz".[10] Até conhecer o Hamas. Sua carta de princípios é bastante poética e, em uma cadência lírica impressionante, fala de maravilhas como árvores judaicas e almas jihadistas perdidas.

Aqui estão algumas citações escolhidas:

> Mares tempestuosos de credos e esperanças. Pois nossa luta contra os judeus é extremamente ampla e grave, seu objetivo final é o islamismo, o Profeta seu modelo, o Alcorão sua Constituição [...]. O Movimento de Resistência Islâmico é um movimento palestino distinto [...]. Um movimento que deve sua lealdade a Alá, adota o islamismo como seu modo de vida e se empenha para erguer a bandeira de Alá sobre cada centímetro da Palestina.
>
> A hora final (16) não virá a menos que os muçulmanos lutem contra os judeus (e os matem); até que os judeus se escondam atrás de pedras e árvores, que clamarão: Ó muçulmano! Há um judeu escondido atrás de mim, venha e o mate! Isso não se aplica ao Gharqad (17), que é uma árvore dos judeus (narrado pelo imã Albucari e pelo imã Muslim) (18).

Você pensou que eu estava brincando no que diz respeito à árvore dos judeus, não é? Eu não estava. Realmente está lá. E, claro, tem a citação a seguir: "Alá é seu objetivo, o Profeta seu modelo, o Alcorão sua Constituição, a Jihad sua senda e a morte por Alá sua aspiração mais sublime".

Tudo isso é público, escrito explicitamente na carta de princípios do Hamas e encontrado por meio de uma rápida pesquisa no Google.[11]

A doutrina do Hamas é muito clara: nenhuma terra em troca de paz, nenhum Israel, a lei da Sharia e a morte como a única maneira de concretizar a mais nobre das causas.

No momento em que as autoridades israelenses começaram a compreender a nova ameaça e jogaram Yassin na prisão, Israel foi crivado de ataques suicidas contra sua população civil. Yassin continuou a controlar seu exército de jihadistas da prisão, executando ataques terroristas contra israelenses, incluindo um a cerca de 800 metros do meu apartamento em Tel Aviv, na rua Dizengoff, onde o ônibus número 5 explodiu e 22 pessoas inocentes perderam a vida. As fotos do meu bairro nas notícias eram horripilantes. Pedaços de corpos humanos espalhados pela rua, sangue por toda parte. Vivemos o inferno naqueles dias. Durante 11 meses em 1993, mais de 100 civis foram mortos por bombas em ônibus, em mercados, em clubes. Nenhum lugar era seguro. Se um ônibus parasse ao meu lado em um sinal vermelho, eu recuava e atravessava a rua. Você se lembra do tamanho de Israel que mencionei no primeiro capítulo? Aproximadamente 22.000 km^2. E do tamanho de Nova Jersey? Gaza fica a cerca de 48 km do meu apartamento em Tel Aviv. Tínhamos milhares de fanáticos islamistas pregando uma guerra santa bem à nossa porta, e, como esse inimigo era impulsionado por um compromisso divino com a *jihad*, a morte não era um dissuasor, mas um objetivo sagrado. Como Ronen Bergman descreve:

> A prisão não diminuiu a influência de Yassin, nem enfraqueceu sua vontade. "Nunca haverá paz", disse ele a Ben-Zur [seu interrogador], depois que as entrevistas terminaram e as câmeras foram desligadas. "Nós aceitaremos o que vocês nos derem, porém nunca desistiremos de nossa luta armada. Enquanto eu, xeique Yassin, estiver vivo, me certificarei de que não haverá conversações de paz com Israel. O tempo não é problema: mais dez anos, mais cem anos – no final vocês serão varridos da face da terra."[12]

Embora a Faixa de Gaza já fizesse parte da Autoridade Palestina, conforme pactuado nos Acordos de Oslo, Israel ainda controlava a segurança e outros elementos e ficava de olho nos 9 mil colonos em 26 povoados e aldeias da área. Mas em 2005 o primeiro-ministro Ariel Sharon, o general "falcão" da extrema direita, decidiu que Israel deveria sair de Gaza, numa retirada unilateral. O plano foi apoiado por cerca de 60% da população israelense na época, eu entre ela. Na retirada de Gaza, soldados israelenses desmantelaram casas de colonos e desarraigaram seus meios de subsistência, na tentativa de entregar Gaza para o futuro Estado palestino.

Em 12 meses, tudo desmoronou. Em janeiro de 2006, depois de muita resistência, o Hamas concorreu contra a OLP nas primeiras eleições legislativas palestinas. Embora as enquetes sugerissem que a OLP venceria por uma pequena margem, o Hamas ganhou as eleições. Uma pesquisa palestina *post mortem* revelou que apenas cerca de 10% dos habitantes de Gaza votaram no Hamas por causa de sua agenda política mortal, sendo que a maioria o fez como um voto de protesto contra a corrupção na Autoridade Palestina. De qualquer forma, o Hamas venceu. Naturalmente, os Estados Unidos, a União Europeia, as Nações Unidas, Israel e o restante da civilização normal pirou imediatamente e exigiu que o Hamas renunciasse à sua doutrina jihadista. O Hamas se recusou, como afirmou seu porta-voz Islam Shahawan para quem ainda não tinha muito claro o que havia acabado de acontecer: "A era de justiça e domínio islâmico chegou".[13]

Mahmoud Abbas, presidente da Autoridade Palestina, tentou trazer conciliação entre a AP e o Hamas, sem sucesso, e o Hamas começou atacar e a tentar assassinar chefes da OLP. A luta interna irrompeu e durou cerca de um ano, e em junho de 2007, o Hamas tomou Gaza à força, lançando uma operação militar contra a OLP. As mesmas brigadas mencionadas anteriormente, as Brigadas Izz ad-Din al-Qassam, invadiram a sede da Autoridade Palestina e não fizeram prisioneiros. Elas saquearam os escritórios, lincharam pessoas na frente de seus familiares e jogaram membros da AP dos telhados ou mataram-nos a tiros – e no final desse ataque haviam matado aproximadamente 160 membros da AP. O Egito, que também faz fronteira com Gaza, rapidamente compreendeu a situação e, junto com Israel, decretou um bloqueio na Faixa, tentando impedir o abastecimento de munição para o Hamas.

A sangrenta tomada de Gaza pelo Hamas aconteceu apenas dois anos após a retirada de Israel, ressuscitando o pior de todos os pesadelos dos israelenses e entregando um sonoro "Nós avisamos" para os falcões israelenses da direita. O que Israel obteve em troca do desligamento unilateral não foi uma Palestina próspera em formação, mas uma Palestina islâmica, radical, opressora e um violento regime que prontamente começou a lançar mísseis e morteiros sobre cidades e aldeias no sul do país e até onde pudessem alcançar, às vezes até mesmo Tel Aviv. Os resultados da retirada israelense de Gaza tornaram-se um grande sinal de alerta para o que poderia acontecer em nossa região quando Israel estende uma mão amiga, faz um gesto de paz, desmantela assentamentos ou se retira completamente – você fica repleto de radicais islâmicos, que literalmente querem te matar e matariam inclusive seu próprio povo, a 50 km de sua casa. Para o cidadão israelense, a retirada de Gaza e sua tomada pelo Hamas servem como a maior dissuasão contra quaisquer futuras concessões de terras.

Como você pode imaginar, Israel e Egito mantiveram intermitentemente o bloqueio de Gaza, tentando controlar os milhares de mísseis lançados da Faixa de Gaza sobre Israel. Você se lembra da flotilha turca do primeiro capítulo, o evento que me meteu nesse negócio de ativismo? Aquele barco cheio de ativistas estava navegando para romper um "bloqueio", mas o que eles estavam realmente fazendo era ajudar uma organização terrorista. Israel pode ser o alvo da maior parte da artilharia verbal midiática relacionada à situação em Gaza, mas quem paga o maior preço são os quase 2 milhões de cidadãos palestinos que vivem sob esse horrível, cleptocrata e opressor regime islâmico. Esse é o rabo que sacode toda a nação palestina.

Em vez de usar os bilhões de dólares fornecidos pela comunidade internacional ao longo dos anos para construir escolas ou hospitais ou uma vida melhor para seu povo, o Hamas usa o dinheiro para construir túneis sofisticados destinados a ataques contra Israel. Para comprar munição e drones. Usa civis como escudos humanos e monta bases de comando militar adjacentes e sob prédios de apartamentos e hospitais da ONU. E nos últimos anos seus membros aperfeiçoaram outra maneira de aterrorizar os cidadãos do sul de Israel. Eles usam balões de hélio e, digamos, um contraceptivo popular de borracha para enviar bombas. Me diga, pode existir algo mais cínico do que enviar uma bomba escondida dentro de uma camisinha flutuante?

E, claro, há os homens-bomba, os *shahids*. Um terrorista suicida é a mais vil encarnação de um complexo vítima/opressor. Ele alega ser uma vítima, portanto, oprimirá você matando-se no meio da sua cidade. A narrativa foi toda deformada para configurar uma batalha entre Davi e Golias, de modo a justificar essa forma de guerrilha. Mas como vimos repetidas vezes, embora Israel possa ter a maior e mais avançada força militar, Gaza está armada e é patrocinada por extensos recursos financeiros de todo o Oriente Médio, principalmente do ó-tão-benevolente regime islâmico do Irã.

Portanto, sim, Gaza está de fato sitiada. Está sob o cerco de uma organização islâmica terrorista que, em sua carta de princípios, fala de árvores judaicas e aspirações pelo martírio, e cuja doutrina religiosa é a manifestação terrena da cultura do estupro e da legalização da violência contra mulheres, infiéis e membros da comunidade LGBTQIA+. As pessoas em Gaza vivem em uma prisão a céu aberto e merecem algo melhor. No entanto, da próxima vez que você encontrar um ativista bem-intencionado que estiver navegando em um barco para romper um bloqueio imposto a Gaza por suas duas nações limítrofes, tente explicar que a raiva dele deve ser apontada exatamente na direção oposta. De *campi* universitários a comícios políticos, há centenas de bons samaritanos protestando contra Israel, mas onde estão os protestos contra o Hamas, um grupo que é a personificação na vida real justamente daquilo contra o que estão protestando?

Liberte Gaza, sim, digo eu, mas liberte Gaza de seu opressor real, não do percebido. Liberte Gaza do Hamas.

A HISTÓRIA DA MARGEM OCIDENTAL

Há uma outra realidade para os palestinos na região, a realidade de viver na Margem Ocidental, que é, novamente, muito diferente de viver em Israel ou em Gaza.

Antes, um lembrete rápido: por 400 anos, até 1917, toda a região era uma pequena parte do enorme Império Otomano. Depois da Primeira Guerra Mundial, a Grã-Bretanha recebeu um mandato da Liga das Nações (a precursora da ONU) para controlar a região até o Iraque no leste, o mandato para a Palestina. Em 1922, os britânicos dividiram seu mandato usando o rio Jordão como fronteira e criaram a Transjordânia, que compreendia todo o território a leste do rio, que depois se tornou a Jordânia. Os britânicos denominaram o que hoje é Israel, a Margem Ocidental e a Faixa de Gaza de "Palestina EY" (iniciais de *Eretz Israel*, a terra de Israel). Em 1948, na Guerra da Independência (na qual Israel foi atacado; já mencionei isso?), os jordanianos tomaram os territórios a oeste do rio Jordão (Margem Ocidental). Tentaram anexar esses territórios, mas essa jogada não foi aceita pela comunidade internacional (excluindo Iraque, Paquistão e Grã-Bretanha). Em 1967, depois de ter sido atacado por seus vizinhos, inclusive a Jordânia, Israel retomou os territórios da Margem Ocidental na rápida Guerra dos Seis Dias.

Quando Israel assumiu o controle da terra em 1967, havia aproximadamente 600 mil cidadãos jordanianos que ali viviam, divididos entre os que se identificavam como jordanianos e os que se identificam como palestinos. Desde o início, Israel sabia muito bem que isso acabaria por se converter em um problema. De fato, em 3 de junho de 1967, às vésperas da Guerra dos Seis Dias, Israel enviou uma mensagem clandestina ao rei Hussein da Jordânia, oferecendo o reconhecimento da Linha Verde como a fronteira oficial entre os países – desde que a Jordânia não aderisse aos esforços bélicos dos países árabes. Infelizmente para todos, o rei se recusou, entrou na guerra, perdeu a guerra e perdeu a terra (que nunca *oficialmente* foi dele, em primeiro lugar).

E então há o povo palestino, vivendo na Margem Ocidental por gerações, jogado de um lado para outro entre as guerras. Viver sob essa "ocupação beligerante" significa viver sob controle militar. Apesar de Israel aceitar e aplicar parcialmente a Quarta Convenção de Genebra ao território, isso é algo extremamente problemático e, na verdade, opressivo. Significa postos de controle, restrições de movimento, alvarás de construção, direitos de água e não ter voz no seu próprio sistema de governança. Por mais que as FDI tenham tentado fazer isso do modo mais "esclarecido" possível (eles tentaram e tentam), ver soldados perambulando por suas ruas todos os dias é horrível. Essa era a realidade para os palestinos até 1995, quando a AP assumiu o controle do território A (pleno) e B (controle social da AP e segurança israelense) na Margem Ocidental, no que deveria ser um processo gradual que terminaria em um acordo de paz e em um Estado palestino. Mas vamos retroceder alguns anos.

As tensões entre a população árabe local, as FDI e os colonos explodiram em dezembro de 1987. Na fronteira Gaza-Israel, um veículo israelense atingiu um carro palestino e matou quatro homens. Rumores se espalharam de que esse havia sido um ataque israelense, provavelmente em resposta ao esfaqueamento de um israelense na Faixa de Gaza. Uma revolta espontânea explodiu na Margem Ocidental, exacerbada pelas dificuldades financeiras existentes, pela frustração com a presença militar israelense e pela fraqueza da liderança palestina. Palestinos jogaram pedras e tijolos nos militares israelenses, que reagiram com força. Menos de um ano após o início da Intifada, em julho de 1988, o rei Hussein da Jordânia se desvinculou unilateralmente da Margem Ocidental e renunciou a todas as reivindicações à terra, despojando os palestinos da cidadania jordaniana e congelando assistência financeira e de outra natureza. Ele fez isso para (1) consolidar a OLP (organização de Arafat) como única representante do povo palestino; e (2) livrar-se de uma batata superquente antes que ela comprometesse a segurança do seu próprio reino.

A Primeira Intifada durou de 1987 a 1993, quando foi assinado um memorando entre Israel e a OLP com reconhecimento e aceitação mútuos de que a OLP era a representante política do povo palestino. Isso criou um contexto para futuras conversações, as partes puseram-se de acordo com relação a um sistema de eleições livres e democráticas para os palestinos, e deram vida à entidade legal chamada de Autoridade Palestina, ou AP. A intenção era resolver todos os problemas em cinco anos. Isso foi em 1993. Suspiro.

De 1993 a 2000, o processo de paz deu um passo à frente e dois passos para trás, até o colapso final em 2000. Esse colapso causou a Segunda Intifada, na qual cerca de três mil palestinos e mil israelenses morreram, e houve mais de 100 ataques suicidas a bares, clubes, restaurantes e ônibus nas grandes cidades de Israel.

Em junho de 2002, depois do terror e do derramamento de sangue da Segunda Intifada, Israel começou a construir um muro ao redor da Margem Ocidental. Nos anos anteriores, o campo da paz de Israel e o Partido Trabalhista haviam pedido a construção de um muro que separasse Israel da Margem Ocidental para garantir a segurança do país e a "separação dos palestinos" (o que também poderia nos aproximar de um Estado palestino!). Mas os falcões da direita de Israel não queriam nada disso. A *direita*, você diz? Sim. Lembre-se que a direita, historicamente, não queria se comprometer com fronteiras menores, a menos que fosse empurrada contra um muro (desculpe o trocadilho), mas as coisas estavam ficando perigosas demais e o governo de direita cedeu às exigências do povo por segurança. Israel construiu o que chamou de barreira de segurança mais ou menos em torno da Linha Verde. Desde então, ela tem sido designada por vários nomes: fronteira, cerca de segurança, muro de segregação, muro de *apartheid*, barreira defensiva, e assim por diante.

É indiscutível que o muro foi construído por razões de segurança, porém famílias palestinas inocentes, que nunca pretenderam envolver-se com aqueles homens-bomba andando pelas suas aldeias, estão, como sempre, pagando o preço. O muro foi erguido rapidamente e, como resultado, restringiu ainda mais os movimentos dos moradores da Margem Ocidental. Cortou também terras agrícolas, impedindo as famílias de cultivarem livremente essas terras e prejudicando seus meios de subsistência. Organizações israelenses de direitos humanos e famílias palestinas estão lutando contra esse muro e apelam constantemente aos tribunais para mudar sua localização ou eliminá-lo totalmente. Um exemplo são os moradores da aldeia árabe Beit Surik, que se viu em um enclave fora da Linha Verde, enquanto suas terras ficaram do lado israelense. Sem poder cultivá-las, eles processaram o Estado na Suprema Corte de Israel, ganharam em 2004, e em 2005 o muro foi ajustado em conformidade.

Esse muro atrai muita crítica e raiva ao redor do mundo e dentro de Israel por inúmeras razões. Atravessou terras palestinas; deixou judeus que haviam se assentado na Margem Ocidental "fora" do Estado "oficial" de Israel; e para os palestinos é restritivo pra c4r4lho. Em suma, ninguém está feliz. Entretanto, os atentados suicidas nas cidades cessaram. E essa é a enorme frustração de ser liberal naquelas redondezas. Nós odiamos o que acontece com as famílias palestinas, mas quais são nossas opções? O que devemos fazer? A violência tinha que parar.

Agora, a realidade na Margem Ocidental é uma existência temporária e confusa. Em algumas cidades, como Ramallah, Jericó e Rawabi, a vida é bastante normal, e é ali que cerca de 90% do povo palestino vive. Totalmente sob controle da AP, eles têm economia própria, TV e rádio, polícia e serviços sociais, e as pessoas podem levar uma vida normal e trabalhar para fortalecer o seu futuro Estado. Mas qual é o plano a longo prazo? As terras da Margem Ocidental encolheram devido a uma combinação de assentamentos, do muro de segurança e da recusa dos palestinos em aceitar um acordo de paz por décadas. O território é governado por uma AP fraca e corrupta, chefiada por Mahmoud Abbas, que, por mais moderado que seja (e ele é! o que é ótimo!), agora cumpre seu décimo sexto ano de um mandato de quatro anos.* Como sempre, os palestinos comuns são os que mais sofrem.

Dado que a Margem Ocidental não foi anexada por Israel, e como os palestinos não aceitaram um acordo de paz para estabelecer seu próprio país independente, esse território se encontra num limbo jurídico, político e social. A Autoridade Palestina controla a área A e parte da B, mas embora os palestinos que vivem, por exemplo, em Ramallah ou Nablus estejam totalmente sob controle palestino, a vida na Margem Ocidental é dura e indesejável, e suas queixas são justificáveis. Israel ainda controla direitos construtivos, direito à água e direito de locomoção, que são muito restritos. Curiosamente, as forças de segurança israelenses e as forças de segurança da Autoridade Palestina trabalham muito bem juntas, pois nenhuma delas está interessada em que extremistas da Sharia venham à Margem Ocidental e façam o que o Hamas fez em Gaza. Ainda assim, existem de fato na Margem Ocidental diferentes direitos para diferentes pessoas, e os colonos levam vantagem.

* No início de 2021, Abbas finalmente convocou eleições.

O muro de separação é um aspecto extremamente visual da região e parece muito ruim se você não souber o motivo pelo qual ele foi colocado ali. O incrível artista de rua Banksy esteve no local, se emocionou e começou a adornar o muro com sua crítica política afiada. Ele inaugurou um hotel em Belém com "a pior vista do mundo", bem em frente ao muro de separação, que ele chamou de "The Walled Off Hotel". No que diz respeito ao ativismo político, esse é provavelmente um dos episódios mais inteligentes já feitos.

A situação na Margem Ocidental não está funcionando para ninguém, devido, em parte, às políticas israelenses e, em parte, à liderança palestina e à recusa em disponibilizar-se para negociações de paz. Contudo, quanto mais o tempo passa, mais terra os colonos desenvolvem e menos terra sobra para que os palestinos chamem de sua.

Israel deve procurar aperfeiçoar-se constantemente e viver de acordo com os valores judaicos e sionistas, entretanto, mesmo que haja preocupações relacionadas à segurança muito reais na Margem Ocidental, é fundamental lembrar que pessoas inocentes, que só desejam uma vida melhor para si e seus filhos, sofrem todos os dias.

Para nunca me esquecer disso, Ross conseguiu uma gravura de Bansky da lojinha do Walled Off Hotel, chamada de "Wall Mart". É uma pequena impressão de uma torre de segurança com balanços infantis pendurados e um pedaço de muro enfiado na parte inferior. Está pendurado na minha sala de estar desde então.

UMA CIDADE SOBRE UMA COLINA NÃO PODE SER ESCONDIDA

Enquanto eu pesquisava e escrevia este livro, um sentimento corrosivo de culpa liberal começou a me consumir. Em essência, foi mais ou menos assim: "Ok, está claro para mim o que os israelenses fizeram de errado... Mas... o que os palestinos fizeram de *certo*?"

Continuei a ler tanto em registros públicos quanto na história da minha família sobre as ações tomadas pelos pioneiros, imigrantes e refugiados judeus – o *yishuv* – para a construção de um país. Li nos escritos do meu bisavô Nachum Tishby que ele foi contra as opiniões do Mandato Britânico e criou uma próspera indústria judaica. Li nas cartas da minha avó *safta* Fania que ela quebrava as pedras em cascalho para pavimentar estradas. Li que meu avô Hanan se mudou para um *kibutz*, a fim de fazer parte de uma coletividade. E que o restante do *yishuv* ficou ocupado formando um sistema político, sindicatos, um sistema agrícola, um sistema de assistência à saúde, um sistema de educação. A base para um Estado!

Meus bisavós e meus avós foram forçados a abandonar suas casas, e quando chegaram ao país com certeza não estavam felizes com o Mandato Britânico. Mas eles não apenas resistiram à situação, mas também tomaram seu futuro em suas próprias mãos e começaram a trabalhar. Eles tinham um único foco, uma só intenção: a sobrevivência. Os árabes tinham um objetivo semelhante – então o que deu errado?

O historiador Benny Morris descreve isso em palavras deprimentes:

> No final de janeiro de 1948 [...] para todos os efeitos, na maioria das áreas, os palestinos permaneceram dependentes da administração do Mandato. Por conseguinte, quando a administração chegou ao fim, durante o inverno de 1947 e a primavera de 1948, e as cidades, aldeias e estradas foram tragadas pelas hostilidades, a Palestina árabe – especialmente as cidades – resvalaram para o caos. Confusão e inclusive anarquia caracterizavam a distribuição e venda de alimentos, a prestação de cuidados de saúde e a operação de transportes públicos e de comunicações. A lei e ordem entraram em colapso. A sociedade árabe da Palestina desmoronou. Por contraste, o *yishuv*, nas mesmas condições de guerra e cerco, e com muito menos mão de obra e sem vizinhos amigáveis, provou ser capaz de lidar com a situação.[14]

Glup. Isso foi desconfortável de ler. Parecia condescendente, crítico, ou simplesmente racista. Continuei procurando, e só então comecei a notar um padrão. Havia uma tonelada de resistência ferrenha, firme e sangrenta em favor dos árabes locais: eles resistiram aos turcos, aos britânicos, aos sionistas. Depois houve as recusas aos acordos de paz e a um Estado palestino. Resistir é importante, mas também é preciso oferecer esperança e a possibilidade de uma imagem de uma sociedade futura melhor. Perspectivas para sua família, algo a que aspirar, uma economia – empregos! Não apenas as coisas que você não quer, mas uma visão para o futuro do seu povo, as coisas para as quais você constrói uma nação...

Digite: Uma Cidade sobre a Colina.

Bashar Masri nasceu em Nablus em 1961, filho de Fatima e Faiq Masri; sendo o pai cirurgião e diretor do Hospital Nacional de Nablus, era de uma família palestina rica e bem relacionada. Quando criança, Masri participou de manifestações contra a ocupação de Israel, foi detido e encarcerado várias vezes por atirar pedras em soldados israelenses. Nos anos de 1970, a família Masri emigrou para os Estados Unidos e Bashar se graduou na Universidade Virginia Tech em engenharia química. Ele se tornou um empresário bem-sucedido, acumulando riqueza e influência.

Por volta de 1994, Masri começou a ouvir murmúrios sobre um Novo Oriente Médio, a visão imaginada para nós pelos falecidos Shimon Peres e Itzhak Rabin. Ele entendeu que havia chegado a hora de retornar à sua pátria e ajudar a construir esse sonho. E o fez.

A família Masri se mudou para Ramallah, transformando-se em uma parte poderosa da economia palestina, porém Masri ainda se sentia insatisfeito. "Eu não estava causando suficiente impacto", ele me disse em nossa conversa. Então, como diz o ditado, ele decidiu pensar grande, já que estava em casa. E pensou grande. Bashar Masri é o empresário, fundador e executor de um dos projetos mais impressionantes que a região já viu. Ele concebeu, financiou e construiu uma cidade inteiramente nova, a partir do zero, na Margem Ocidental: Rawabi. *Rawabi* em árabe significa "colinas" e, fazendo jus ao seu nome, a cidade foi construída sobre as colinas nos arredores de Ramallah, ao norte de Jerusalém. É a primeira cidade construída inteiramente por e para os palestinos. É uma comunidade planejada, voltada para a classe média, com apartamentos acessíveis, grandes escritórios para a comunidade de tecnologia e uma área de varejo de alto padrão.

O sr. Masri é um homem perspicaz e eloquente, carismático mesmo em um telefonema transatlântico. Eu queria saber quando a ficha caiu, qual foi o momento que o fez conceber essa ideia aparentemente insana.

> Tem tudo a ver com a economia, e eu sabia que precisava fazer um projeto que causasse sensação. Eu queria uma forma de contratar dez mil pessoas ou mais, mas não sabia exatamente o que era isso. Em maio de 2007, estive no Marrocos visitando um projeto imobiliário no qual investi, e fiquei parado em uma colina admirando esse empreendimento. Vi milhares de pessoas caminhando ao redor, como formigas, tantas delas, e me deu um clique – imóveis! Eu não estava pensando em uma cidade na época, apenas em um empreendimento imobiliário. Voltei para a Margem Ocidental e comecei a examinar a possibilidade de construir em Ramallah, porém logo percebemos que um projeto tão grande viraria a cidade de cabeça para baixo e então, em poucas semanas, estávamos trabalhando na construção de uma cidade totalmente nova, do zero.

Não foi fácil. Mesmo que Masri encontrasse empresas e empresários israelenses extremamente colaborativos e prestativos, ele achou que o governo israelense era demasiado frustrante e difícil. "Eu sabia que eles me dariam trabalho", disse ele. (E realmente o fizeram, transformando em um pesadelo burocrático a obtenção de alvarás de construção, água etc.) "Mas fui com tudo e no final conseguimos o que precisávamos." Hoje, muitos empresários e empresas privadas israelenses estão fazendo negócios em Rawabi, para benefício de todos. Como sempre, as pessoas encontram um denominador comum mesmo que os governos assumam determinadas atitudes em benefício de suas bases.

Masri está entusiasmado com a construção de seu Estado. Disse ele:

> A maioria dos países é construída através de uma guerra ou de um golpe. Nós, os palestinos, estamos em uma posição única. Temos a chance de construir um Estado que evolui ao longo do tempo, um Estado modelo, ironicamente em um lugar no qual as nações na região estão desabando ao nosso redor. Podemos construir um Estado modelo, e para isso temos que construir uma cidade modelo e um governo modelo.

Para conseguir fazer isso, ele configura suas empresas segundo o que ele pensa que um Estado modelo deva ser: igual engajamento de homens e mulheres. O sr. Masri é inflexível neste ponto:

> Alguns membros da minha equipe me disseram que temos a maior porcentagem de mulheres em nosso local de trabalho. São 28%! Eu disse que isso não é suficiente. A população feminina é de 50% e é nesse patamar que deveríamos estar.

Isso não é algo para não se levar a sério em uma região na qual há grupos islâmicos ao dobrar a esquina, em Gaza e em outros países do Oriente Médio, que ainda veem a mulher como propriedade do marido. É algo inspirador não só para a região, mas para o mundo inteiro.

Rawabi é uma cidade brilhante sobre uma colina, com edifícios novos de pedras brancas extraídas de uma pedreira próxima. Muitos acreditam que esse projeto é o primeiro passo do povo palestino para assumir o controle de seu próprio futuro, um futuro de indústria, igualdade, liberalismo e empoderamento.

Masri entendeu uma coisa muito simples: se você construir, eles virão. Ele não é seu amigo palestino simbólico. Rawabi não é sua cidade palestina simbólica. Ambos são o que o futuro do povo palestino e do Estado palestino podem ser.

QUANTO MAIS DE PERTO VOCÊ OLHA, MAIS COMPLICADO FICA

Para entender a região e os problemas enfrentados pelo povo palestino, tive que esclarecer os diversos obstáculos com os quais ele está lidando, ditados pela localização geográfica, pelo histórico de conflito, pelas afiliações políticas e pela motivação religiosa. Não se pode generalizar a crítica contra Israel no que diz respeito à condição em que se encontram os palestinos e à situação de seu futuro Estado sem diferenciar estas três facções muito distintas:

- Os palestinos árabes israelenses com plenos direitos legais (embora com preocupações raciais e socioeconômicas legítimas): direitos humanos, o direito de votar, de falar e amar a quem quiserem;
- Os palestinos na Margem Ocidental, que vivem sob uma Autoridade Palestina débil e/ou a presença constante dos militares israelenses;
- Os palestinos sitiados em Gaza, que estão sob bloqueio tanto por Israel como pelo Egito e são governados pela organização terrorista Hamas, de acordo com a terrível lei islâmica Sharia; um regime violento, sem segurança, prosperidade ou direitos humanos básicos.

Uma identidade palestina coerente e a capacidade do povo palestino de definir claramente *para si mesmo* quem é, o que quer e quais valores defende, tudo isso é obviamente crucial para a segurança de

Israel, da região e do restante do mundo, mas é sobretudo crucial para o futuro dos próprios palestinos. Os palestinos não devem mais se definir por aquilo a que resistem (os otomanos, o Mandato Britânico, os sionistas etc.), mas pelo que desejam criar. E eles precisam cair na real com uma pergunta muito básica: Qual é *realmente* a ambição nacional palestina? É ter um Estado e viver lado a lado com Israel? Ou se trata de varrer Israel do mapa e criar um Estado de Sharia?

Posso dizer que, como israelense centrista-esquerdista, continuo a procurar os Bashar Masris da região. Entretanto, até agora, as nações árabes, e depois o povo palestino, recusaram toda e qualquer oferta. As de 1922, 1947, 1948, 1967, 1973, 1994, 2000, 2008 e 2019. Tudo foi apenas um colossal e definitivo "Não".

Nós entendemos o que vocês não querem, mas o que vocês *de fato* querem? Há muitos de nós em Israel – a maioria de nós, na verdade – que aguardam ansiosamente a resposta que permitirá o surgimento de um Oriente Médio pacífico.

PARTE III

Seja

BDS

QUE P. É BDS?

BDS é um acrônimo de três letras que é jogado por aí mais do que pão sírio em um churrasco israelense (que, aliás, chamamos de *mangal*). Mas o que é esse movimento, *realmente*? Se você não esteve em um *campus* universitário nos últimos 15 anos ou não acompanha a região de perto, você pode ter perdido completamente o renascimento desse movimento. Mas se você estiver em algum lugar entre a geração millennial e a geração Z, e/ou associado à esquerda liberal ou aos movimentos de justiça social em qualquer nível, provavelmente você já se deparou com esse termo por aí. Talvez você inclusive tenha achado a causa admirável! Neste capítulo, vamos discutir o movimento BDS, o que ele *diz* que é e do que *realmente* se trata. Também exploraremos as mentiras que difundiu e os danos que causou, e por que precisa ser expulso de qualquer sociedade liberal.

Vamos começar com um rápido resumo do que o BDS afirma ser e por que atraiu tantos jovens estadunidenses. E Roger Waters, baixista do Pink Floyd.

BDS é o acrônimo de Boicote, Desinvestimento e Sanções, e atua para fazer exatamente isso: travar uma guerra econômica contra Israel. Defende o desinvestimento de recursos em Israel, boicota produtos e a área acadêmica israelenses, não faz negócios com empresas israelenses e impõe sanções econômicas a Israel, como as impostas ao *apartheid* da África do Sul. O BDS alega ser uma organização "liderada por cidadãos" e a grande esperança do povo palestino. Ele se apresenta como um movimento com tendências de esquerda que só quer fazer o bem no mundo, e quem pode argumentar contra isso? Em seu site, a declaração oficial é esta:

> Boicote, Desinvestimento e Sanções (BDS) é um movimento liderado por palestinos por liberdade, justiça e igualdade. O BDS defende o simples princípio de que os palestinos têm os mesmos direitos que o restante da humanidade.

Até aqui tudo bem. Eu também defendo totalmente o que foi dito acima. A narrativa popular é que o BDS pressiona por um boicote a Israel apenas *em reação* a políticas israelenses nos territórios ocupados e somente para pressionar o governo israelense a fazer a coisa certa e dar aos palestinos um Estado para que possam viver lado a lado com Israel. À primeira vista, isso também parece bom. É uma mensagem politicamente correta, simpática ao extremo, e provavelmente por isso o movimento ganhou o apoio de alguns membros da Câmara dos Representantes dos EUA, incluindo Rashida Tlaib (do Partido Democrata, representando Michigan); Ilhan Omar (do Partido Democrata, representando Minnesota); e Alexandria Ocasio-Cortez (do Partido Democrata, representando Nova York). Sem falar no ex-líder britânico trabalhista Jeremy Corbyn.

Em apenas 15 anos, o BDS obteve bastante sucesso no sentido de modificar o discurso sobre Israel, infiltrando-se em círculos liberais e se convertendo em uma descolada atividade extracurricular para meus amigos na multidão politicamente correta. O BDS teve um incrível sucesso entre os jovens americanos, que se tornam extremamente ativos nos *campi* universitários e, mais tarde, em todas as esferas da vida, convencendo aqueles jovens americanos (e Roger Waters) de que está apenas atrás de justiça para todos.

Isso não poderia estar mais longe da realidade. Um mergulho no movimento revela uma manipulação bem coordenada da opinião pública estadunidense. O BDS não é o que parece ser, e muitas pessoas por trás do movimento estão trabalhando duro para garantir que desavisados e pessoas bem-intencionadas fiquem no escuro.

Veja como a seguir.

O QUE VOCÊ ESTÁ ESCONDENDO AÍ?

Deixe-me ser clara: o BDS não é um movimento pela justiça *ou* pela paz. O movimento não oferece *nenhuma* solução para a paz *em qualquer lugar*. Os líderes do BDS tentam não dizer isso em voz alta assim, é claro, mas é muito fácil de ver, basta você dar uma olhada. A seguir, os três objetivos declarados do movimento BDS e as questões que convenientemente escolhe ignorar.

Objetivo #1. *Acabar com a ocupação e a colonização de Israel em todas as terras árabes*. Nessa declaração aparentemente inócua, o diabo está nos detalhes. O que, exatamente, eles querem dizer com "todas as terras árabes"? O movimento BDS é intencionalmente opaco, porém seus líderes esclarecem as coisas quando indagados diretamente. O movimento não está interessado na coexistência pacífica da Palestina ao lado de Israel; ele simplesmente quer que Israel não exista. Conforme afirma o fundador do (recente! Chegaremos a isso também) movimento de boicote, Omar Barghouti: "Definitivamente, definitivamente nos opomos a um Estado judeu em *qualquer* parte da Palestina."[1] Palavras bem claras, eu diria.

Objetivo #2. *Obter plena igualdade aos cidadãos árabes-palestinos de Israel.* Abordamos isso também no capítulo anterior. Os palestinos em Israel *têm* plenos direitos. E que maravilha é! Como é que o Hamas trata os palestinos que vivem sob seu domínio em Gaza? Ele espanca manifestantes desarmados, usa munição real e, aleatoriamente, prende e tortura jornalistas. Isso sem falar no assassinato de seus irmãos da OLP e de mulheres por questões de honra, da prisão e tortura de pessoas da comunidade LGBTQIA+. De quem, exatamente, são os direitos pelos quais o movimento BDS luta?

Objetivo #3. *Promover os direitos dos refugiados palestinos de retornar a suas casas e propriedades.* Como você se lembra, este é um dos maiores pontos de discórdia nas negociações de paz israelo-palestinas. Vamos recomeçar com um lembrete de que as guerras de 1948 e 1967 (defensiva e preemptiva / defensiva) foram iniciadas não por Israel, mas por seus vizinhos, que esperavam destruir Israel.

Já abordamos isso antes, mas vamos esclarecer esse ponto novamente, já que o BDS o está usando – *muito*. De 700 a 750 mil palestinos perderam suas casas após a guerra de 1948; hoje 5,6 milhões de "refugiados" estão registrados na UNRWA devido ao conceito distorcido da organização de *status* herdado de refugiado. "Herdabilidade" automática de um *status* de refugiado não existe em nenhum outro grupo de refugiados no mundo, e os palestinos deveriam seguir os mesmos padrões. Você não pode herdar seu *status* de refugiado e então culpar Israel por esse problema.

É óbvio que não é dessa forma que o BDS enquadra as coisas em seu site. Em vez disso, fala de atrocidades israelenses, assassinato, *apartheid*, genocídio e limpeza étnica sistemática. O único problema é que isso é um gigantesco monte de lixo – informação errônea, desinformação mal-intencionada, manipulação, eliminação da história e mentiras descaradas.

Aqui estão alguns exemplos de como informações históricas factuais críticas são deixadas de fora do site oficial do BDS, para conseguir essa manipulação magnífica de americanos inocentes, bem-intencionados e mal-informados (e Roger Waters):

Sobre o estabelecimento de Israel. "Israel foi estabelecido em 1948 pelo deslocamento brutal de quase 800 mil palestinos [...]. Essa limpeza premeditada é conhecida como al-Nakba." Isso convenientemente deixa de fora o fato de que as Nações Unidas concederam aos judeus o retorno à sua pátria ancestral, depois que o povo judeu foi quase destruído no Holocausto; que Israel concordou com o Plano de Partilha da ONU para a constituição de um Estado; que os árabes recusaram e *atacaram o novo Estado judeu a fim de destruí-lo*. Houve literalmente zero limpeza étnica sistemática, antes ou agora, como comprovado pelo fato de que árabes israelenses constituem 21% da população de Israel (e detêm posições de alto nível no serviço público, nas FDI, no governo etc.).

Sobre os refugiados. "A maioria dos palestinos é constituída pelos 7,25 milhões de refugiados que foram forçados a deixar suas casas para dar lugar aos israelenses judeus, sendo-lhes negado o direito de retornar aos seus lares." Isso faz parecer que os judeus invadiram um país altamente desenvolvido e densamente povoado e *expulsaram* 7,5 milhões de pessoas (de onde eles tiraram *esse* número, aliás?). Já vimos isso no capítulo "Uma breve história do Oriente Médio no último século"; é um absurdo.

Sobre Gaza. "Israel executou horríveis massacres de palestinos em Gaza em 2008-2009, 2012 e 2014 [...]. Israel deliberadamente atacou civis palestinos, escolas, hospitais e outras infraestruturas civis." Isso convenientemente não menciona que esses ataques foram em resposta à agressão militar iniciada pelo Hamas, uma organização terrorista que *realmente* massacrou sua oposição interna e impôs a lei da Sharia sobre seu povo. Israel, uma democracia, e Gaza, governada pela organização terrorista Hamas, estão de fato em *estado de guerra*. Entre o ano de 2005 e junho de 2014, 9.062 mísseis e 5.099 morteiros foram disparados contra civis israelenses pelo Hamas.

Em 2018, 1.119 mísseis foram lançados contra civis israelenses. Sim, as FDI reagiram e houve mortes e baixas civis palestinas muito lamentáveis, porém isso ocorre em parte *porque* o Hamas coloca seu quartel-general militar e sua munição em hospitais e escolas. Sabendo que o Hamas coloca seus cidadãos em risco, Israel tem uma "política de bater no telhado", política essa que está muito acima e além de qualquer conduta militar. Essa prática visa evitar baixas civis deixando cair um dispositivo não explosivo como aviso que antecede o disparo de um explosivo. Israel não mede esforços para alertar civis da próxima ação militar, por meio de panfletos, chamadas telefônicas para residências, transmitindo detalhes relacionados a futuros ataques com megafones e no rádio. O Hamas, no entanto, quer o maior número possível de baixas palestinas, então ordena que seus cidadãos fiquem quietos. Isso está de acordo com sua agenda jihadista; manipula a mídia internacional contra Israel e pessoas inocentes pagam com a vida.

Outra pérola sobre Gaza. "Desde 2006, Israel impôs um cerco a Gaza que torna praticamente impossível à grande maioria dos palestinos sair de lá e restringe severamente a circulação de mercadorias para dentro e para fora de Gaza." Nenhuma palavra sobre o fato de que Israel saiu de Gaza em 2005 e recebeu mísseis em troca – e, para começar, é por isso que Israel *e* Egito estabeleceram o cerco. Naturalmente, o BDS também "esquece" de mencionar o Egito. Também "esquece" de mencionar que o Hamas importa munição, lança mísseis e morteiros contra civis, constrói túneis de ataque, promulga a lei da Sharia, força civis a servir de escudos humanos e assassina membros da OLP.

E mais uma. "Israel fez uso de supostas 'preocupações com segurança' para justificar seu cerco a Gaza." A expressão "preocupações com segurança" realmente está entre aspas. Como se essas "preocupações com segurança" fossem falsas! Como se os milhares de mísseis lançados em cidades israelenses nunca tivessem existido ou que o ônibus que explodiu a menos de um quilômetro da minha casa fosse inventado. Como se eu tivesse sonhado.

Em todo o seu site, em todo o seu apelo apaixonado por direitos humanos, o BDS nunca menciona a organização islâmica radical que agora controla, oprime e aterroriza quase metade da população palestina da Margem Ocidental e de Gaza. Fala sobre colonização judaica em massa e, naturalmente, não fala das raízes judaicas na terra ou do fato de que as Nações Unidas concederam aos judeus o direito de retornar à sua terra. Fala sobre milhões de palestinos deslocados, mas não das nações árabes responsáveis pelas guerras que levaram ao seu deslocamento, ou dos milhões de judeus que foram mortos e deslocados de suas casas na Europa e nos países árabes. Mostra fotos de crianças palestinas empinando pipas em Gaza, mas não os balões (e camisinhas!) que têm bombas presas a eles. Fala sobre *apartheid* e direitos legais desiguais, mas não menciona que a maioria dos árabes israelenses preferiria viver em Israel a viver em um futuro Estado da Palestina, ou que alguns deles foram "etnicamente limpos" diretamente para o Parlamento.

Claro que o BDS não menciona nada disso, porque a verdade desmantelaria completamente sua agenda e desligaria aqueles jovens liberais americanos que está tentando recrutar. Ele se apresenta como um movimento que apenas tem a ver com justiça, e tenta alegar que se opõe somente às *políticas* de Israel, não especificamente a judeus em Israel. Isso é uma mentira. A verdade é que o conceito de boicotar os judeus é antigo, surgiu muito antes de Israel ser criado.

ANTI-ISRAEL OU ANTISSEMITA?

Embora você não leia isso nos brilhantes folhetos do BDS, o movimento de boicote precedeu o Estado de Israel. Na verdade, o movimento nada tem a ver com quaisquer disputas recentes de terra na Margem Ocidental ou em qualquer outro lugar.

O movimento árabe de boicote global começou de fato em 1945, com a formação da Liga Árabe – uma organização criada basicamente para impedir que as nações árabes lutassem diretamente umas com as outras (e como está funcionando! Basta ver o que acontece no Iêmen e na Líbia, ou nas inúmeras outras guerras por procuração entre os não membros Irã e Arábia Saudita). Em dezembro de 1945, cinco meses depois do fim da Segunda Guerra Mundial, a Liga Árabe realizou sua primeira ação coletiva: um boicote formal aos produtos da comunidade judaica palestina. Deixe-me repetir – em dezembro de 1945, cinco curtos meses *depois que* o extermínio em massa dos judeus europeus havia terminado e três anos *antes* da criação de Israel, a primeira ação coletiva da Liga Árabe foi uma recusa em fazer negócios com os judeus da Palestina sob o Mandato Britânico. Em uma façanha de desorientação digna de David Copperfield, Estados-membros – Egito, Iraque, Arábia Saudita, Síria, Jordânia, Líbano e Iêmen –, alguns dos quais não eram exatamente os países com sistemas de governança os mais democráticos que se pode encontrar, acharam uma desculpa moral para discriminar os judeus.

Esse movimento de boicote de produtos judaicos prosseguiu após a criação de Israel, quando os árabes decidiram que usariam melhor o seu tempo não se empenhando para criar um Estado palestino que pudesse chamar de seu ou para fazer a paz, mas sim para boicotar os judeus. Em 1947-48, a Alta Comissão Árabe tinha um *braço político real* chamado "Comitê de Boicote" (liderado por Rashid al-Khatib), que supervisionava o boicote de bens e serviços judaicos.[2]

Mais tarde, a Liga Árabe pressionou financeiramente países e empresas internacionais a não fazer negócios com Israel, o que lentamente funcionou. Em seu auge, em 1951, mais de 8.500 empresas estavam sob o controle do Comitê de Boicote.

Por volta da época das guerras de 1967 e 1973, o movimento de boicote perdeu um pouco de seu vigor, porém a ideia permaneceu e, em 2005, ele ressurgiu. O BDS, em sua atual encarnação, foi fundado em 2005 por Omar Barghouti, um palestino nascido no Catar com mestrado e em processo de receber um doutorado pela Universidade de Tel Aviv. Se você não conseguiu captar a ironia, permita-me que eu lhe diga: Barghouti tornou-se um defensor do boicote acadêmico de Israel enquanto estudava para obtenção de um título de uma universidade israelense.

O BDS tem agora uma sede profissional nos EUA, mas ainda se apresenta como um movimento palestino "de base". Também vamos chegar a isso em breve, eu prometo. Então, dada a história antissemita dos movimentos de boicote contra Israel, o BDS é antissemita ou "apenas" anti-Israel? Iremos usar os critérios criados por Natan Sharansky, um renomado ativista de direitos humanos que passou nove anos em uma prisão soviética e foi nada mais que o quarto não americano a receber a Medalha Presidencial da Liberdade concedida pelo presidente dos Estados Unidos. Ele criou um padrão para separar a crítica legítima das políticas israelenses do antissemitismo, e essa estrutura foi adotada pelo Departamento de Estado dos EUA em 2010. É chamado de teste 3D: Deslegitimação, Demonização, Duplo Padrão. Se uma pessoa ou uma organização critica Israel (o que é totalmente válido e legítimo!), porém expressa qualquer um ou todos os Ds citados, temos um vencedor antissemita. O BDS é realmente um vencedor.[3] Aí vamos nós:

- **Deslegitimação.** O BDS descaradamente deslegitima e nega o direito de Israel existir. Não só rejeita a base jurídica para a criação do Estado pela ONU, mas também nega que Israel seja a pátria histórica do povo judeu. Quando indagados, os líderes do BDS afirmam expressamente que Israel de fato não deveria existir em sua versão atual, como exemplificado mais uma vez por Omar Barghouti, bacharel e atual doutorando da Universidade de Tel Aviv: "Sou completa e categoricamente contra o binacionalismo, porque ele pressupõe que existem duas nações com reivindicações morais iguais à terra".[4]
- **Demonização.** O BDS demoniza Israel e os judeus com constantes descrições de Israel como "brutal", "assassino" e culpado de "limpeza étnica premeditada", geralmente apresentando o país como um monstro belicoso. Mais uma vez, quão irônica é essa afirmação quando o mundo árabe tentou historicamente eliminar Israel e Israel está atualmente combatendo uma organização terrorista alinhada com a lei da Sharia. Adicione a isso as postagens antissemitas difamantes e os tuítes de seus dirigentes e adeptos, e o BDS vence essa rodada, sem dúvida.
- **Padrão duplo.** O BDS orgulhosamente exibe a mãe de todos os padrões duplos. Como mencionado, não há sequer uma palavra sobre o Hamas em toda a sua literatura bem cuidada; sobre a lei da Sharia; os ataques suicidas; os túneis de ataque elaborados; as bombas presas a balões e camisinhas; os civis colocados em bases militares; as fábricas de munição em Gaza; e assim por diante. E nem me faça começar a discutir esse duplo padrão do BDS com relação à única democracia estável no Oriente Médio (Israel) em contraposição a *qualquer outro país da região*. Israel está cercado por alguns dos mais cruéis, teocráticos, autocráticos, ditatoriais e opressores regimes islâmicos e por um monte de Estados falidos, mas o BDS destaca *somente* Israel. A liderança do BDS não se importa com a difícil situação dos palestinos, ou com seus direitos humanos, em qualquer outro lugar do mundo – se o fizesse, poderia agir para melhorar as terríveis condições em campos de

refugiados superlotados em lugares como o Líbano, ou pela reforma da UNRWA, que permite que os palestinos permaneçam "refugiados" por três gerações e seguindo indefinidamente.

Duvido muito que toda essa enganação seja um descuido e não um projeto. O BDS está literalmente camuflando suas reais intenções. Sabe que não será capaz de atrair tantos liberais às suas fileiras se expuser sua verdadeira agenda. Eles concluíram, muito sabiamente, que, a fim de ganhar um jogo de longa duração, precisam se infiltrar lentamente nos corações e nas mentes dos jovens, e entendem que para conseguir isso devem mudar o modo de dizer: de "judeus" e "morte a Israel" para "justiça" e "direitos humanos". Entretanto, as ideias e as pessoas por trás delas são as mesmas.

Se você já foi abordado por ativistas do BDS ou cogitou em contribuir com seu tempo ou dinheiro para um movimento que afirma apoiar liberdade e justiça para todos, saiba disso: o BDS é um movimento que está trabalhando ativamente para eliminar o Estado de Israel. Seu cativante *slogan*, "Do rio ao mar, a Palestina será livre" é literal. Os adeptos do BDS gostariam que um país que *existe não mais existisse*. Simples assim.

Quanto derramamento de sangue eles estarão exatamente dispostos a aceitar para que isso aconteça? Ninguém sabe, mas enquanto isso o movimento está causando um dano financeiro real.

Mas não para Israel.

O dano real é para as vidas e os meios de subsistência dos próprios palestinos.

O PREÇO NÃO ESTÁ CORRETO

Israel não é um país perfeito; tem muito a aprender e muitas melhorias a fazer. Contudo, os cidadãos tanto do lado de Israel quanto do palestino estão tentando melhorar suas vidas, um esforço empreendedor de cada vez. A única maneira de permitir que a paz exista entre as duas nações é realmente coexistir: através de experiências do dia a dia, objetivos compartilhados, negócios compartilhados, projetos, refeições – vida! E é isso que muitos líderes do setor privado estão tentando realizar. Ao longo dos anos, empresas privadas e ONGs tentaram viabilizar mais oportunidades para ambas as nações, formando relações pessoais e profissionais. Entretanto, dessa vez os bloqueios não estão sendo erguidos pelos israelenses, mas por ativistas internacionais, e o povo palestino, como sempre, é o que mais sofre.

Como verificamos, o BDS quer colocar Israel sob um congelamento financeiro total. O objetivo é acabar com a colaboração entre israelenses e palestinos e pressionar empresas em todo o mundo, incluindo a Autoridade Palestina, a não trabalhar com israelenses e exigir que todas as empresas saiam da Margem Ocidental. Como já vimos, ali há cerca de 2,9 milhões de palestinos e aproximadamente 464 mil judeus – então, quem você acha que sofre mais com a falta de oportunidade? Sim, os mesmos palestinos que o BDS afirma tentar "salvar". Como declara o jornalista israelense palestino Khaled Abu Toameh:

> A atual economia política palestina, demasiadamente influenciada pelas campanhas do BDS e de antinormalização, equivale a um regime corrupto, insustentável e de apoio ao terror, que está desinteressado no bem-estar econômico de seu próprio povo e no desenvolvimento de um novo Estado.[5]

Há muitos exemplos de pessoas e empresas sendo expulsas, sancionadas, assediadas e ameaçadas por fazer negócios com israelenses. Rami Levy, dono de um supermercado israelense, é um deles; o professor ativista da paz Mohammed Dajani Daoudi é outro. Levy foi assediado pelo BDS pela audácia de simplesmente abrir supermercados na Margem Ocidental (e contratar palestinos pelo dobro do salário oferecido pela AP, além de benefícios sociais) e o professor Daoudi por levar seus estudantes palestinos da Universidade de Al-Quds a visitar o campo de concentração de Auschwitz, e seus alunos israelenses a visitar campos de refugiados palestinos. Tanto o empresário israelense como o professor palestino tentaram promover um entendimento mútuo entre as pessoas e criar oportunidades financeiras especificamente para os palestinos, e ambos têm sofrido ameaças on-line e off-line e sido assediados por ativistas do BDS.

No entanto, o melhor exemplo do tiro pela culatra dado pelo movimento é a impressionante história da empresa israelense Soda Stream, que começou a operar na Margem Ocidental em 2007. A Soda Stream é uma clássica empresa britânica, que foi comprada por um empresário israelense em 2007. O empresário renovou a marca e começou a fabricar uma engenhosa máquina de carbonatação para uso doméstico. Basicamente, ele permite que você faça sua água com gás ou refrigerantes aromatizados na cozinha. Muito legal.

O CEO da Soda Stream, Daniel Birnbaum, tem tudo a ver com o contexto mais amplo. É um ávido defensor da paz e um ambientalista (a Soda Stream promove a eliminação dos plásticos descartáveis). "Cada um que trabalha na empresa lhe dirá que na Soda Stream fabricamos paz, e no caminho também fazemos refrigerante",[6] ele se gaba, mas ele é de agir, não só de falar, e as políticas de sua empresa estão perfeitamente alinhadas com seu discurso.

Em 2007, Birnbaum abriu uma fábrica em Mishor Adumim, na Margem Ocidental, que empregava 1.100 funcionários – 850 palestinos e 250 judeus – uma bela diversidade da região trabalhando junto todos os dias. Os guerreiros de teclado da justiça social do BDS sentiram o cheiro dessa coexistência ofensiva e sua estrutura maníaca foi ativada.

Nabil Bashrat, um palestino que vive na aldeia de Jaba, perto de Ramallah, escreveu:

> O movimento BDS está causando muitos danos aos trabalhadores palestinos. O movimento BDS está pressionando a Soda Stream. Diz que a empresa nos trata como escravos. Isso é mentira. Trabalhamos aqui juntos, árabes e judeus, israelenses e palestinos. Meu salário atual é três vezes maior do que o anterior, e recebo benefícios de saúde para mim e minha família. O BDS não tem interesse nos trabalhadores palestinos.[7]

Ele implorou ao BDS que deixasse a Soda Stream em paz, o que obviamente foi ignorado. Em 2015, a fábrica fechou e foi transferida para o deserto de Neguev, eliminando consequentemente centenas de empregos bem remunerados para os palestinos locais. Excelente trabalho, BDS. (O sr. Bashrat foi um dos sortudos, ele manteve seu emprego na nova fábrica da Soda Stream no Neguev.)

O BDS não impediu que o programa político e social da Soda Stream prosseguisse, e a empresa continuou a trabalhar visando a paz e a coexistência. Atualmente, há 110 palestinos na nova fábrica no deserto do Neguev, e a empresa exibe com orgulho um adesivo em seu produto que diz: "Este produto é feito por árabes e judeus que trabalham lado a lado, em paz e harmonia".

Não se trata de conversa fiada entre colegas em um acolhedor dormitório universitário dos EUA. Esses são os danos da vida real que o BDS está infligindo às pessoas que estão na linha de frente, tentando conviver, sustentar suas famílias e levar uma vida normal e tranquila.

É difícil fazer um cálculo exato do custo em dólares resultante do movimento de boicote, no entanto, segundo todos os relatos, ele é elevado e doloroso. Em 2015, a RAND Corporation publicou uma pesquisa na qual fez uma projeção do custo dos vários cenários do conflito palestino-israelense. Estima-se que o crescimento dessa chamada resistência não violenta (o BDS não denuncia a violência, na verdade) custará à economia palestina aproximadamente US$2 bilhões anualmente.[8] Em cada cenário para uma solução de dois Estados, o PIB de ambas as nações aumenta quando a economia palestina cresce. A falta de colaboração e de coexistência entre os dois povos é terrível para todos. Afinal, um inimigo que você conhece não pode continuar a ser um inimigo por muito tempo.

A meta de todo liberal deveria ser a paz, e para alcançá-la são necessárias *mais* normalização e colaboração, não menos. O BDS chega a boicotar *a própria paz*. O grande avanço relacionado à normalização e aos acordos de paz entre Israel, Emirados Árabes Unidos e Bahrein agora também é alvo do movimento, visto que o fundador do BDS, Omar Barghouti, promete boicotar as empresas árabes que fazem negócios em Israel.[9] Criar acordos e empreendimentos conjuntos em vários campos é crucial para ajudar a cultivar relacionamentos pessoais que conduzirão a uma melhor compreensão, empatia e amor e só auxilia a estabelecer uma base para a paz. Mas os membros do BDS não se importam com tudo isso. "Não falem com eles!", gritam de suas confortáveis salas de estar nos Estados Unidos aos seus irmãos que estão lutando na linha de frente.

Esse movimento sociopolítico e econômico muito badalado promoveu um grande impacto na economia palestina e no bem-estar de seu povo, porém nenhum grande efeito sobre a economia israelense. O PIB e os investimentos internacionais têm aumentado constantemente nos últimos anos, e colaborações militares e econômicas entre Israel e a Autoridade Palestina prosseguem consistentemente.

Então, por que o BDS ainda é tão importante?

Relações públicas. E boas relações públicas podem custar muito dinheiro.

SIGA O DINHEIRO

Não há nada que um guerreiro da justiça social ame mais do que ser ouvido. É uma nova e singular raça humana, criada e amplificada pelas mídias sociais, nas quais todos têm uma opinião e os fatos não são tão importantes quanto a adoção de uma causa aparentemente nobre – uma causa admirável, que faz com que pareça que você realmente se importa com a humanidade. É atrás disso que vai o braço de relações públicas do BDS.

Imagine que você é um calouro, chegando animado à universidade, onde é recebido por uma feira extracurricular, repleta de várias mesas incríveis disputando sua atenção e seu precioso tempo. Você ziguezagueia entre os grupos da vida grega, dos Partidos Democrata e

Republicano e grupos que promovem saúde, animais de estimação ou veganismo. Entre eles, você também encontrará uma mesa de aparência inofensiva, que pede "justiça para os palestinos". Que causa nobre, de fato! Os jovens ativistas à mesa irão convidá-lo para uma sessão introdutória, o que soará fascinante, especialmente se você estiver interessado em justiça, paz ou política. E, assim, o BDS consegue te fisgar.

Aqui está o que é menos conhecido. Essas mesas, de aparência inocente, não representam simplesmente um movimento de base, orgânico, liderado por estudantes, que se difunde por conta própria por causa do interesse autêntico dos participantes universitários. A presença do BDS nas universidades é uma operação política inteligente e bem financiada, cujos patrocinadores e organizadores incluem grupos e indivíduos que possuem vínculos com programas islâmicos.

Eu não inventei isso. Uma pessoa muito mais inteligente do que eu disse isso em seu depoimento juramentado perante o Congresso dos Estados Unidos. Eis o que afirmou o dr. Jonathan Schanzer, ex-analista de finanças do terrorismo do Departamento do Tesouro dos Estados Unidos:

> A sobreposição de ex-funcionários de organizações que prestaram apoio ao Hamas, que agora desempenham papéis importantes [no movimento BDS] [...] fala muito sobre a verdadeira intenção dos componentes-chave da campanha BDS.[10]

Schanzer, agora vice-presidente sênior da usina de ideias da Foundation for Defense of Democracies (Fundação para a Defesa das Democracias), com sede em Washington, DC, é um especialista em descobrir ligações financeiras *projetadas* para serem escondidas. Em seu depoimento, o dr. Schanzer descreve uma teia giratória de vínculos financeiros e relações pessoais entre o BDS e os apoiadores do terrorismo.

A operação da BDS nas universidades estadunidenses representa uma inteligente reformulação de marca da causa palestina, a fim de torná-la mais palatável – e menos assustadora – para o povo americano. As principais figuras do movimento BDS vêm de uma linha particularmente intransigente do nacionalismo palestino, que clama por um Estado da Palestina que se estenda do rio ao mar (sim, sem Israel). Aparentemente, quando viram que sua mensagem não repercutia na sociedade ocidental (o que não é de surpreender, eu diria), decidiram mudar de direção e começaram a verter seus recursos em faculdades americanas, para influenciar futuros líderes e eleitores nos Estados Unidos e na Europa. "A investir no futuro eles estão", como diria Yoda.*

O BDS opera em *campi* universitários de duas maneiras principais. Primeiro são as reuniões, ou sessões de "treinamento e educação". O movimento distribui panfletos ou convites no Facebook para eventos pró-Palestina ou anti-Israel, em que um orador apresentará seus pontos de discussão padrão – informação errônea, desinformação, uma realidade distorcida e a conveniente eliminação da história ou dos fatos. Eles compartilharão uma difícil história pessoal, para criar uma narrativa unilateral que legitimamente enfureceria qualquer ser vivente. A segunda operação crítica é política. Quando chega a temporada de votação na universidade, os representantes do BDS pressionam os estudantes com o objetivo de fazer aprovar resoluções ou referendos anti-Israel no *campus*. Nas semanas e dias que antecedem a votação, o movimento BDS inunda a universidade com essas sessões "educativas", postagens na mídia social e propagandas, que farão com que qualquer voto anti-Israel pareça uma causa legítima, criando grandes divisões entre os estudantes.

Como se vê, é muito fácil inundar uma universidade com propaganda se houver quem possa pagar por isso. Claro, você poderia argumentar que organizações judaicas ou pró-Israel também podem arcar com custos assim. Talvez, mas essas organizações buscam promover a compreensão ou o apoio a Israel, e não *eliminar* outro país ou povo. O que torna o BDS tão diferente?

---

* N.T.: Yoda é um personagem fictício do *Guerra nas Estrelas*, que tem uma maneira diferente de falar, invertendo a ordem dos elementos da frase quando forma sentenças.

A operação do BDS nas universidades é organizada por, entre outros, um grupo em Chicago, Illinois, chamado American Muslims for Palestine (AMP). Durante anos, o AMP, através do patrocínio do Students for Justice in Palestine (SJP), vem enviando estrategistas, especialistas digitais e em comunicações, designers gráficos, editores de vídeo e consultores jurídicos a faculdades nos Estados Unidos, realizando eventos chamativos em hotéis caros, com o propósito de deslegitimar Israel, minimizar as vozes pró-Israel na universidade e assediar estudantes judeus e pró-Israel, com o objetivo de dissuadi-los de seu apoio. A encarnação da cultura do cancelamento. A administração de uma rede tão sofisticada de agentes políticos, de marketing extensivo e reuniões elegantes (pré-covid) em bons hotéis é extremamente cara.[11] Então, de onde vem o dinheiro?

Tentei seguir o dinheiro do AMP e falhei por completo. Ao que parece, eles mantêm a fonte de seu financiamento extremamente obscura. Aqui está o que sabemos:

> O AMP foi constituído no Estado de Illinois, mas não é uma organização isenta de impostos segundo o artigo 501 (c) (3) da legislação tributária norte-americana. Para receber doações isentas de impostos, usa uma organização conhecida como "Americans for Justice in Palestine Educational Foundation (AJP)", localizada no mesmo endereço, como seu "patrocinador fiscal". Ao que parece, a AJP não patrocina nenhum outro projeto.[12]

Agora vamos nos deter nisso, e, por favor, tenha paciência comigo, pois acredito que eles mantenham as coisas complicadas *de propósito*. A estrutura legal do AMP lhe permite evitar registros federais que tornariam suas finanças mais transparentes, sendo estas financiadas pela AJP, que está localizada exatamente no mesmo endereço e não parece financiar mais ninguém; por enquanto, vamos considerá-las como a mesma organização. Então, quem é você, AMP / AJP? E o que isso nos diz sobre o BDS?

Você consegue lidar com a verdade? Aqui está a verdade: alguns dos apoiadores mais significativos do BDS (por meio do AMP / AJP e outros! – mas não temos tempo para todos agora) também apoiam o Hamas. Sim, a organização terrorista, o braço da Irmandade Muçulmana, a única que visa implantar a Sharia. Algumas das pessoas que apoiam essa organização também dão suporte às bases aparentemente inocentes do movimento nas universidades. Sei que soa horrível, porém, uma vez mais, não inventei isso. Vamos passar a palavra novamente ao especialista em finanças do terrorismo:

> A estrutura corporativa do AMP é preocupante, mas empalidece em comparação com a sobreposição significativa entre o AMP e pessoas que trabalharam para ou em nome de organizações que foram designadas, dissolvidas ou responsabilizadas civilmente por autoridades federais pelo fato de apoiar o Hamas.[13]

O dr. Schanzer está se referindo, entre outras, a uma organização denominada Holy Land Foundation (HLF) que, em 2001, foi exposta pelo FBI e considerada culpada por direcionar aproximadamente US$ 12,4 milhões ao Hamas. Sete de seus líderes foram condenados de 15 a 65 anos de prisão, 2 fugiram do país e 5 estão na prisão federal. Alguns dos envolvidos na HLF e outras organizações mudaram de rumo e, essencialmente, dirigiram seus esforços para um movimento lento de ataque terrorista: deslegitimando o direito de existência de Israel. Eles focaram taticamente no BDS, bem como empreenderam um esforço mais estratégico por meio do AMP e da SJP. O AMP e a SJP estão agora financiando campanhas políticas à vista de todos nos *campi* universitários. O depoimento de Schanzer é obviamente complexo, porém suas conclusões são bastante terríveis. Aqui está uma delas:

> Em suma, pelo menos sete pessoas que trabalham para ou em nome do AMP trabalharam para ou em nome de organizações anteriormente fechadas ou consideradas civilmente responsáveis nos Estados Unidos por fornecer apoio financeiro ao Hamas: a Holy Land Foundation, a Islamic Association for Palestine e a KindHearts.[14]

Não irei confundi-lo com todos os detalhes; você pode ler o depoimento completo sozinho. Contudo, o que está muitíssimo claro é que os agentes do BDS no AMP têm laços ocultos e não tão ocultos (incluindo cruzamento de liderança, de membros do conselho, de palestrantes etc.) e um programa muito semelhante ao da falecida HLF e a outras organizações que apoiaram o Hamas. Elas agora estão sendo lustradas e renomeadas com palavras que atraem um ouvido liberal, como "justiça" e "paz". O movimento BDS – em geral por meio de seu braço legal, Palestine Legal – tem frequentemente ameaçado processar pessoas por difamação, então não ficarei surpresa se meus advogados recebem um telefonema deles. No entanto, se eu receber essa comunicação, peço a eles para que se concentrem (por favor!) não no que estou sugerindo (ou no que foi sugerido por outras pessoas) – que suas fontes de financiamento devem ser devidamente analisadas! –, mas na questão central: por favor, digam-me onde o BDS afirma que concorda com a existência de Israel como o único Estado judeu no mundo.

Não estou – deixe-me repetir –, não estou dizendo que o BDS e o Hamas estejam *diretamente* ligados. O que estou dizendo, entretanto, é que esse relacionamento de sobreposição supersuspeita precisa, no mínimo, ser completamente investigado, e decerto totalmente conhecido. E nosso especialista favorito em finanças do terrorismo, dr. Schanzer, está assinalando exatamente isso.

UM CLUBE DE CULTURA CORRUPTO

Vou dar à maioria dos estudantes universitários e ativistas que se inscreveu no BDS um passe livre. Acredito que eles não sabem que estão sendo usados como peões para promover a aniquilação de Israel. Acredito que preferem a democracia à Sharia em qualquer dia da semana. E tenho certeza de que não estão cientes de que o BDS não oferece soluções para paz na região, além de acabar com Israel, ou que seus apelos por justiça não incluam justiça para os palestinos em nenhum outro lugar do mundo. Acredito que não sabem que entre os patrocinadores da atividade do BDS haja partidários do terrorismo.

Mas, e no que diz respeito aos intelectuais e formadores de opinião, como Alice Walker, AOC, Rashida Tlaib, Ilhan Omar e meu saco de pancadas favorito, o sr. Roger Waters?

Em 2006, Roger Waters, ex-baixista do Pink Floyd, foi convidado a se apresentar em Tel Aviv. Em vez de percorrer todo o país para conhecer mais sobre sua história, ele foi apenas para a Margem Ocidental, onde provavelmente lhe foram mostradas algumas realidades horríveis e talvez alguma propaganda bem administrada. Só o Senhor no Céu sabe por quê, mas esse músico talentoso decidiu colocar o poder de suas relações públicas em benefício do BDS. Ele investigou quem está por trás do BDS? Ele investigou o que o movimento BDS realmente quer? Ele verificou os fatos para descobrir a história completa do que aconteceu em 1948? Tenho certeza de que a resposta para todas essas perguntas é "não". É claro que eu realmente não sei a resposta para tais perguntas, mas sei que Waters se tornou ícone infatigável do movimento do boicote: vociferando sobre "justiça para todos" em todos os meios de comunicação possíveis, ignorando como chegamos a esse ponto obviamente inaceitável. A história não significa muito quando se pode obter uma propaganda gratuita, eu acho.

Veja como ele atua. Toda vez que um músico internacional anuncia uma próxima turnê em Israel, o sr. Waters imediatamente lhe envia uma hipócrita carta aberta (claro que é aberta; que sentido haveria se ela não pudesse ser vista?). A carta geralmente é seguida por intensos ataques de trolls nas redes, que muitas vezes assustam o artista em questão, que acaba cancelando seus shows, para a decepção dos fãs e para as dificuldades financeiras dos organizadores locais. (Lorde e Lana Del Rey, estou de olho em vocês.)

Eu não culpo esses artistas; ataques de trolls podem ser algo assustador. E de fato, uma vez que o BDS foi de alguma forma capaz de se autodenominar como a nova e moderna causa politicamente correta, teve algum sucesso com artistas menores que não aguentam a porrada e sucumbem ao que o sr. Roger chama de "piquete" do BDS.

A maior ousadia que ele e o BDS mostram é exigir inclusive de artistas *árabes* que se recusem a se apresentar em Israel para seus fãs *árabes*. O BDS atacou o cantor jordaniano Aziz Maraka, pressionando-o para que não fizesse um show nas comemorações do mercado de rua no Natal na aldeia árabe de Kfar Yasif na Galileia. Maraka ignorou as trolagens e se apresentou para cinco mil fãs empolgados, dizendo depois: "Não estou mais disposto a calar a boca. Não estou disposto que me digam no que acreditar e com quem falar, nem mesmo pelo BDS [...]. Posso dizer agora que o BDS irá pensar duas vezes antes de atacar um artista árabe novamente".[15]

O absurdo de exigir que os árabes que vivem em Israel também sofram um isolamento cultural é de enfurecer. Cada um desses concertos não é apenas um evento musical, mas um motor financeiro e uma máquina de criação de empregos que o BDS quer eliminar. Isso infligiria mais, e não menos, danos aos palestinos. Que hipocrisia dos justiceiros de teclado, desfrutando de suas vidas confortáveis no exterior, do alto de seus pedestais liberais, enquanto prejudicam as vidas e os meios de subsistência dos palestinos em Israel!

Felizmente, o sr. Waters está tendo apenas um sucesso morno em sua cruzada contra Israel, a única democracia no Oriente Médio. Grandes artistas como Radiohead, Paul McCartney, a lenda que é Jennifer Lopez e quase todos os DJs internacionais de sucesso ignoraram o sr. Waters. Mas isso não o impede de tentar. No verão de 2015, os Rolling Stones anunciaram um show em Tel Aviv. Como sempre, receberam a inevitável carta de Waters. Então, liguei para o meu amigo Mick (oops, acho que acabei de soltar um nome aqui) e lhe expliquei apaixonadamente por que ele deveria ignorar a carta e todo o movimento BDS e não cancelar o show. Eu não vou compartilhar o que ele respondeu exatamente, só que foi hilário e inteligente, me acalmando bastante– e a história terminou com os Stones viajando para Tel Aviv naquele verão e fazendo seu show. Foi mais do que épico.

AS DORES DE UMA LIBERAL UM TANTO JOVEM

Sou sionista e também pró-palestina, então não há nada que eu e meus amigos queremos mais do que encontrar uma maneira de *kumbaya*.* Boicotar Israel e restringir a vida do povo palestino – ao estilo BDS – *não é o caminho*. Existem muitas formas construtivas que os liberais realmente podem usar para fortalecer o povo palestino ao mesmo tempo que garantem que Israel esteja seguro e protegido, sem que o Hamas ou o ISIS (ou piores!) assumam o controle. Não sou especialista no assunto, mas irei fazer algumas sugestões:

- Comece incentivando o capital privado e os investimentos na economia palestina. Os palestinos não devem depender de ajuda e apoio internacionais; resiliência econômica deve ser o objetivo número um.
- Encontre maneiras de "encolher o conflito", um conceito divulgado por Micah Goodman em seu livro *Catch-67: The Left, the Right, and the Legacy of the Six-Day War*, no qual ele identificou alguns passos para tornar a vida melhor para todos (incentivar o comércio local e internacional, realocar terras, facilitar viagens ao exterior, expandir os empregos em Israel etc.).
- E por último: todos devem exigir uma liderança palestina responsável.

Tipo, *todos*.

Tudo isso pode substituir imediatamente o absurdo e a futilidade das táticas do movimento BDS e deve ser pesquisado e implementado por qualquer liberal que queira fazer uma diferença verdadeira, fora ou dentro de qualquer universidade em qualquer lugar do mundo. Entrementes, o BDS continua sua investida furiosa e descontrolada, causando danos nos lugares mais surpreendentes.

---

* N.T.: O *kumbaya* é uma canção tradicional afro-americana, que se refere a momentos ou esforços para se chegar à harmonia e à união.

A coisa mais impressionante e perigosa que o BDS conseguiu alcançar é a sua inserção nas principais conversas sociais e liberais em voga nos Estados Unidos, erodindo devagar a legitimidade de apenas um país sobre a terra. Novamente, isso não é por engano. O movimento de boicote usa a interseccionalidade como tática para cooptar queixas sociais legítimas e ganhar a legitimação pública por associação.

Após o terrível assassinato de Trayvon Martin e a absolvição de seu assassino, George Zimmerman, um incrível movimento de base surgiu: BLM – Black Lives Matter (Vidas Negras Importam). Depois que outro homicídio chocou a nação, o de Michael Brown Jr. em Ferguson, Missouri, os ativistas do BDS entraram em contato com os líderes do BLM e ofereceram seu apoio. Afinal, disseram eles, também Vidas Palestinas Importam. O BLM deu as boas-vindas àqueles ativistas do BDS, para choque e decepção das pessoas informadas, para não mencionar a comunidade judaica americana que, em geral, é uma grande defensora do BLM. O mesmo aconteceu com a Marcha das Mulheres*. A maioria dos judeus americanos é liberal; o sionismo foi fundado em ideais liberais e progressistas, e não preciso repisar a opressão dos judeus ao longo de milhares de anos. Os judeus sempre estiveram na vanguarda da luta pelos direitos humanos e pela justiça social, como o rabino Abraham Joshua Heschel, que estava literalmente na *linha de frente* na marcha de Selma a Montgomery, de mãos dadas com Ralph Bunche (o mesmo diplomata da ONU que ajudou a configurar o Plano de Partilha em 1947!) e, obviamente, o dr. King.

Por meio da deslegitimação de Israel, o BDS foi capaz de colocar uma barreira entre a comunidade judaica e esses movimentos extremamente cruciais de justiça social, confundindo intencionalmente todo americano que apoia a democracia e os direitos humanos, republicano ou democrata, que seja também um defensor de

* N.T.: Movimento feminista internacional que se iniciou em 2000 com a finalidade de realizar uma campanha mundial contra a pobreza e a violência contra as mulheres.

Israel, a pensar que os dois não estão alinhados. Isso não poderia estar mais longe da verdade. Israel é o *único país na região* com os mesmos valores das democracias ocidentais, não importa de que lado do mapa político você se posicione. (Lembre-se de que estamos lidando com uma democracia imperfeita, porém única, e com forças do outro lado que são exatamente o oposto do liberalismo *ou* da democracia.) Os ativistas do BDS classificam cada liberal pró-Israel como um PEP, "Progressive Except for Palestine" (progressista à exceção no tocante à Palestina), que é apenas mais um exemplo de invocar a política de identidade em vez de tentar ganhar seu ponto de vista por meio de uma discussão ponderada sobre valores liberais. É de partir o coração, e precisa acabar.

A questão é a seguinte. Sou uma feroz defensora da liberdade de expressão, inclusive de discurso de ódio, então os ativistas do BDS certamente têm o direito de falar e até de mentir! Mas como o BDS está *propositalmente* escondendo suas intenções, também tenho o direito de expor esse intento pelo que ele é: um plano nefasto de destruir uma só democracia sobre a face da Terra (que também é judaica, mas talvez isso seja apenas uma coincidência?), enquanto se esconde atrás do papo furado da linguagem politicamente correta. Como de costume, o dr. Jonathan Schanzer falo sobre isso da melhor forma: "Os americanos têm o direito de saber quem está por trás da campanha do BDS. Assim como também os membros da campanha do BDS, que podem não compreender plenamente a sua história".[16]

A maioria dos americanos não sabe quem são essas pessoas, e, pelo bem da nossa democracia, isso precisa acabar. O BDS é um movimento no qual muitas vezes pessoas de má-fé se aproveitam daquelas com pouco conhecimento. O BDS alinhou-se habilmente a vários movimentos de direitos humanos e civis e a um programa anti-*apartheid*, mas isso não passa de uma falsa relação.

Confundir esses movimentos é um insulto aos movimentos de direitos humanos, ao movimento anti-*apartheid* e aos negros americanos.

Que a fervura
do caldeirão
cultural
não derreta
a todos nós

UM PEIXE ISRAELENSE EM SÃO FRANCISCO

Eu tinha 19 anos quando viajei aos Estados Unidos pela primeira vez. Ainda estava no serviço militar ativo, mas convenci meus comandantes a me darem permissão de sair do país para procurar escolas de teatro no EUA (deixar o país enquanto se está em serviço ativo não é um problema hoje em dia, porém não era permitido na época). Meu pai e eu aterrissamos em São Francisco e na manhã seguinte eu o arrastei à varejista Gap para que eu pudesse comprar algumas roupas bem americanas. Eu estava olhando sem compromisso as prateleiras quando uma linda mulher se aproximou de mim. "Oi! Como vai?", ela perguntou alegremente. Virei a cabeça e a encarei, desconfiada. "Te conheço?" "Não, eu só queria saber como você está! Se precisar de alguma ajuda, me avise!" Fiz uma pausa, verdadeiramente intrigada. "Estou bem", eu disse finalmente, e a mulher foi embora, certamente convencida de que essa jovem era a pessoa mais rude que ela já havia conhecido. Eu, é claro, não achei que estava sendo rude. E eu não tinha ideia do porquê aquela mulher estava falando comigo. Ela não me conhecia, então por que se esforçava tanto para ser legal?

Alguns anos mais tarde, mudei-me para Los Angeles e pouco depois fui convidada para o meu primeiro encontro. O cara veio me buscar e enquanto caminhávamos até o carro, ele foi direto para o lado do passageiro e abriu a porta. Eu dei a ele o mesmo olhar desconfiado. "O que você está fazendo?", perguntei. O cara ficou confuso. "Eu estou [...] abrindo a porta para você?". Fiquei irritada. "Eu sei abrir uma porta sozinha." Ele sorriu e provavelmente achou que eu fosse adorável, porque acabamos namorando um pouco depois disso. Mas eu não estava fazendo joguinhos. Eu havia ficado realmente ofendida com aquele gesto cavalheiresco. Como você ousa sugerir que eu não posso abrir sozinha a porta do carro??

Um peixe na água não sabe que está na água, e eu não fazia ideia de que meu comportamento era... singular. Achava que estava apenas sendo "real". Quase todo mundo pensava que eu era indelicada, rude, agressiva ou, a característica favorita de todos: "Noa, você é tão *intensa*!". Eu falava muito com as mãos; começava muitas frases com a palavra "Ouça"; e em geral eu sentia que, se eu não lançasse minha "verdade" para as pessoas, eu estaria sendo desonesta com elas. Eu também usava um gesto de mão específico que em Israel significa "Espere um minuto" e em outras culturas significa "foda-se". Depois de alguns anos morando nos EUA, aprendi que meu comportamento poderia, em geral, ser descrito como "israelense".

Até agora, neste livro, percorri a história cronologicamente, como um atrevido Ken Burns.* Mas vou usar este capítulo para abordar questões internas do país menos conhecidas, como "Quem é um israelense?"

No documentário *David Crosby: esse é meu nome*, Crosby dá uma definição muito simples de *síntese*: "quando você pega coisas totalmente separadas e as junta para criar algo novo". Essa é uma ótima maneira de descrever os israelenses. Somos um bando de vira-latas refugiados vivendo lado a lado, enquanto criamos uma raça inteiramente nova. Israel é como uma experiência mundial em assimilação e imigração de refugiados, misturando culturas enquanto se mantém sempre na defensiva, e provavelmente por isso dou a impressão de ser "agressiva". Velhos hábitos custam a morrer.

Israel também é uma sociedade informal que não perde tempo com decoro cerimonial desnecessário. Meu cunhado se casou de jeans, e ninguém ligou. Quase todo político tem um apelido, e esse apelido não é usado como forma de condescendência, mas de intimidade. O primeiro-ministro Benjamin é Bibi, o primeiro-ministro suplente Benjamin é Benny. Tziporah é Tzipi, Isaac é Bougie; Reuven é Ruvi.**

Os israelenses riem de si mesmos mais do que você pode imaginar, e *nenhum tópico* fica de fora. Você sabe quantas piadas sobre o Holocausto temos em Israel? Muitas. Você sabe como foi quando tentei contá-las em um jantar em Los Angeles? Nada bem. Em Israel, não acreditamos no politicamente correto. Acreditamos em sermos honestos, ou, como meu pai costumava dizer, somos do "departamento do *tahles*".***

Israel é hoje um mosaico moderno, uma sociedade bem integrada, porém dividida. Uma sociedade assombrada por velhos traumas e,

---

* N.T.: Kenneth Lauren Burns é um cineasta americano conhecido por seus documentários e séries de televisão, muitos dos quais narram a história e a cultura americanas.

** N.T.: Respectivamente, Benjamin Netanyahu; Benjamin Gantz; Tziporah Livni, ex-membro do Parlamento israelense, ex-vice primeira-ministra, ex-ministra da Justiça e das Relações Exteriores e ex-líder da oposição; Isaac Herzog, atual presidente de Israel; Reuven Rivlin, presidente de Israel de 2014 a 2021.

*** N.T.: Forma em ídiche, derivada do hebraico *tahlit*, isto é, objetivo, que na gíria significa "direto ao ponto", "sem rodeios".

ao mesmo tempo, imersa na *joie de vivre*. Sim, isso soa como um paradoxo, mas também o é todo o conceito do ressurgimento de Israel.

Então. Quem *é* um israelense? Legalmente, é qualquer pessoa nascida em Israel, filho de um ou de ambos os pais israelenses, ou qualquer pessoa que emigra ao país ou nele viveu por alguns anos e passou pelo processo de naturalização.

Culturalmente, no entanto... bem, culturalmente, é complicado. Como vimos nos capítulos anteriores, Israel é um Estado de refugiados e, portanto, um verdadeiro caldeirão de culturas. De russos a etíopes, de membros de *kibutz* a ultraortodoxos, de progressistas a colonos a árabes cristãos a muçulmanos e drusos.

Os israelenses são como uma caixa de chocolates – você não sabe exatamente o que tem dentro, mas pode ter certeza de que terá opinião para tudo.

UMA SOCIEDADE MISTA, NÃO AGITADA

A população de Israel, no início de 2020, era de 9.246.000 habitantes dos quais, aproximadamente, 74% judeus, 21% árabes e 5% que se identificam como Outros.[1] Entre a população árabe, há 84,8% de muçulmanos, 7,4% de cristãos e 7,8% de drusos. Dentro da comunidade judaica, 45% se descrevem como seculares, 25% como tradicionais, 16% como religiosos e 14% como ultraortodoxos ou *haredim**.[2]

Naturalmente, uma pessoa secular é uma pessoa secular no mundo todo. Isso inclui ateus e agnósticos, mas também pessoas que se definem culturalmente como judeus, mas não observam os preceitos religiosos. Elas comemoram as grandes festas judaicas, porém mais como algo familiar.

Alguém que se define como tradicional é similar ao cristão estadunidense que vai à igreja na Páscoa, mas não todos os domingos, e visa

* N.T.: Singular masculino: *haredi*; singular feminino: *haredit*; plural: *haredim*.

manter uma vida alinhada com os ensinamentos de Cristo. Em Israel, os judeus tendem a se manter principalmente a *cashrut* (portanto, não comem carne de porco e mariscos), e, enquanto relaxam aos sábados para celebrar o *shabat*, podem levar a família para uma caminhada ou para assistir a um jogo de futebol. Eles estão interessados no "espírito da lei", mas não são tecnicamente praticantes.

Os religiosos seguem as leis rabínicas que considerem praticáveis. Eles se abstêm de trabalhar e de dirigir no *shabat*, mantêm a *cashrut*, possivelmente usam um solidéu e seguem as tradições judaicas. Todos esses descritos anteriormente são membros ativos de Israel e contribuintes plenos da sociedade, da economia, da força de trabalho, da força militar, da cultura da cidade.

Os 14% de *haredim* são uma história diferente, e eles se abstêm sobretudo de se relacionar com os demais. Usam aquelas roupas pretas distintas e chapéus de pele e são os mais praticantes religiosos entre o povo judeu. Falarei mais sobre eles depois.

Os cidadãos árabes de Israel são cerca de 1.946.000 pessoas, 21% da população israelense, entre eles muçulmanos, cristãos, beduínos e drusos, autodefinidos como árabes israelenses ou palestinos israelenses. Entre eles, 12,1% se definem como seculares, 55,2% como tradicionais e 29,5% como religiosos ou muito religiosos, incluindo aproximadamente 145 mil drusos.[3] Em 1957, os drusos foram reconhecidos como uma comunidade religiosa distinta em Israel – o único país a conceder esse desejo aos seus líderes. Os drusos são soldados incríveis e estão super-representados, tanto na política israelense quanto no mais alto escalão das FDI, e muitos se descrevem como árabes drusos sionistas.

Não há nada de coeso, eurocêntrico ou mesmo "branco" na sociedade israelense. Além dos grupos religiosos listados, há samaritanos, bahais, circassianos, armênios e, claro, os ocasionais cientologistas. Das tribos beduínas que vagaram pelo Oriente Médio por séculos aos judeus oriundos da Península Ibérica que vivem em Jerusalém há gerações, aos árabes que ficaram depois da guerra de 1948, aos milhões de novos imigrantes e refugiados que encontraram um porto seguro em Israel, cada cultura trouxe consigo suas características distintas e tradições culturais, comida, música, história e arte.

No entanto, durante os primeiros dez anos do novo Estado, em vez de organicamente permitir que o conteúdo do caldeirão derretesse, a liderança original quase queimou o prato.

* * *

A "Política do Caldeirão Cultural" foi um termo usado para descrever a necessidade de misturar essa diversidade de refugiados em uma única nação. Não era uma política oficial do governo, mas um objetivo idealista instigado e propugnado de longa data pelo primeiro-ministro Ben-Gurion e seu Partido Trabalhista. A intenção era negar completamente a diáspora, mesclar as diferentes culturas que os imigrantes trouxeram consigo e criar um *ethos* unificado para a nação. Como sabemos pelos resultados dessa política hoje, uma ótima maneira de descrevê-la seria "O caminho para o inferno está pavimentado de boas intenções".

Ben-Gurion era a voz da nação e seu partido, o executor de suas ideias. Inspirado no *ethos* do *melting pot* americano, Ben-Gurion sabia que a assimilação cultural geralmente levava décadas se não séculos. Sem dispor do luxo do tempo, ele decidiu que Israel deveria fazer isso ontem. O país mal ganhara a guerra de 1948; havia constantes ameaças de fora e de dentro, estava sujeito a enorme boicote árabe, e o lugar foi inundado com milhões de refugiados de todos os lugares do mundo. O país dobrou sua população em dois anos e triplicou em menos de dez, um evento sem paralelo na História mundial. A situação era terrível: não havia moradia para os recém-chegados; foram anos de austeridade e subsídios governamentais; e as pessoas lutavam pela sobrevivência. Ben-Gurion era pragmático e sabia que precisava de uma história que pudesse unir todos os refugiados, as pessoas deslocadas, os sobreviventes do Holocausto e as pessoas devastadas pela guerra e atingidas pela pobreza. A seguir suas palavras:

> Estamos trazendo para esta terra um povo único [...]. E é nosso dever amalgamar novamente esse público enorme e diversificado

> e moldá-lo na forma da nova nação. Devemos erradicar todos os limites geográficos, culturais, sociais e linguísticos que separam o povo e dotá-lo de uma língua, uma cultura, uma cidadania, uma lealdade, com novas regras e um novo sistema legal.

Faz sentido, certo? Em poucas palavras, a narrativa do Partido Trabalhista na época soava mais ou menos assim: "Estamos criando o novo judeu! Ele(a) é maravilhoso(a)! Forte! Não um cordeiro levado ao matadouro! Nada desse negócio de *shtetl* ou de *darbuka**! Somos laicos! Trabalhamos a terra e evitamos os velhos costumes de nossos pais, velhas tradições, velhas religiões e velhos rituais familiares! Trabalhamos duro e – o dinheiro é uma merda! O coletivo é o *melhor*! Sim, nós podemos!"

Ok, dá pra ver aonde quero chegar com isso. O governo trabalhista queria criar uma identidade coletiva para a nova nação, então modelou essa identidade segundo a única que conhecia: a dos pioneiros e sionistas que estiveram ali antes de um Estado ser criado. Ou seja, segundo sua própria identidade. O que não levou em conta foi que a demografia estava mudando e ele não conseguiu adaptar sua história a essas mudanças. O Partido Trabalhista da época ignorou e descartou milhares de anos de *outras* tradições, principalmente as norte-africanas. Sua visão era idealista, mas a implementação foi horrível.

Zohar Yakobson é minha empresária e irmã de coração. Ela emigrou do Marrocos para Israel em 1967, logo após a Guerra dos Seis Dias. No Marrocos, seu pai era um bem-sucedido alfaiate de alta-costura, que criava meticulosamente ternos de três peças para as elites locais a partir de tecidos que ele pessoalmente adquiria a cada temporada em Paris. Eles moravam na cidade liberal de Fez, na qual sua mãe administrava a casa, cercada de ajuda, e cuidava da enorme família como uma leoa. A vida era cheia de amor, música, comida e celebrações. As coisas

* N.T.: Um instrumento de percussão, um membranofone tradicional, considerado um dos instrumentos principais dos conjuntos árabes.

ficaram difíceis para eles quando os sentimentos começaram a mudar e seus vizinhos, antes amigos íntimos, voltaram-se contra os judeus. Zohar se lembra de uma ocasião em que o pai estava tirando as medidas de um antigo cliente e amigo para outro terno, quando os filhos dele invadiram a loja e arrastaram violentamente o pai, ordenando que ele nunca mais voltasse a falar com aquele "judeu sujo". "Começamos a sentir animosidade em todos os lugares", diz ela. "O antissemitismo explodiu ao nosso redor. Tornou-se perigoso andar na rua. Tivemos que sair". Eles estavam sendo empurrados para fora.

A família decidiu que sua melhor chance de sobrevivência era realizar o sonho de retornar a Jerusalém, e foi o que fez. A magnífica família deixou sua vida, sua casa e todos os seus objetos de valor para trás e emigrou às pressas para Israel. "E foi um inferno." A família de Zohar foi colocada pelo departamento de imigração do governo na cidade sulista de Beersheba, no bairro pobre D. "Havia vigas de madeira onde as escadas deveriam estar", ela me conta. A família desmoronou. O pai, o grão-mestre da casa, perdeu 30 quilos e sua honra, recorrendo à costura de botões nas calças dos soldados das FDI, muito longe de sua fabulosa vida parisiense do passado. O Partido Trabalhista, que era muito bom na construção de *kibutzim* e comunidades agrícolas, era péssimo na construção de espaços urbanos, e a cidade carecia de uma economia adequada, indústria ou qualquer tipo de sistema capitalista, portanto, não havia possibilidade de ascensão social. Era uma vida sem saída e, sendo uma adolescente, a raiva de Zohar aumentou. Além de não haver possibilidades financeiras, a nova cultura a ela imposta estava fora de sintonia.

"Eles nos colocaram na escola e começaram a nos ensinar umas merdas que não tinham nada a ver com a gente. Por que nos ensinavam Bialik e Tchernichovsky,* poemas do *shtetl*, sem qualquer contexto? Como essa narrativa estava conectada a mim ou à minha família de alguma forma?". Ela estava certa.

---

* N.T.: Chaim Nachman Bialik e Shaul Tchernichovsky, considerados os principais poetas hebreus de sua época.

A primeira narrativa israelense que foi imposta a *todos* era completamente estranha para milhões de pessoas que vieram com suas próprias histórias. A história do Zohar era repleta de amor, risos e tradições judaicas próprias. A história do *kibutz*, do pioneiro que trabalha-a-terra-com-as-próprias-mãos, secular e ligeiramente socialista, a história da minha *safta* Fania, não servia para todo mundo, e foi um grande erro tentar impô-la. Sério, quem decidiu que um violino é superior a uma *darbuka*?

Com todo o devido respeito ao sonho da velha guarda de um caldeirão cultural, o multiculturalismo não pode ser forçado, e culturas antigas e esplêndidas não desaparecem simplesmente, nem devem desaparecer. A sociedade não se solidifica em uma nação homogênea às pressas. Esperava-se que todos, inclusive meus avós, mudassem seu nome e abandonassem todas as suas antigas tradições culturais, seja de uma diáspora europeia perseguida ou de uma *vibe* oriental, o que plantou as sementes do desequilíbrio de classes, falta de oportunidades, divergências políticas e frustrações justificadas que se manifestaram em tudo, de grandes tumultos a uma música fantástica.

Ben-Gurion e sua equipe achavam que estavam fazendo a melhor coisa para um bem maior. Entretanto, eles não agiam por puro idealismo. Havia, é claro, outra razão pela qual tentaram forçar *sua* cultura sobre todos os demais.

TODO MUNDO É MEIO RACISTA

Espera aí! Eu não disse isso! Foi Princeton e Kate Monster que disseram!

Esses são, é claro, as duas marionetes adoráveis do *Avenue Q.*, ganhador do prêmio Tony de 2004 nas categorias de melhor livro, melhor trilha sonora original e melhor musical. O musical, brilhantemente escrito por Jeff Marx, Robert Lopez e Jeff Whitty, estava à frente de seu tempo em muitos aspectos. Nele, um grupo misto de marionetes e seres humanos convive em uma avenida ficcional na cidade de Nova York e, de uma maneira espetacular e não politicamente correta, lidam com os problemas da vida: trabalho, amor e, sim, racismo. Imagine essas palavras proferidas pelas doces e alegres marionetes Princeton e Kate Monster:

> Todo mundo é meio / Racista, às vezes,
> Não significa que andamos por aí cometendo / Crimes de ódio.
> Olhe ao redor e / Você encontrará,
> Ninguém tem realmente / Cegueira de cor.
> Talvez seja um fato / Que todos devamos enfrentar
> Todos fazem / Julgamentos...
> Baseados na raça.

Aprendi isso da maneira mais difícil aos 14 anos, quando tive meu primeiro namorado. Ele era um ano mais velho, bom aluno, simpático e respeitoso – um bom moço. Quando contei ao meu pai sobre o namoro, toda animada, a primeira pergunta que ele me fez foi: "Qual é o nome dele?".

"Gaby", respondi.

"Não", meu pai esclareceu e repetiu incisivamente. Qual é o *nome* dele?"

O que meu pai estava perguntando era o *sobrenome* do meu namorado, o que lhe indicaria se ele era asquenazita, de origem europeia, ou *mizrahi*, de origem norte-africana e espanhola.

O racismo é um dos atributos menos louváveis da humanidade, e, veja só, existe inclusive entre os próprios judeus. Então, sim, vamos abordar o racismo *dentro* da sociedade judaica israelense. E aquele que está prestes a ficar ofendido – que vá catar coquinhos.

A fonte do inquérito discriminatório do meu pai asquenazita era a pressuposição de que asquenazita é melhor que *mizrahi*. Permita-me discordar totalmente, por *inúmeros* motivos.

Os milhões de pessoas que emigraram para Israel não foram tratados, no início, da mesma forma. A velha guarda do Partido Trabalhista tratou "os *nossos*" de modo muito diferente dos imigrantes do Norte da África ou de membros da direita política. Para sermos justos, os problemas não tinham a ver apenas com a colocação dos imigrantes do Norte de África em locais remotos. Os imigrantes da Europa Oriental também foram colocados pelo governo em cidades esquecidas e em tendas em campos de refugiados chamados de *maabarot*, e, se você não fizesse parte do Partido Trabalhista, teria muito mais dificuldade para sobreviver ou subir de cargo (como meu bisavô Nachum Tishby, que não era membro do Partido Trabalhista e não se tornou ministro do Comércio e da Indústria, apesar de ter iniciado nessa função). Se você não fizesse parte da rede de poder, você não tinha um sistema de apoio para ajudá-lo a seguir em frente, o que causou graves repercussões para gerações de imigrantes.

Um clamor sobre essa discriminação explodiu na esfera pública pela primeira vez 11 anos após o estabelecimento do país, nas manifestações de 1959 em Wadi Salib, um bairro de Haifa. Os tumultos alertaram o restante do país à parte sobre más condições de vida e o abandono dos imigrantes majoritariamente marroquinos no bairro. O governo lidou com a crise localmente, no próprio bairro, realocando os moradores e proporcionando-lhes melhores condições de vida, porém não abordou a crise geral, que continuou em todos os outros locais.

Em 1971, o movimento dos Panteras Negras Israelenses eclodiu no bairro de Musrara em Jerusalém. Foi comandado por cinco poderosos imigrantes do Marrocos, e seu líder era um jovem carismático chamado Saadia Marciano, "o herói das montanhas do Atlas". (Não quero objetificar esse importante líder político, então não vou contar como ele era bonito, mas sugiro que você pesquise no Google.)[4] Os Panteras exigiam o fim da discriminação e o início de um financiamento governamental adequado destinado a grupos negligenciados no novo Estado. Eles foram, é claro, pontuais. A velha guarda asquenazita reagiu criticando a *forma* como os manifestantes agiam, como Golda Meir comentou condescendentemente: "Eles não são simpáticos". Creio que eles estavam esperando um protesto educado, como todos os políticos fazem.

Essa divisão pode ser identificada até os dias de hoje na política interna. A fissura setorial interna – ou, como às vezes é chamada, o "demônio setorial" – ainda é um forte impulsionador dos padrões de votação dos israelenses.

O carismático líder e fundador do Partido Likud, Menachem Begin, um russo nascido na Bielorrússia, foi o primeiro a ver nessas queixas reais um capital político e aproveitá-las em seu benefício. Begin, na qualidade de ex-líder da organização clandestina Etzel, também havia sido discriminado e desprezado no jogo político por anos. Orador brilhante, ele foi capaz de falar de forma autêntica sobre suas experiências e se relacionar com aqueles que também foram deixados para trás, os "esquecidos". Ele abrandou suas tendências revisionistas e voltou-se para o centro do mapa político, transformando essas queixas legítimas no principal pilar do programa político do Likud. Ele fez campanha naquelas mesmas cidades que absorveram as grandes imigrações de judeus na década de 1950, que viviam em tendas ou barracões, criadas pelo Partido Trabalhista e negligenciadas. Em 1977, na curta história de Israel, o Likud derrotou o Partido Trabalhista nas eleições.

Begin também era um mestre em aproveitar a cultura pop e, em 1981, o Likud foi reeleito depois de se apropriar habilmente de um termo pejorativo usado por um ator falecido. A palavra *tchahtchahim* é praticamente impossível de pronunciar, mas era comumente usada para menosprezar os judeus *mizrahim*. Horrível. Quando o falecido ator a usou em um comício político para descrever os eleitores do Likud, Begin aproveitou a oportunidade e em um discurso espetacular arrasou com o ator e se apropriou totalmente do termo, que não é muito diferente dos "Deploráveis" de alguns anos atrás, um termo que causou enormes problemas para uma certa candidata presidencial dos EUA você sabe quando.* Dois dias depois do "discurso dos *tchahtchahim*",[5]

* N.T.: Menção a Hillary Clinton, candidata à presidência dos EUA em 2016. Em um discurso proferido em um evento de arrecadação de fundos, ela chamou os partidários de Donald Trump de um "grupo de deploráveis", de pessoas que são racistas, homofóbicas, sexistas, xenófobas e islamofóbicas.

Begin foi reeleito. Desde os dias de Begin, um vínculo quase inquebrável foi criado entre o Partido Likud e a periferia do país, enquanto o Partido Trabalhista e a centro-esquerda continuam a jogar na defesa.

Contudo, apesar dos políticos que ainda usam suas "origens" para manipular a mídia e inflamar sua base, houve uma surpreendente polinização cruzada em todas as demais áreas da tessitura do país: comédia, arte, campo acadêmico, gastronomia, música, moda, aplicação da lei – *em todos os lugares*. O resultado dessa mescla de culturas é um novo e autêntico personagem israelense, que se moldou por conta própria.

Depois de quase 100 anos entrelaçando culturas ao mesmo tempo que se lutava em guerras de sobrevivência, surgiu uma nova geração de judeus – que cresceu cercada por poloneses, turcos, árabes, romenos, marroquinos ou alemães mais velhos e, ao contrário deles, não se importava com sobrenomes. Esse judeu não era mais um coitadinho morador do *shtetl*, mas um lutador enérgico, impulsionado pela sobrevivência. Agressivo por fora e doce por dentro, esse judeu é chamado de *sabra*.

Sabra é a palavra hebraica para o fruto de um cacto. Sim, o cacto tem um fruto chamado figo-da-índia, que é também espinhoso. Mas, depois que você consegue encontrar o caminho entre os espinhos e a casca áspera, a polpa é surpreendentemente macia e doce. Essa é, na mosca, a magnífica metáfora do novo israelense. (O *homus* da marca *Sabra*, que você pode achar em sua mercearia local, deriva seu nome do povo, não do fruto!)

Se você já lidou com um israelense comercial ou pessoalmente, ou mesmo se acabou conhecer um de nós no elevador ou no saguão de um hotel, provavelmente está sorrindo (ou suspirando). Você sabe do que estou falando. Há uma *coisa* a respeito dos israelenses. Temos uma certa fama que nem sempre é a melhor. Um *sabra* é áspero por fora até você conhecê-lo, e então ele passar a ser seu melhor amigo para toda a vida, tão leal quanto um labrador retriever. Uma *sabra* é alguém que vai brigar com o cara com quem tem um encontro romântico e que se atreve a abrir a porta do carro para ela ou que vai confrontar uma vendedora na Gap.

DEUS ESTÁ NOS DETALHES DO PODER POLÍTICO

Em seu livro *Flexigidity*, Gidi Grinstein levanta a hipótese de que o aspecto mais fundamental do judaísmo é sua capacidade de se adaptar, de ser rígido e flexível ao mesmo tempo. Como ele explica: "Os judeus não são poderosos, eles são apenas muito resilientes", e sai em busca dos motivos por trás dessa resiliência. Desde os dias do Primeiro Templo em Jerusalém, há milhares de anos, até os dias de hoje, alguns rituais judaicos permaneceram iguais, outros evoluíram e ainda outros foram descartados. Os *haredim* fizeram o possível para manter acesas as antigas tradições.

Os *haredim* são os membros ultraortodoxos e extremamente praticantes do mundo judeu. Você os conhece como aqueles que ostentam grandes barbas, usam ternos pretos e grandes chapéus de pele, e geralmente têm famílias enormes. Você saberá bem quem são se assistiu à série americana *Nada Ortodoxa* ou à série israelense *Shtisel*. No entanto, mesmo que as comunidades de *haredim* pareçam antigas, elas constituem na verdade um fenômeno relativamente novo.

O movimento *haredi* se desenvolveu na Europa nos séculos XVIII e XIX como resistência ao Iluminismo, que havia se difundido pela Europa e também penetrado nas comunidades judaicas. Por volta do ano de 1782, alguns países da Europa emanciparam seus judeus e começaram a lhes conceder direitos civis, permitindo que frequentassem escolas e universidades, tivessem terras próprias etc. Esse processo, juntamente com os ventos da transformação intelectual, permitiu que os judeus finalmente deixassem seus *shtetls* isolados e começassem a se fundir nas sociedades europeias. Temendo que as tendências de modernização pudessem causar um êxodo do judaísmo, os rabinos da velha guarda criaram as dinastias de *haredim*.

Haredi em hebraico deriva de *hared*, que literalmente significa "temor".[6] E, quando as pessoas temem, elas reagem com força. O sistema *haredi* segue a versão mais rigorosa do judaísmo, uma visão puritana da lei que busca seguir à risca todas as tradições, incluindo orações, hábitos alimentares, relacionamentos pessoais, cultura, educação e até sexo. Os *haredim* vivem em comunidades fechadas em bairros e cidades de Israel (e em outros lugares do mundo, como no Brooklyn) e mantêm um modo de vida do Velho Mundo. Existem muitas dinastias diferentes com tradições distintas em Israel e no mundo, mas de modo geral seu propósito na vida é Deus e a Bíblia, com ênfase nas uniões familiares e na tradição judaica. O que é ótimo, na medida em que todos têm o direito de viver como quiserem. No entanto, há um problema em como esse modo de vida se manifesta na sociedade israelense.

Israel foi criado como a pátria do povo judeu – um Estado culturalmente judeu, secular, cheio de pessoas que falam hebraico e relaxam no *shabat*, mas que não são necessariamente religiosas. No entanto, após o Holocausto, o número dos ortodoxos da velha escola estava no nível mais baixo de todos os tempos, e embora o primeiro primeiro-ministro de Israel, David Ben-Gurion, fosse secular, ele entendia que respeito e atenção deveriam ser dados a esses tradicionalistas da velha guarda. Pouco depois do estabelecimento do país, o novo governo laico e o rabinato da velha guarda concordaram em dar aos meninos que queriam estudar a Torá uma liberação do serviço militar. Havia cerca de 400 jovens de *yeshivá** em 1951, e eles conseguiram escapar das forças militares para mergulhar profundamente nas Escrituras. Isso foi naquela época.

Desde então, a comunidade *haredi* tem aumentado mais rapidamente em porcentagem do que a comunidade secular, e ela entrou no jogo político israelense para criar seus próprios partidos. Israel é uma democracia parlamentar, com 120 assentos no Knesset. Pelo fato de ser uma democracia vibrante, qualquer um pode criar um partido, e qualquer partido pode concorrer ao governo: basta uma coalizão com a maioria dos 120 assentos. Os *haredim* agora têm dois

* N.T.: Em hebraico *yeshivá* (plural *yeshivot*) é a instituição educacional judaica focada no estudo do Talmude, do Pentateuco e do pensamento judaico.

grandes partidos ultraortodoxos – o asquenazita Yahadut HaTorá e os sefardita Shas – e, como possuem em conjunto cerca de 16 assentos, constituem uma parte crítica do sistema governante. Em recentes eleições, os partidos *haredim* detinham o poder político de fazer pender a balança e criar uma coalização majoritária. Isso confere aos partidos ultraortodoxos uma importância desmedida, o que por si só não é um problema. O problema é o que esses partidos solicitam e muitas vezes recebem o que pedem, sempre em troca de apoio a coligações. Pode ter havido 400 jovens de *yeshivá* quando Ben-Gurion fez o acordo para isentá-los do serviço militar; agora, dezenas de milhares de jovens são automaticamente isentos (a menos que sejam voluntários) do serviço militar e recebem outros benefícios, como redução de impostos e subsídio governamental para sustento dos filhos.

Pense sobre isso por um segundo. De acordo com o Departamento de Estatísticas, 14% da população israelense se autodefine como ultraortodoxo, ou *haredim*. Tanto a comunidade *haredit* (14%) como a comunidade árabe (21%) de Israel está automaticamente isenta do serviço militar obrigatório, a menos que sua opção seja diferente. Isso deixa 35% da população israelense no banco de reservas! Essa é uma cifra impressionante de isenções de deveres civis para um país tão pequeno como Israel. Se você fosse o restante do país, como se sentiria? Sim. Nada bem.

Deixe-me ser clara: não tenho nada contra os *haredim* e faço questão de dizer isso, já que todas as tentativas de discutir a comunidade, especialmente na esfera política, pode ser interpretada como uma ameaça ao seu estilo de vida. Há muitos elementos inspiradores em sua cultura, como a proximidade da unidade familiar, a profundidade do debate sobre questões de filosofia e ética e, é óbvio, sua paixão pelo judaísmo. Mas, o que é compreensível, o restante da sociedade israelense ferve de ressentimento por ter que servir nas forças militares e pagar impostos para uma população que insiste na reclusão. Essa população também está aumentando em velocidade rápida. Apesar de um número crescente de jovens ortodoxos adultos que abandona o mundo *haredi* e se torna tradicional ou secular, a taxa de natalidade entre os *haredim* está levando a uma mudança demográfica. A família *haredit* tem em média 7,1 filhos, e a média da família secular é de 2.2.[7] Algumas projeções de demógrafos afirmam que até 2065 os *haredim* constituirão 32% da população de Israel.

O problema, como sempre, começa e termina com a educação, e é com isso que eu tenho uma verdadeira questão. Um dos acordos políticos acertados com os partidos ortodoxos ao longo dos anos permite que a comunidade *haredit* tenha seu próprio sistema educacional, que é patrocinado pelos demais contribuintes israelenses. Esse sistema é baseado no estudo da Torá e seus trilhões de interpretações, o que é realmente fantástico; porém, muitas escolas que se enquadram nesse sistema também *não* permitem o estudo de *qualquer* disciplina secular, nem mesmo a mais básica. Ao contrário do restante do sistema educacional israelense, que é semelhante aos de outros países ocidentais, o sistema escolar *haredi* exclui seus alunos de disciplinas que fazem parte de currículos básicos internacionais, como matemática, inglês, ciências e informática.

Essa questão é um tópico político delicado dentro de Israel, com graves consequências potenciais para o futuro do país. Como pode um jovem *haredi* ou uma jovem *haredit* ingressar na força de trabalho, sustentar sua família e contribuir para o PIB do país se não tiver conhecimentos básicos de matemática, ciências e inglês? Como estarão preparados para a vida se não sabem usar um computador? O sistema educacional *haredi* está impedindo que seus alunos adquiram as ferramentas básicas necessárias para se integrarem em qualquer outra sociedade e, pelo menos de uma perspectiva externa, parece destinado a manter sua população paralisada e sua base eleitoral sem instrução. O resultado dessa falta de educação básica cria uma dependência embutida do Estado para apoio financeiro. Quando as crianças não recebem a devida educação, elas crescem, se casam jovens, têm 7,1 filhos e permanecem dependentes de escassas verbas governamentais para sobreviver. Isso faz com que a maioria da comunidade *haredit* permaneça em um ciclo de extrema pobreza, o que leva a múltiplos outros assuntos sociais e domésticos.

Há também a questão da arcaica dinâmica de gênero. Semelhante a outras religiões, a tradição *haredit* muitas vezes justifica a repressão das mulheres como respeito por elas. Os líderes da comunidade *haredit* argumentam que, embora os *papéis* de homens e mulheres sejam diferentes, um não é inferior ao outro. Assim, os homens devem ir às *yeshivot* para estudar Torá e as mulheres devem criar a família e sustentar financeiramente os estudos dos maridos por meio do trabalho doméstico. Isso não é um juízo meu; é a realidade, e é imposta a toda a comunidade pela liderança política *haredit*.

Uma mudança massiva precisa ocorrer *dentro* da comunidade *haredit*, e bolsões de resistência estão de fato surgindo. Sentindo que suas vozes não estavam sendo ouvidas no sistema político *haredi* asquenazita, um grupo de ultraortodoxos *mizrahim* formou em 1982 seu próprio partido político chamado Shas. Seu líder espiritual era o carismático rabino Ovadia Yosef, um megalíder conceituado, nascido no Egito. Ele teve 11 filhos; sua filha mais velha é uma mulher arrebatadora chamada Adina Bar Shalom. Não posso falar da infância dela, mas imagino que era uma criança rebelde, pois dedicou toda a sua vida adulta a lutar pelo acesso dos *haredim* ao ensino superior. Bar Shalom fundou o Orthodox Jerusalem College e criou muitas organizações para estabelecer um entendimento entre os israelenses seculares e as comunidades ortodoxas (uma enquete recente da Pew Research descobriu que 93% dos israelenses seculares e 95% dos ultraortodoxos se sentiriam "extremamente desconfortáveis" se um membro de sua família se casasse com um membro da outra comunidade,[8] de modo que um entendimento é de fato necessário). Ela também é ativista da paz e ganhou o Prêmio Israel, e fala publicamente contra a discriminação das mulheres na esfera *haredit*, apesar de ela mesma ainda manter esse estilo de vida.

Embora ela tenha pagado um preço pessoal, seu trabalho parece estar ganhando força, pois há vozes dentro da comunidade, de homens e mulheres, que exigem mudanças. As mulheres do setor *haredi* estão mais bem representadas no sistema de educação superior do que os homens, e estão abrindo caminho para a esfera pública, entendendo muito bem que uma mudança é necessária. Existem desbravadores, como Racheli Ibenbuim, que fundou uma organização destinada a ajudar as mulheres da comunidade *haredit* a se juntarem à força de trabalho israelense; Omer Yankelevich, líder comunitário e político; e as feministas Estee Rieder-Indursky e Esty Shushan, que fundaram a *Nivcharot* (Mulheres Eleitas) uma organização comprometida em forçar os políticos *haredim* a permitir que suas mulheres sejam eleitas para os partidos *haredim*.

Todos esses ativistas estão sacrificando seu próprio conforto pessoal e sua reputação para melhorar uma comunidade que é altamente resistente à mudança. Essas são comunidades superfechadas que seguem os rabinos acima de qualquer outra pessoa. Como a maioria dos *haredim* não assiste à TV ou lê notícias, a maior parte da comunicação é feita por *pashkevils*, que são mensagens afixadas nas paredes dos bairros *haredim*, explicando à população o que é e o que não é comportamento virtuoso, e mesmo *quem* se comportou virtuosamente e quem não o fez. É uma prática vergonhosa e poderosa, que pode deixar famílias no ostracismo, fazer com que crianças sejam rejeitadas por "boas escolas" e jovens adultos sem um bom par para o casamento (sim, ainda existem casamentos arranjados na comunidade *haredit*).

O *boom* populacional *haredi* e a resistência da comunidade a uma educação moderna adequada é um problema por si só, mas há outro aspecto político do sistema de rabinato que é contrário aos princípios fundadores de Israel e, possivelmente, ao próprio judaísmo. O sistema de rabinato em Israel tem como objetivo tornar-se a única autoridade no judaísmo. Como regra geral, uma autoridade de cima para baixo em qualquer religião não é uma coisa boa. Gidi Grinstein descreveu isso melhor quando explorou aquela qualidade difícil de ser descrita, conhecida como resiliência judaica. Uma das fontes dessa resiliência, em sua opinião, é o fato de que o judaísmo é descentralizado e incentiva a dissidência. A lei judaica e os modos de vida judaicos se desenvolveram ao longo de milhares de anos através da meritocracia intelectual e de constante debate. Os rabinos de outrora competiam pela validade de seu parecer e, com o tempo, uma visão se tornaria dominante sobre a outra. Além do mais, o legado judaico é tal que todas as opiniões divergentes eram e são sistematicamente documentadas! Assim, cada um de nós pode se voltar a esse estudioso ou àquele erudito, centenas ou milhares de anos atrás e, portanto, desenvolver sua própria compreensão do judaísmo. Esse é um aspecto mágico do judaísmo, na minha opinião. Ele diz explicitamente para você *não* só ler a Bíblia, aceitá-la, acreditar em cada palavra e calar a boca. Encoraja a questionar a sua fé. Talvez seja por isso que os judeus sempre respondem a uma pergunta com uma pergunta. (Não sei, por que o fazem?)

A máquina política *haredit* está tentando desfazer toda essa história, centralizando o judaísmo e consolidando uma maneira correta de ser judeu, mesmo que vá contra milhares de anos de adaptabilidade e da cultura do debate judaicos. O sistema de rabinato israelense controla muitos assuntos domésticos, de casamento e divórcio até conversão e enterros, e está resistindo ativamente, por exemplo, a que lojas e ônibus funcionem no *shabat*. E a ironia é que esse mesmo grupo foi criado apenas no final de 1700! Em virtude de seus casacos pretos, chapéus e tradições, eles evocam o judaísmo do *shtetl* da Europa Oriental – *não* o judaísmo de Moisés e dos israelitas (que provavelmente trajavam túnicas e sandálias e definitivamente não usavam chapéus de pele durante sua jornada de 40 anos pelo deserto). Esse grupo relativamente novo está tentando decidir em nome de todos qual é a maneira certa de praticar o judaísmo ou de ser judeu, e inclusive *quem* é judeu, para começar. Isso não é muito judaico da parte deles!

Em uma democracia próspera, há espaço para todos, desde que você não infrinja os direitos humanos, a segurança ou a proteção do outro. E, na maioria das vezes, tem havido um puxa daqui, empurra dali saudável de influência religiosa ao longo dos anos, resultando em um equilíbrio geral. Mas houve um punhado de vezes na história de Israel em que os desacordos religiosos se tornaram violentos, como em 1995, quando um extremista judeu (*não* da comunidade *haredit*, mas ainda fazendo uso de Deus como seu comandante) utilizou a religião para justificar o assassinato do primeiro-ministro Yitzhak Rabin.

O receio é que essa última semente do fundamentalismo desabroche em um enorme conflito interno que prioriza uma forma de judaísmo em detrimento de outra. Embora isso pareça loucura, dada a superdiversidade e a modernidade da sociedade israelense, há um precedente. Afinal, houve um tempo no passado de Israel no qual fanáticos religiosos tentaram impor sua vontade ao restante da população, e quando aconteceu terminou em dois mil anos de exílio.

O TRAIDOR DE JERUSALÉM

Yossef Ben Matityahu HaCohen era um elitista. Nascido por volta de 37 d.C. ou 38 d.C. em uma família abastada da alta sociedade em Jerusalém, era instruído, poliglota e secular. Jerusalém, bem como o restante da região, estava sob domínio romano e fazia parte de um Estado vassalo denominado Província da Judeia. Apesar de estarem efetivamente sob ocupação romana, os judeus foram autorizados a manter sua religião, não tendo sido forçados a se converter ao paganismo, e o Segundo Templo estava ativo, recebendo peregrinos, realizando cerimônias e queimando toneladas de animais da fazenda como dádivas a Deus. Bem, eram outros tempos.

Yossef cresceu numa época em que a população judaica na Judeia já estava extremamente dividida, principalmente sobre como se comportar sob o domínio dos romanos e como venerar a Deus. Embora os romanos permitissem aos judeus praticar seu judaísmo livremente, ainda eram opressivos e, ainda assim, romanos. Havia uma crescente divisão de classes, sendo que a intelectualidade do alto escalão e primordialmente secular desfrutava de melhores condições de vida. Naturalmente, esse grupo tendia a manter o *status quo*, embora o restante da população sofresse com a alta tributação e variados graus de pobreza e opressão.

Do outro lado do espectro estavam os zelotes. Um grupo barra-pesada, ultranacionalista e religioso, os zelotes prometiam sua lealdade somente a Deus, e pressionaram para que houvesse uma rebelião contra Roma. Sua subseita, os sicários, assim denominados por causa de uma adaga curva (sica) que escondiam sob seus mantos, eram particularmente mortíferos. Os zelotes e, em particular, os sicários, lutavam pelo controle do país e matavam quem não seguia sua linha.

Quando Yossef tinha 26 anos, foi enviado a Roma para defender a libertação de um grupo de seus amigos rabinos. Dirigiu-se à Corte Real, o lar do extravagante imperador romano Nero. Yossef, diplomata talentoso, fez amizade com a esposa de Nero, Pompeia Sabina, que o cobriu de presentes e finalmente o ajudou a libertar os sacerdotes. O jovem Yossef se divertiu muito em Roma, e os dois anos que ali passou moldaram o ponto de vista do jovem de maneira que provaria ser prejudicial para o futuro do povo judeu.

Quando ele voltou para a Judeia, a agitação interna estava em ponto de ebulição, e uma rebelião contra os romanos a caminho. Yossef ficou apavorado. Durante o período que vivera em Roma, havia visto em primeira mão o poder inimaginável dos militares romanos. Ele escreveu detalhes aterrorizantes sobre seu armamento moderno, suas habilidades organizacionais, sua obediência à cadeia de comando e sua força física. Esses caras eram feras, treinavam todo dia; não é à toa que os militares romanos dominariam o mundo durante séculos. Yossef aparentemente tentou dissuadir seu povo dos tresloucados pensamentos de rebelião, mas não conseguiu. Por isso, começou a Primeira Guerra Judaico-Romana e Yossef, com relutância, juntou-se aos judeus em sua luta.

Apesar de não ter experiência militar, Yossef foi enviado pelo grupo representativo da revolta para servir como comandante da Galileia. O problema era que os moradores locais não confiavam nele. Ele não era um deles; seu coração não estava na luta; e ele havia recém-voltado de Roma, então suspeitavam dele, e por razões muito boas.

Vespasiano, o comandante romano enviado por Nero à Judeia para reprimir a revolta judaica, deu início a ataques militares em cidades e aldeias ao norte, dizimando tudo em seu caminho. Os romanos mataram homens, enviaram mulheres e crianças para serem vendidos como escravos e, quando terminaram a matança e a pilhagem, incendiaram e destruíram tudo. O nível de violência que os romanos exibiam foi excruciante. Após severas perdas do lado judaico, Yossef recuou para a cidade relativamente segura de Yodfat (Jotapata), e os romanos iniciaram um de seus notórios cercos contra a cidade. Em julho de 67 d.C., depois de 47 dias de cerco, os romanos tomaram a cidade e Yossef, junto com 40 homens, se escondeu em uma caverna. Foi ali que sua vida deu uma guinada alucinante.

Sabendo que seus dias estavam contados e sem saber o que fazer, Yossef convenceu seu grupo a não se render aos romanos e a se matarem uns aos outros até que restasse apenas um homem vivo, que então se mataria. Milagrosamente, Yossef foi o último vivo. Ele era um matemático astuto e inteligente, e essa história é atualmente conhecida na ciência da computação e na matemática como o Problema de Josefo. Trata-se de um problema teórico em que, com planejamento avançado, um conhecido número de pessoas, um ponto de partida definido e uma direção de contagem previsível, pode-se escolher a posição correta em um círculo para evitar a execução. Muito bem, Yossef! Como o último homem vivo, ele se rendeu ao exército de Vespasiano.

Yossef foi feito prisioneiro, porém um homem como ele não gastaria seus anos sendo cativo de guerra. Em outro movimento astuto, profetizou a Vespasiano que o comandante romano acabaria por se tornar o imperador e que ele iria libertá-lo de suas correntes no devido tempo. Desnecessário dizer que o ambicioso líder militar adorou o que ouviu, e em vez de matar o seu prisioneiro por traição contra Nero, manteve o bajulador ao seu lado.

Yossef tornou-se um observador e um narrador dos eventos que mudariam o destino do povo judeu para sempre. Escritor prolífico e historiador talentoso, ele testemunhou (ou afirmou haver testemunhado) tudo sobre o que escreveu, e seus quatro livros enormes permaneceram intactos até hoje. Suas obras são uma das principais fontes de informação utilizadas por pesquisadores e historiadores nos últimos dois mil anos, e fornecem *insights* fenomenais de um mundo há muito desaparecido (ainda que alguns estudiosos questionem a veracidade de alguns de seus relatos).

Em seu livro *A guerra dos judeus*, ele relata que a Judeia se desintegrou em uma guerra civil horrível e sangrenta com dois lados no confronto – aqueles que eram contra a rebelião e a luta com os romanos e os que eram a favor. Os zelotes estavam fora de controle, assassinando homens, mulheres e crianças, incluindo o sumo sacerdote Ananias, o que, em retrospectiva, Yossef teoriza ter sido o momento que iniciou "a ruína total do Estado judeu". Como ele descreve, Jerusalém foi tomada por dois líderes extremistas que lutavam entre si: João de Giscala (Yohanan de Gush Halav) e Simão Bar Giora, ambos nacionalistas, religiosos, cada qual alegando ser o Messias. Ambos totalmente malucos.

Por volta de 68 d.C., havia rios de sangue nas ruas de Jerusalém, então, em vez de Vespasiano atacar Jerusalém, ele disse a seus homens que adiassem o ataque.

> Entretanto, se esperarmos um pouco mais, haverá muito menos deles contra quem lutar, pois parece que um número razoável será morto na luta entre facções [...]. Já que nossos inimigos estão ocupados morrendo por suas próprias mãos e sofrendo com a pior desvantagem imaginável – a guerra civil – a melhor coisa que podemos fazer nas circunstâncias é ficar como espectadores em vez de enfrentar fanáticos que acolhem a morte e já estão ocupados assassinando uns aos outros.[9]

Espere, disse Vespasiano. Vamos deixar os judeus se matarem. Eles irão fazer nosso trabalho para nós. Esse discurso me deu um soco direto no estômago. Não há nada mais sagrado no judaísmo do que a vida humana, e esses loucos que se autodenominavam justos estavam se matando. Para quê, de novo? Isso custaria muito ao povo judeu.

Entrementes, Roma enfrentava lutas internas. A data de 69 d.C. tornou-se "o Ano dos Quatro Imperadores", e até o final do ano a profecia de Yossef se concretizou. Vespasiano de fato se tornou o imperador romano e realmente libertou Yossef, que mudou seu nome para Josefo e seu sobrenome para Flávio, em homenagem ao nome da família do imperador.

A pausa nos ataques de Roma à Judeia não foi usada pelos rebeldes para se unirem, reconstruírem, estocarem suprimentos ou cair em si; ao contrário – a guerra civil piorou. O time João e o time Simão se entrincheiraram atrás de barricadas em várias áreas do templo, matando sacerdotes e peregrinos que por acaso cruzassem seu caminho. Também atearam fogo no depósito de alimentos da cidade, queimando trigo, sal e óleo que poderiam ter alimentado a cidade por anos, sentenciando o povo à fome.

Em 14 de abril de 70 d.C., Tito, filho do novo imperador, retornou para terminar a obra do pai e liderou um exército de dezenas de milhares de soldados para cercar Jerusalém. Josefo estava bem ali ao seu lado, e foi tanto um observador desses eventos quanto um participante. Sempre um pragmatista, ele sabia que isso não ia acabar bem para seu povo, e descreve em detalhes excruciantes o cerco de cinco meses a Jerusalém, a fome horrível, as missões suicidas e as pequenas e heroicas vitórias concomitantes.

Ele também descreve como Tito o enviou para falar ao seu povo em hebraico, para tentar convencê-lo a fazer um acordo e pelo menos salvar Jerusalém. Ele diz que encontrou um local seguro junto aos muros para esses discursos, no qual tentou falar aos corações dos rebeldes, mas principalmente ao seu bom senso.

> Vocês serão sábios em mudar a maneira que escolheram para se comportar antes que o desastre total se torne inevitável e aceitar alguns conselhos enquanto ainda há uma chance. Os romanos não guardarão rancor contra vocês por causa do que aconteceu, desde que vocês parem de ser estúpidos.
>
> Homens com corações de ferro! Por que não largam suas armas e têm piedade de um país já à beira da destruição? Virem-se e olhem a beleza que estão traindo – que cidade! Que Templo![10]

Os rebeldes, em troca, arremessaram contra ele pedras e dardos.

No nono dia do mês de Av,* os muros de Jerusalém caíram e o exército de Tito tomou a cidade santa. Os romanos viram cadáveres empilhados nas ruas e dentro das casas e mataram quem quer que encontrassem vivo. Destruíram a cidade e queimaram o templo.

Os líderes rebeldes Simão Bar Giora e João de Giscala foram capturados por Tito. Simão foi imediatamente executado; João foi enviado a Roma, a fim de ser apresentado como prisioneiro no desfile de Tito em seu retorno vitorioso. Em exibição nesse desfile havia uma infinidade de tesouros e artefatos de veneração saqueados do templo, incluindo o candelabro de ouro, a sagrada *menorá*. As cenas desse desfile foram literalmente consolidadas em pedra dez anos depois pelo irmão de Tito, o imperador Domiciano. Você pode conferir; ainda estão lá, esculpidas no Arco de Tito na Via Sacra, em Roma, Itália.

Em seu livro de tirar o fôlego, *Jerusalem's Traitor*,[11] o autor Desmond Seward conduz o leitor pelo espetáculo de horrores que foi a Primeira Guerra Judaico-Romana e questiona o caráter de Josefo Flávio. Ele foi um traidor? Foi um racionalista? Ele é mesmo fidedigno? Josefo, como historiador, não é isento de mácula: ele era presunçoso e afeito a conflitos, e seu desdém pelos rebeldes provavelmente comprometeu sua escrita. Ele se comportava de modo a atrair atenção para si, escrevia

* N.T.: Quinto mês do calendário lunar hebraico, corresponde a julho/agosto no calendário gregoriano.

em hipérboles e, muito provavelmente, com detalhes e números exagerados para impressionar. Mas, com base em consenso erudito, parece que os principais detalhes da guerra são indiscutíveis e podem ser corroborados por outros escritos da época ou um pouco posteriores. Então, eu acho que algum agradecimento é devido a Yossef por sair daquela caverna em Yodfat e se juntar aos romanos, testemunhando a história, escrevendo essas elaboradas obras-primas e nos dando um relato em primeira mão da história antiga. Um ato inestimável.

Então, por que, exatamente, Jerusalém caiu? Era inevitável ou era evitável?

Hazal,* os sábios judeus da Mishná e do Talmude, que estabeleceram a tradição talmúdica após a queda de Jerusalém, afirmaram que Jerusalém caiu por causa de "*Sinat Hinam*": ódio infundado de um judeu para com outro. Em hebraico, a palavra para *zelotes* é *kanaím*: "ciumentos" ou "fanáticos". Todos devemos nos preocupar quando a prática espiritual de *qualquer* religião se torna fanática e excessivamente zelosa.

Escavações realizadas na Cidade Velha de Jerusalém expuseram as enormes pedras brancas que ainda estavam na mesma posição em que caíram no dia em que Tito demoliu o templo, há dois mil anos. É arrepiante. Você quase pode ouvir os gritos e sentir a dor. Mas só devemos sentir essa dor para ouvir o passado e aprender com ele. Nos dias atuais, Jerusalém é uma cidade florescente, na qual crentes e não crentes, seculares e ortodoxos, judeus e árabes, convivem pacífica e colaborativamente. Contudo, mesmo um único assassinato por motivação política ou religiosa é demais. O mundo inteiro está vivenciando uma ou outra forma de fanatismo nos dias de hoje, e não podemos permitir que o fanatismo de *qualquer* religião, nação ou grupo político infecte *qualquer* país, *nunca* mais.

Temos um passado muito bem documentado do qual aprender.

* N.T.: Acrônimo hebraico para "nossos sábios, de abençoada memória"

Uma nação empreendedora

DUPLA CONCLUSÃO

Deixe-me levá-lo de uma guerra civil, de dois mil anos atrás, para outra, que está acontecendo agora, bem na fronteira norte de Israel. A Primavera Árabe de 2011 deu início a um dos mais sangrentos e prolongados conflitos do nosso tempo: a guerra civil em curso na Síria. Essa guerra é caracterizada por atrocidades cometidas tanto por armas convencionais quanto não convencionais. Segundo a maioria dos relatos, o presidente sírio Bashar al-Assad matou mais de 400 mil pessoas de seu próprio povo, muitas delas crianças, fazendo uso de métodos cruéis e internacionalmente ilegais. É abominável.

Pouco tempo depois do início da guerra, cidadãos sírios feridos começaram a aparecer na fronteira norte de Israel. Uma gota se transformou em uma inundação. Combatentes, refugiados, mães e muitas crianças necessitavam desesperadamente de tratamento médico – a tal ponto que estavam dispostos a cruzar a fronteira para um país "inimigo". No início, esses sírios temiam Israel. Após anos de conflito entre os países e as sistemáticas campanhas de propaganda em nome do regime de Assad, Israel era, compreensivelmente, uma ideia aterrorizante. Entretanto, a fama dos hospitais israelenses havia chegado a essa população ao longo dos anos, e os pacientes gradualmente mudaram de ideia. Nas palavras do dr. Eyal Sela, do Hospital da Galileia:

> Se eu tratar 1 homem, 50, 1.500 e eles voltarem para a Síria, suas famílias ficarão gratas. Em algum momento o filho ou neto perguntará sobre suas cicatrizes, e eles explicarão que o inimigo sionista os tratou e salvou suas vidas.[1]

À medida que a guerra se tornava mais violenta e o sistema de saúde da Síria entrou em colapso, os hospitais israelenses Galilee Medical Center em Nahariya, Ziv Medical Center em Safed e Poriya Medical Center nas cercanias de Tiberíades tornaram-se os únicos responsáveis por aqueles sírios que fugiam de Assad. Em 2013, os militares israelenses criaram uma unidade chamada de *Shehenut Tová*, traduzida como "boa vizinhança", para coordenar o tratamento e a ajuda aos sírios. Até a data de hoje, mais de 200 mil sírios foram tratados em Israel, um quinto deles crianças.

Todas as guerras são horríveis, mas parece que nessa guerra civil o mundo abandonou completamente as crianças da Síria, que receberam pouca ou nenhuma proteção por parte dos lados em conflito, contrariamente aos acordos internacionais. Segundo Smadar Okampo, enfermeira-chefe no Departamento de Cirurgia Pediátrica no Galilee Medical Center:

> As crianças chegam com membros faltando e rostos estilhaçados, e muitas severamente negligenciadas e infestadas de piolhos. A primeira ordem do dia é a limpeza, muitas chegam sem pais. Algumas chegam inconscientes e não entendem onde estão quando acordam.[2]

Os médicos em Israel estão tratando desses refugiados diariamente, como uma obrigação do Juramento de Hipócrates e por seu compromisso com a humanidade. Além de criar essas pontes humanas, essa guerra horrível familiarizou os médicos israelenses com uma terrível variedade de ferimentos de guerra. O dr. Masad Barhoum é o administrador-geral do Galilee Medical Center em Nahariya (e, sim, outro cidadão árabe israelense incrivelmente inspirador):

> Tratar os sírios é uma das decisões de Israel que eu mais aprecio, obviamente, em primeiro lugar por razões humanitárias, mas essa não é a única coisa [...]. Devemos ser o único hospital ocidental do mundo com experiência em aceitar e tratar ferimentos tão graves [...]. Hoje reconstruímos os rostos das pessoas feridas, fazemos implantes de maxilares a partir de impressoras 3D... Nós nos convertemos em um hospital líder em trauma.[3]

Infelizmente, Israel tem muita experiência em tempos de desastre e está compartilhando essa experiência com o restante do mundo, assegurando-se de que os filhos da Síria, pelo menos os mais próximos da fronteira israelense, tenham para onde ir, sejam tratados e curados. Pequenas ilhotas de confiança estão surgindo na fronteira sírio-israelense, porém a boa vontade de Israel não começou aí.

A primeira iniciativa de criar um braço governamental para atender outras nações veio em 1957 com o estabelecimento do MASHAV – acrônimo em hebraico da Agency for International Development Cooperation (Agência para o Desenvolvimento de Cooperação Internacional), um departamento do Ministério de Relações Exteriores de Israel. Golda Meir entendeu que Israel tinha experiência que poderia ser relevante para outros países em desenvolvimento e decidiu que o governo deveria compartilhar seu *know-how* em áreas como educação, agricultura e medicina – e, nos últimos anos, mudanças climáticas e segurança alimentar. O MASHAV acredita na "formação dos formadores": além de enviar equipes pelo mundo, traz educadores a Israel para compartilhar conhecimentos valiosos. Alguns dos projetos recentes do MASHAV incluem ministrar cursos sobre educação infantil em Kumasi, Gana; cursos de apicultura em Ruanda; irrigação por gotejamento no Quênia; o Centro de Excelência Agrícola em Haryana, Índia; geração de renda e empoderamento das mulheres na Guatemala; estabelecimento de unidades neonatais em Gana; criação de unidades de trauma no Haiti e em Kisumu, no Quênia; e construção de um hospital para cirurgias oculares no Nepal.[4]

Mas não se trata apenas de tecnologia e infraestrutura. Sempre que há um grande desastre internacional, Israel parece estar em cena. Lembra-se do time de futebol preso em uma caverna na Tailândia? Um grupo de mergulhadores israelenses ajudou no resgate. Lembra-se do grande terremoto que atingiu o Haiti em 2010? Israel foi um dos primeiros países a enviar ajuda. E essa ajuda não foi apenas em forma de água ou cobertores. Israel enviou uma equipe de enfermeiros e médicos. Foi o primeiro país a montar um hospital de campanha no local e o único país que conseguiu realizar operações complexas durante todo o processo de recuperação. Médicos israelenses fizeram o parto do primeiro bebê que nasceu nos destroços, e a mãe decidiu dar a seu filho recém-nascido o nome Israel.[5]

Uma das principais forças por trás da ajuda israelense é a ONG IsraAID. A organização foi criada para coordenar e dar suporte a várias outras ONGs humanitárias e agora atua em 17 países ao redor do mundo, com a missão de amparar as pessoas afetadas por crises humanitárias.[6] A IsraAID fornece serviços físicos e apoio psicológico a 160 mil refugiados no Kakuma Camp, no Quênia; criou o projeto HoneyAID para empoderamento feminino no Nepal, treinando mulheres locais para sustentar suas famílias e comunidades por meio da apicultura. A IsraAID também fornece suporte em países como o Japão. Quatro dias após o desastre nuclear de Fukushima, a IsraAID estava no local. O Japão não permite que ONGs auxiliem na recuperação de desastres naturais, porém a IsraAID identificou onde poderia contribuir de forma única: no apoio psicológico pós-trauma. Ela trouxe mais de 60 especialistas israelenses para treinar mais de três mil profissionais de saúde japoneses em métodos de "terapia não verbal", para ajudar a tratar dos sobreviventes.[7]

A ajuda psicológica para superar traumas é um campo altamente desenvolvido em Israel, e a IsraAID, juntamente com três professores da Universidade Bar-Ilan, criou um programa para ajudar mulheres *iazidis**que haviam sido escravizadas pelo ISIS (o treinamento é chamado de terapia narrativa STAIR para distúrbios relacionados a traumas e foi desenvolvido pela dra. Marylene Cloitre). Em maio de 2019, Lamiya Haji Bashar, sobrevivente *iazidi*, ativista de direitos humanos e recebedora do Prêmio Sakharov da União Europeia, juntamente com 14 outras sobreviventes *iazidis*, passaram por esse programa em Israel antes de retornar ao Iraque para tratar outros sobreviventes e ajudá-los a superar as atrocidades inimagináveis a eles infligidas pelo ISIS.[8] (Lamiya vive na Alemanha, razão pela qual era a única mulher que podia usar publicamente seu nome completo. As demais sobreviventes não poderiam revelar que haviam estado em Israel.) IsraAID também ajudou a estabelecer na ilha grega de Lesbos a inacreditavelmente inspiradora School for Peace (Escola para a Paz) para crianças refugiadas. A escola é mais uma colaboração entre judeus e árabes israelenses. Além da IsraAID, era também dirigida pelo movimento juvenil judaico Hashomer HaTzair e pelo movimento juvenil árabe Ajyal. E essa "mistura de israelenses, sírios, iranianos,

* N.T.: Os *iazidis* constituem uma comunidade étnico-religiosa curda.

iraquianos, gregos, afegãos e congoleses" ajudou mais de cinco mil crianças refugiadas, principalmente da Síria, do Irã e do Afeganistão. H. (que não quer ser identificado pelo nome completo), de 20 anos, que vive em Lesbos, declarou:

> Durante toda a minha vida, durante toda a minha infância em escolas sírias, me ensinaram que os israelenses eram o inimigo, e então a primeira coisa que vejo quando me aproximo da costa grega é a estrela de Davi nas camisetas de israelenses que estendem a mão e me colocam em terra firme.[9]

A Escola para a Paz realizou projetos de 2011 a março de 2020, quando foi incendiada. Os criminosos nunca foram encontrados, e a luz que a escola proporcionava a essas crianças está esmaecida – por enquanto. Contudo, os voluntários que construíram aquela escola estão empenhados em reconstruí-la.

A inacreditavelmente inspiradora Escola para a Paz em Lesbos, a mulher *iazidi* que volta ao Iraque com ferramentas para curar, e as centenas de milhares de homens, mulheres e crianças que retornam à Síria depois de serem tratados em hospitais israelenses podem ser a chave para a transformação regional. Após décadas de violência e propaganda, vejo um vislumbre de possibilidade. Uma possibilidade carregada no coração de uma criança ferida, que foi ensinada a ter medo, mas que agora está voltando à Síria depois de ver Israel de uma maneira totalmente diferente.

Esse é Israel. É isso que oferecemos. E se não fosse pelos movimentos de boicote e pela animosidade das potências regionais, poderia ser bom para ambos os lados em todo o Oriente Médio.

Este capítulo é sobre o que é possível.

ESSES SOMOS NÓS

Israel não está apenas apoiando os esforços humanitários do mundo. Fiel à sua natureza capitalista e à energia cheia de ousadia do povo, os israelenses contribuem agora para quase todos os campos da economia mundial. Sua contribuição para o mundo é surpreendentemente desproporcional ao seu tamanho, e ninguém conta melhor esse ponto de vista do que Dan Senor e Saul Singer, no *best-seller* internacional de 2009, *Nação empreendedora*. Os autores questionaram "Como é que Israel – um país de 7,1 milhões de habitantes, com apenas 60 anos de idade, cercado de inimigos, em um constante estado de guerra desde a sua fundação, sem recursos naturais – produz mais *startups* do que grandes, pacíficas e estáveis nações como o Japão, a China, a Índia, a Coréia, o Canadá e o Reino Unido?"[10]

Eles atribuem esse fenômeno a:

- Uma sociedade estruturalmente igualitária e sem classes (embora não sem seus problemas, como já observamos). As raízes socialistas de Israel criaram um sistema educacional público gratuito e universidades que são subsidiadas e acessíveis a todos. Isso é o mais perto que se pode chegar à mobilidade ascendente baseada no mérito.
- Uma sociedade que incentiva a dissidência, o debate e a iniciativa.
- Uma sociedade que está sob constante ameaça, forçando assim os jovens a assumir responsabilidade e a perseguir seus objetivos.
- Uma sociedade em que a maioria das pessoas é obrigada a fazer pelo menos dois anos de serviço militar, que cria laços sociais que duram a vida toda.
- Uma sociedade que usa unidades militares de elite para treinar futuros talentos, dando-lhes a oportunidade de praticar e realizar tarefas de alto nível em tenra idade. Onde mais uma criança poderia desenvolver e implantar um vírus de computador para infectar, vamos apenas imaginar, a usina nuclear do Irã? (Não tenho informação privilegiada sobre nada disso. Sei apenas ler jornais.)

- Uma sociedade baseada em ondas constantes de imigração que incutem na população novas ideias e inspiração.

O livro *Nação empreendedora* transformou-se não só em um sucesso comercial, mas também numa leitura obrigatória para a comunidade de tecnologia e os líderes mundiais. Em resumo, obtenha o livro para ter acesso à história completa.

Israel é agora um jogador importante não apenas em *startups*, mas também no mundo do entretenimento, e *In Treatment** abriu o caminho. Tomei conhecimento sobre o *In Treatment* pelo jornal, e, fiel ao estilo israelense, disse ao seu criador que eu iria vender a série para a HBO, sem saber, é claro, como se vende um programa para uma rede americana. Deu certo e consegui vender mais séries para várias outras redes, incluindo HBO, ABC, CBS, Comedy Central, MTV e Showtime, porém nenhuma delas teve tanto sucesso quanto a primeira. O que aconteceu, no entanto, foi incrível. Os criadores israelenses começaram a vender tantas séries no exterior que Israel se converteu em uma usina geradora de conteúdo, muitas vezes sem que ninguém ao redor do mundo soubesse que seu programa de TV favorito na verdade tinha origem naquela controversa e minúscula porção de terra em algum lugar no Oriente Médio.

Nascia uma nova indústria.

Não tenho espaço suficiente para dar crédito a cada criador, escritor, produtor, rede e ator que fez parte dessa revolução, porém mencionarei apenas alguns programas que você pode conhecer e amar. Existem os programas adaptados do hebraico para o inglês, como o hit *Euphoria*, da HBO; o *reality show* de competição musical *The Four: Battle for Stardom*; e a comédia *Beauty and the Baker*. E as séries transmitidas no hebraico original, como *Shtisel*, *Srugim*, *Teheran* e a joia da coroa do conteúdo original israelense, *Fauda*. Também as séries criadas por

* N.T.: Há também uma versão brasileira chamada *Sessão de terapia*.

ou sobre Israel ou israelenses, como *Nada Ortodoxa*, *Dig*, *O Espião* e *Tirano* (as três últimas do gênio Gideon Raff). E então, é claro, há a obsessão televisiva do presidente Obama, o grande sucesso *Homeland*. Sim, *Homeland* é baseada em uma série israelense chamada *Hatufim*, ou *Prisioneiros de Guerra*. *Homeland* se converteu em um fenômeno cultural, foi indicada a 172 prêmios e ganhou 60, incluindo Globo de Ouro de Melhor Drama e de Melhor Atriz. Indiscutivelmente, a série original pode ter sido ainda melhor. A série *Prisioneiros de Guerra* está sendo transmitida nos Estados Unidos e é considerada uma obra-prima. No final de 2019, o *New York Times* a escolheu como a melhor série da década.[11] Considerando que o criador, Gideon Raff, é um dos meus melhores amigos no planeta, me sinto nada menos que uma orgulhosa mamãe-ganso quando leio algo assim.

PAPO TÉCNICO

Como você deve ter notado, este é o capítulo em que descrevo as coisas boas com que Israel contribui para o mundo, e não há outro campo em que essa contribuição tenha sido mais aparente que o da inovação tecnológica. É superlógico argumentar que a inovação tecnológica de Israel nasceu de preocupações com a segurança, e muitas pessoas mais inteligentes do que eu (Olá novamente, Dan e Saul!) fizeram exatamente isso. Quando Israel foi estabelecido, David Ben-Gurion entendeu que, para compensar a desvantagem numérica de um pequeno Estado judeu cercado por nações árabes hostis, o país deveria ter uma vantagem científica e tecnológica. Ele enviou cientistas para estudar no exterior e avançar em todos os campos, da indústria à agricultura. Esse incentivo de cima para baixo continuou e, há mais de vinte anos, o governo israelense identificou *startups* de tecnologia como um negócio essencial, oferecendo apoio e incentivos para inovadores e investidores privados.

O sucesso da inovação israelense é de tirar o fôlego. É praticamente impossível citar todas as empresas tecnológicas, invenções e soluções com as quais Israel tem contribuído para o mundo. Mencionarei apenas algumas, só para que você tenha uma ideia da abrangência.

Uma empresa israelense inventou o primeiro DiskOnKey, um *pendrive* com uma interface USB integrada que servia como um dispositivo portátil de armazenamento de dados, bem como a primeira tecnologia de "rede social" viral, um software de envio instantâneo e gratuito de mensagens chamado ICQ, desenvolvido em Israel em 1996 e vendido para a AOL em 1998. Em 1993, quando a World Wide Web tinha apenas dois anos de idade, os israelenses criaram a empresa de software de segurança Checkpoint e desenvolveram o software Firewall-1, que agora está em 90 países com 70 patentes registradas. A tecnologia de satélite de telecomunicações da Gilat auxilia a conectar pessoas em áreas remotas em mais de 30 países, e o exoesqueleto da ReWalk Robotics ajuda pessoas com os membros inferiores amputados a andar novamente, controlando o movimento pelo uso de mudanças sutis nos seus centros de gravidade. Se você precisa construir um site, provavelmente está usando o Wix, e se você precisa chegar a algum lugar, deve usar o Waze, como 100 milhões de outros usuários em todo o mundo. A Mobileye criou uma tecnologia de câmera para segurança e direção autônoma, agora instalada em mais de 20 milhões de veículos no planeta.

Na agricultura, Israel é responsável pela tecnologia de irrigação por gotejamento. A empresa Netafim inventou uma solução de irrigação que produz 70% mais colheitas com 50% menos água. Isso foi em 1959; atualmente, 15 bilhões desses sistemas de gotejamento são fabricados a cada ano, economizando água e ajudando a agricultura mundialmente. Os israelenses inventaram uma nova embalagem para o feno! Agora, a CoverEdge embala 50% dos fardos de feno no mundo e é considerado o produto mais avançado no campo (sem trocadilhos). Os israelenses inventaram um novo tipo de controle biológico de pragas, criaram leiteiras automatizadas e desenvolveram uma nova maneira de monitorar a saúde e o bem-estar da vaca por meio de uma coleira inteligente.

Na área médica e de saúde, a Alpha Omega tornou-se líder mundial de tecnologia no campo da neurociência e da neurocirurgia funcional com estímulos cerebrais e dispositivo de gravação. A Medinol criou o revolucionário *stent* cardíaco para artérias coronárias, um pequeno dispositivo de metal que é inserido no interior de uma artéria obstruída para restaurar o fluxo sanguíneo. Meu pai lhe agradecia diariamente, pois tinha alguns dentro dele. A Given Imaging transformou o universo da endoscopia quando, em 2001, introduziu a PillCam, uma câmera de 26 milímetros escondida dentro de uma cápsula que você engole com um copo de água e que grava em vídeo imagens do seu trato digestivo, enquanto você leva sua vida. Bem melhor que a outra opção.

Israel é líder em dessalinização de água, sendo que 40 países utilizam a tecnologia de osmose reversa da IDE. Israel também desenvolveu um avançado capacete de piloto de caça que é usado por 30 forças aéreas em todo o mundo, e o sistema de defesa antimísseis Iron Dome (Domo de Ferro).[12]

Em 2019, nove invenções israelenses chegaram ao Top 100 das invenções do ano da revista *Time*, entre elas: OrCam, um dispositivo auxiliar de inteligência artificial que pode ser fixado em quaisquer óculos para auxiliar deficientes visuais; ECONcrete, que desenvolveu concreto marinho sustentável e ecologicamente correto para "incentivar o crescimento de diversas plantas e animais, como corais e ostras"; um adesivo para o tratamento da enxaqueca; a primeira aeronave totalmente elétrica para transporte regional; e [...] um dispositivo que transforma ar em água. Sério. A Watergen produz água a partir do ar, e seu dispositivo está sendo usado agora em áreas de desastres naturais em todo o mundo.[13]

Os israelenses obtêm agora sucesso internacional em outros campos que são um pouco, mas não inteiramente, relacionados à tecnologia ou à ciência. A comida é um deles. Moshik Roth é um chef de renome mundial e seu restaurante &moshik, em Amsterdã, possui duas estrelas Michelin; Tal Ronnen fundou e é chef do Crossroads, restaurante favorito das celebridades em Los Angeles. Eyal Shani levou seu "fazer amor" aos tomates (sei como isso soa, mas ele descreve literalmente assim) para o Miznon de Viena, Nova York, Melbourne e Paris. Os restaurantes Palomar e Barbary, de Assaf Granit, estiveram na lista da revista *GQ* e do *Time Out* de Londres de melhores restaurantes da cidade. E as estrelas da culinária Yotam Ottolenghi (com seu parceiro palestino Sami Tamimi); Einat Admony; Ori Menashe; e o incrível Shaya em Nova Orleans, de Alon Shaya, também estão alimentando as pessoas por toda parte.

Considerando a natureza utilitária dos trajes dos pioneiros e dos anos de austeridade em Israel, você pode não pensar no país como um líder em questão de moda, mas estaria errado. Do maiô favorito da princesa Diana dos anos 1980 (Gottex) ao favorito Alon Livné de Lady Gaga e Beyoncé, os designers de moda israelenses estão agitando silenciosamente o mundo: Dodo Bar Or com seus trajes imperdíveis de Ibiza; Alber Elbaz, o estilista que comanda a Maison Lanvin francesa; e Kobi Halperin, Nili Lotan, Yigal Azrouël e Elie Tahari. Serena Williams e todos na sua festa de casamento vestiram Galia Lahav, assim como Beyoncé, quando renovou seus votos com Jay-Z. Lahav também é a favorita de Katy Perry, Emma Stone e Jennifer Lopez. Para seus casamentos, Meghan Trainor e Kacey Musgraves escolheram Berta, designer israelense também amada por Carrie Underwood, Ariana Grande e Kylie Jenner. E não nos esqueçamos dos filhos de celebridades, que usam roupas chiques da linha de peças infantis de alta qualidade das minhas amigas Iris Adler e Tali Milchberg, da grife Nununu. Uma lista muito parcial de seus jovens clientes inclui os filhos de: Gwen Stefani, Chrissy Teigen, Fergie, Victoria Beckham, Halle Berry, Jessica Alba, e todo o clã Kardashian,[14] sem falar no meu pequeno Ari.

A inovação, a tecnologia e a ciência israelenses também estão sendo usadas para construir pontes com outros países do Oriente Médio, e não só os amigáveis. Um dos meus amigos, ex-oficial de inteligência, me contou que cidadãos de nações que não possuem relações diplomáticas com Israel utilizam tecnologia israelense e inclusive investem, de forma privada, em *startups* israelenses. Essas pontes tecnológicas entre as nações também estão ativas no setor privado, especificamente em Rawabi. Empresas de tecnologia israelenses, americanas e outras internacionais terceirizam seus programadores pela Asal Technologies e Jaffa Net, com sede na cidade. Empresas como Mellanox (agora Nvidia); Wix; Microsoft; Alcatel-Lucent; Western Digital (SanDisk); Intel; Cadence; Synopsys; Nuvoton e CEVA contratam programadores locais e fundos de investimento de capital de risco israelenses, como Jerusalem Venture Partners (JVP), estão trabalhando para conectar empresas americanas com programadores palestinos e empresas com sede em Rawabi. Cidadãos comuns também usam a tecnologia como uma forma de construção da paz, criando programas como o MEET (Middle East Entrepreneurs of Tomorrow), que reúne crianças israelenses e palestinas em acampamentos tecnológicos por três verões consecutivos (um por ano) em Jerusalém e Nazaré.

Israel está por toda parte, quer você saiba ou não. Se em sua cozinha você tem superfícies de quartzo da empresa Caesarstone, vieram de Israel. Se você tem um bebê e usa a cadeirinha / carrinho de bebê Donna; se a babá eletrônica do seu bebê é Babysense ou Nanit; se você joga Rummikub; usa sandálias Shoresh; ou come Bamba do Trader Joe's – todos eles vêm de Israel. Os israelenses também inventaram o primeiro depilador elétrico doméstico do mundo, o Epilady, em 1985. Ah, você gosta de tomate-cereja? Sabe, aqueles tomates pequenininhos? Também é uma invenção israelense.[15]

Ufa! Eu sei, isso foi muito, mas acredite em mim, não é nada comparado com o que está lá fora. Israel tem mais empresas registradas na NASDAQ e na Bolsa de Valores de Nova York do que qualquer outro país do mundo *per capita*, mais *startups per capita*, mais artigos acadêmicos no campo da medicina *per capita*; e mais fundos de capital de risco *per capita*.

Israel contribui para o mundo desproporcionalmente ao seu tamanho em cada esfera da vida. Está melhorando a saúde, a cultura, a ciência e o estilo de vida e auxiliando em empreendimentos humanitários em todo o mundo – mesmo em lugares que oficialmente se recusam a ter laços políticos com ele. Se você, conscientemente, não está utilizando a tecnologia israelense, você pode estar assistindo a algo de Israel, vestindo algo de Israel ou comendo algo de Israel.

E essa é a *verdadeira* história. Não os estereótipos com os quais você foi alimentado pela mídia sensacionalista ou por agendas internacionais ocultas no *campus* da sua faculdade. Isso é quem Israel é, *agorinha mesmo*. Isso é o que temos para compartilhar.

UMA CONCLUSÃO ERRADA

Bem, vamos deixar algo bem claro – muitos países participam dos esforços humanitários e contribuem para o mundo em diversas áreas – como todos os países deveriam. Então, por favor, não considere os feitos anteriormente alardeados como propaganda patrocinada pelo Estado. Não se trata disso. Tudo que afirmei, da maneira mais direta, é o que Israel pode dar ao mundo, mas principalmente é o que pode dar a todo o Oriente Médio.

Se ao menos o Oriente Médio estivesse disposto a aceitar, porra!

Já estabelecemos que, em um nível muito básico, todo ser humano, e todo país, quer ser amado (ou respeitado), portanto é óbvio que os israelenses estão muito engajados tanto em efetuar mudanças no mundo quanto em deixar que o mundo saiba que Israel não é um lugar tão ruim. Estamos orgulhosos do que conquistamos em tão pouco tempo e contra todas as probabilidades, e é de enfurecer quando as coisas boas sobre Israel se perdem em meio à enxurrada de merda negativa. Israel tem tanto a compartilhar com seus vizinhos, por que eles não estão dispostos a ser nossos parceiros, ou somente estão dispostos a fazê-lo em segredo? Por que mais mulheres *iazidis* não podem vir a Israel para serem *ajudadas*, sem medo de serem *mortas* ao voltar para o Iraque?

Não só essa ajuda não está sendo recebida pelos nossos vizinhos como os movimentos de "boicote a Israel" tornaram-se legítimos e Israel, de todos os lugares, tornou-se em alguns círculos a Estrela da Morte regional. Ativistas de Bagdá a Berkeley e a Brandeis clamam por sanções e boicotes, tentando efetivamente impedir que Israel auxilie o mundo e seus vizinhos a progredir em tecnologia, saúde e agricultura, impedir que os israelenses contratem palestinos em Rawabi e ajudem mulheres *iazidis* traumatizadas.

Como isso está ajudando alguém? Você não ficaria chateado?

Quando você analisa toda a região e vê as liberdades únicas de Israel (de religião, de expressão, de gênero, os direitos LGBTQIA+ etc.) e acrescenta a elas o que Israel dá ao mundo e *também pode dar a todo o Oriente Médio* em tecnologia, artes, ciência, ajuda humanitária e conhecimento, é realmente difícil entender por que às vezes parece que todos querem nos depreciar.

E se você pensou que eu estaria p. da vida a essa altura, espere até chegarmos ao último capítulo, no qual tento entender o maldito motivo de termos chegado à situação atual.

Que obsessão é essa, mundo?

EIS O QUE ACONTECE

Enquanto escrevo este livro no aconchego do meu apartamento em West Hollywood, não posso deixar de me perguntar: quem é você, meu leitor? Quem é você para ter encontrado este livro e ter ficado com ele até o último capítulo? Qual era a sua *percepção* de Israel e qual era a sua reação quando o assunto vinha à tona? Eu gostaria de acreditar que, se fiz razoavelmente bem meu trabalho até agora, você pode estar se perguntando: "Como é que eu não sabia de tudo isso (ou de parte disso)?" Ah! Ótima pergunta: é isso que estamos fazendo aqui. Mas, primeiro, vamos ver o que os números dizem.

Os números concretos mostram que, dentro da população mundial em geral, Israel como uma "marca" está realmente posicionado fora do terço superior. De acordo com o Best Countries Report – uma classificação dos melhores países feita pelo *U.S. News & World Report*, pelo Y&R's BAV Group e pela Wharton School of Business[1] –, Israel passou do trigésimo lugar em 2018 para o vigésimo nono em 2019 entre 80 países, enquanto os americanos classificaram Israel na décima sexta posição. Não é muito ruim em geral, mas ao olhar os números de perto, alguns problemas ficam claros. A primeira questão é quão mal Israel é percebido entre a geração *millennials*; a segunda é que Israel é percebido como um país religioso que usa "bancos e tanques" com muita frequência.

Os *millennials* classificam Israel, no geral, no 46º lugar; eles posicionam o país no 9º lugar em termos de poder, e pensam que é o segundo país mais religioso do mundo, bem no meio da Arábia Saudita e do Irã! Esse nível de desinformação é chocante, considerando que Israel é o único país do Oriente Médio em que você pode praticar livremente qualquer religião que quiser, enquanto "fica" com seu parceiro do mesmo sexo na praia.

Além do problema da percepção de Israel, as pessoas que, *sim*, odeiam Israel, o odeiam com paixão e são extremamente explícitas sobre isso. No reino da internet, se você postar algo um pouco positivo sobre Israel, será trolado até o fim dos tempos, atacado com milhões de comentários sobre "Palestina Livre" e insultos insanamente cruéis. Você também pode se transformar em um alvo da esquerda puritana, permeada pelo linguajar do BDS. Consequentemente, Israel é uma zona de "não interferência" para muitos indivíduos de alto nível nos EUA. Na minha própria cidade adotiva de Hollywood, na Califórnia, as pessoas expressarão seu apoio a Israel em particular para mim, mas quase sempre evitam falar publicamente por medo da reação violenta.

Israel é um tema delicado. Mas por quê? Por que Israel evoca tantas emoções, algumas delas inteiramente irracionais?

Como alguém que foi criado no lado liberal do espectro político, minha resposta imediata a essa pergunta é simples: eles nos odeiam porque agimos mal. É isso que eu ouço de muitos dos meus amigos, tanto em Israel como nos Estados Unidos. E a verdade é – é verdade! Às vezes agimos mal!

Mas não é como se outros países não agissem mal, certo? Por que tal paixão quando Israel vem à baila? Por que movimentos de boicote, condenações mundiais, resoluções políticas, mídia internacional, manchetes, manifestações e tempestades de tuítes não são igualmente dirigidos contra, digamos, China, Coreia do Norte, Síria, Irã, Venezuela, Iêmen, Turquia, Rússia, Arábia Saudita, Mianmar, Burundi, Egito, Argélia, Serra Leoa, Paquistão, Líbia, Iraque e Chade? Israel é incompreendido não só pelas pessoas que foram intencionalmente educadas para entendê-lo mal, mas também pelas pessoas que realmente deveriam saber muito bem o que se passa.

Ironicamente, a resposta pode ter a ver com o próprio órgão internacional que desempenhou um papel decisivo na criação do Estado de Israel: as Nações Unidas.

NÃO DE NOVO, ONU

Eu amo o que as Nações Unidas representam. Meu avô Hanan, de quem falaremos em breve, trabalhou no corpo diplomático e foi membro da delegação israelense nas Nações Unidas, e tive a honra de discursar no Salão da Assembleia Geral em 2016 e 2018. Ainda sinto arrepios toda vez que entro naquele edifício.

A ONU foi criada como um órgão intergovernamental destinado a promover paz e segurança internacionais, harmonia e colaboração entre as nações do mundo. A primeira versão da ONU foi a Liga das Nações, formada após a Primeira Guerra Mundial com o objetivo de manter a paz mundial. Claramente, falhou, e depois da Segunda Guerra

Mundial as nações reestruturaram a organização e declararam: "Dessa vez de verdade! Chega de luta!" Assim, as Nações Unidas foram criadas.

Desde os primórdios do sionismo, Herzl e o restante de sua equipe da velha guarda sabiam que a autodeterminação judaica dependia de sua aceitação pela comunidade internacional. Eles entenderam a importância da legitimidade mundial e cruzaram o globo algumas vezes para alistar líderes mundiais no projeto de construção do Estado judaico, recebendo apoio limitado de alguns (Grã-Bretanha e a Liga das Nações), porém falhando com a maioria. O mundo teve que esperar pelos horrores do Holocausto a fim de perceber que depois de milhares de anos de discriminação, *pogroms* e perseguições, os judeus provavelmente deveriam ter um lugar para chamar de seu – sabe como é, por via das dúvidas.

Na verdade, uma das primeiras grandes realizações do bebê Nações Unidas foi de fato o Plano de Partilha, que concedeu aos judeus seu Estado novamente. Trinta e três nações votaram a favor da resolução, 13 se opuseram e 10 se abstiveram. (Como você deve se lembrar do capítulo "Nasce um Estado", os judeus concordaram com esse plano, todos os membros da Liga Árabe e todos os países muçulmanos votaram contra, e os árabes começaram uma guerra, mas não precisamos falar disso novamente.) Quando Israel foi estabelecido em 1948, havia 58 Estados que eram membros das Nações Unidas.

Hoje, como resultado da mudança das fronteiras mundiais e de países emergentes, há 193 membros na ONU, 53% deles não de democracias,[2] e aqui reside pelo menos um dos problemas. As Nações Unidas, que nasceu em decorrência das atrocidades da Segunda Guerra Mundial, entenderam o que poderia acontecer se os judeus *não* tivessem um lugar para ir se a merda fosse jogada no ventilador. Seu propósito, no entanto, tem mudado ao longo dos anos, causando uma grande dor de cabeça a Israel e um verdadeiro risco à sua segurança.

Desde seus primeiros dias, Israel trabalhou duro para obter reconhecimento internacional, criando parcerias na esperança de ser tratado como um igual. Israel foi o primeiro a reconhecer e a enviar embaixadores a novos países e entidades internacionais, entre eles, por exemplo, o precursor da União Europeia – a Comunidade Econômica Europeia (CEE). Quando o colonialismo estava finalmente acabando e os países africanos conquistando sua independência, Israel viu sua afinidade com esses países e empreendeu um grande esforço para criar relações diplomáticas e oferecer apoio. Não foi sem mais nem menos que o governo israelense pressionou para estabelecer relações com a África. Essa afinidade está no DNA do sionismo desde os seus primórdios, especificada por ninguém menos que Theodor Herzl, o pai do sionismo.

Os sionistas sempre acreditaram que as comunidades negras e as comunidades judaicas possuíam entre si um vínculo inquebrável e uma parceria divina na luta contra a discriminação. Essa ligação é descrita em um dos textos mais importantes sobre os quais o sionismo é construído, o *Altneuland*, romance de Herzl:

> Ainda há um problema de infortúnio racial não resolvido. As profundezas desse problema, em todo o seu horror, só um judeu pode compreender. Refiro-me ao problema dos negros. [Um aparte: Essa expressão me causa horror. Infelizmente, era aceitável em 1902.] Não ria, sr. Kingscourt. Pense nos horrores de arrepiar os cabelos do tráfico de escravos. Seres humanos, por terem a pele negra, são roubados, transportados e vendidos. Seus descendentes crescem em ambientes estranhos, desprezados e odiados porque sua pele é diferentemente pigmentada. Não tenho vergonha de dizer, embora me considerem ridículo, agora que vivi para ver a restauração dos judeus, que eu gostaria de pavimentar o caminho para a restauração dos negros.[3]

Em seu livro de 1902, Herzl condena as opressões e a discriminação do povo africano e expressa o desejo por sua igualdade. O novo Estado de Israel estava trabalhando duro para transformar a visão de Herzl em realidade e durante muitos anos foi capaz de fazê-lo. No entanto, esse relacionamento especial começou a se desgastar em abril de 1955, na primeira conferência afro-asiática em Bandung, na Indonésia, quando um sentimento anti-Israel começou a surgir. Um orador surpresa naquela conferência não foi outro senão o líder palestino Amin al-Husseini, amiguinho de Hitler, que falou contra – adivinha? – Israel. Ao longo dos próximos anos, os países árabes continuaram a exercer pressão financeira e política sobre os países da África e em todo o mundo, trabalhando simultaneamente para excluir Israel de grupos-chave na ONU.

Em 1957, a ONU foi dividida em grupos regionais baseados principalmente em localizações geográficas. As pessoas nesses "grupos de trabalho" representam seus Estados no dia a dia na ONU; eles fazem parte de vários comitês diretivos, e são eles que decidem e controlam toda a agenda da ONU, alocações orçamentárias etc.[4] No entanto, visto que todos os Estados árabes se opuseram unanimemente a trabalhar com Israel, Israel foi deixado de fora da região em que está... localizado. Claro que isso fazia parte das tentativas sistemáticas das nações árabes de deslegitimar Israel como Estado. Impediu Israel de participar de comitês que abordavam todos os principais problemas regionais e controlavam tomadas de decisões fundamentais na ONU, incluindo a definição do programa e das prioridades da organização. Em 2000, Israel foi finalmente aceito como membro do grupo de nações da WEOG (Western European and Other States Group – Grupo da Europa Ocidental e Outros Grupos) e, pela primeira vez, pôde participar do funcionamento interno da ONU.

Infelizmente, entre a campanha de pressão árabe e os anos de exclusão, o estrago já tinha sido feito e Israel se tornou o supervilão da ONU e seu alvo favorito. Aqui estão alguns fatos:

- De 2015 a 2019, a Assembleia Geral das Nações Unidas adotou mais resoluções contra Israel do que contra o Irã, a Síria, a Coreia do Norte e a Rússia *em conjunto*.[5] Israel foi oficialmente condenado 96 vezes, a Síria 7, a Coreia do Norte 5 e o Irã 5 – e a China foi condenada *zero vez*.

- Somente em 2019, a Assembleia Geral da ONU adotou *18* resoluções contra Israel e *7* contra cada outro país no mundo *somados*[6] (17 na Assembleia Geral +1 no Conselho Econômico e Social).
- Um dos comitês mais importantes da ONU é a Comissão sobre o Estatuto da Mulher. Desde 2015 essa comissão emitiu apenas quatro condenações, todas visando um único Estado. Você pode imaginar qual. Ela se opunha ao tratamento israelense das mulheres palestinas.[7] (Podemos voltar à sra. Haneen Zoabi e à sra. Heba Yazbak por um segundo?)
- Israel é sempre o tema mais quente das conversas na ONU; para nossa sorte está tudo documentado. Em 2019, por exemplo, Israel foi o *terceiro* tema mais discutido em discursos de líderes mundiais no "Debate Geral" da Assembleia Geral, logo após a mudança climática (#1) e os objetivos de desenvolvimento sustentável da ONU – ODS (#2). Israel também chegou ao terceiro lugar no que diz respeito à obsessão dos líderes da ONU em 2018, logo após a mudança climática (# 1) e a terrível guerra na Síria (#2).[8]
- Desde a sua criação em meados de 2006 até julho de 2020, o Conselho de Direitos Humanos da ONU adotou 217 resoluções criticando Estados específicos. Quase metade dessas resoluções[9] (41,5%, para sermos exatos, 90 delas!) eram contra a única democracia no Oriente Médio; o mundo inteiro dividiu as demais.
- Nesse mesmo órgão (o Conselho de Direitos Humanos), Israel é o *único* país que constitui um item permanente na pauta. (Item nº 7 da agenda)
- Desde a sua criação, o Conselho de Direitos Humanos criou 31 comissões de inquérito e missões de averiguação de fatos para investigar alegações de violações de direitos humanos. Vinte e cinco por cento desses mecanismos de investigação (8 deles) têm enfocado exclusivamente Israel.[10]
- Várias outras agências da ONU, destinadas a abordar assuntos profissionais específicos, também tendem a destacar Israel para

criticá-lo. Por exemplo, os Estados-membros da Organização Mundial da Saúde, que deveriam estar realmente focados em manter o mundo saudável (como estamos em relação ao HIV ou à covid-19, por exemplo? Acabamos com eles?), pressionaram por uma resolução que obrigue a organização a emitir anualmente apenas um relatório específico a um país. Vou deixar que você adivinhe qual país é selecionado para críticas da OMS: Israel, é claro.[11] Só para deixarmos as coisas bem claras, Israel é líder mundial em *assistência de saúde pública* e tecnologias médicas, para não mencionar o tratamento das crianças sírias feridas.

- Houve dez Sessões de Emergência ("Unindo pela Paz") realizadas na Assembleia Geral. Cinco dessas dez sessões de emergência foram dedicadas a Israel. A propósito, a última sessão nunca foi concluída, então tecnicamente ainda está pendente.[12]

O QUÊ??? Israel é realmente o maior e o pior lobo da floresta? Claro que não. Mesmo se você colocar cada um dos erros de Israel sob um microscópio, eles ainda não chegariam perto daqueles dos *muitos* outros países mundo afora. Na Arábia Saudita, a praça Dera (zombeteiramente chamada de Chop-Chop) é um local de decapitações públicas semanais. Em Dubai, a classe trabalhadora é literalmente escrava. Na China, os desaparecimentos são normais e os muçulmanos estão sendo rastreados e colocados em acampamentos. Na Turquia, jornalistas e ativistas são presos e mortos. No Irã, as pessoas LGBTQIA+ são executadas. Na Síria, o governo usa armas químicas contra seu próprio povo. Na Rússia, há detenção arbitrária e coisa pior. Em Mianmar, o exército está massacrando a população dos muçulmanos rohingya. Em Brunei, a lei da Sharia acaba de ser promulgada. Na Coreia do Norte – nenhuma descrição é necessária.

No mundo inteiro, milhões de pessoas estão morrendo por causa de líderes tirânicos, guerras civis e atrocidades inimagináveis. Mas você não vê piquetes apaixonados contra Dubai, a Turquia ou mesmo a Rússia. O único país consistentemente em destaque é... Israel.

A ONU proclama valores de dignidade humana, direitos iguais e avanço social e econômico que são realmente fantásticos, e são os valores de acordo com os quais Israel foi estabelecido e está operando. A ironia é que os países que certamente não aderem a alguns ou a quaisquer desses valores são muitas vezes aqueles que criticam Israel, com a maior cara de pau. "Olhe para lá!", esses líderes dizem, para que o mundo não olhe para o quintal deles e não veja as violações grosseiras dos direitos humanos que eles cometem. Tudo isso levou a um número desproporcional de resoluções da ONU contra o único Estado judeu e a única democracia no Oriente Médio. Israel é um cômodo saco de pancadas, porém essa obsessão por um único país está sendo usada para desviar a atenção e a energia de qualquer discussão sobre os direitos humanos nos *verdadeiros* regimes assassinos do mundo.

E os israelenses não são os únicos que notaram essa censura desproporcional. Os Estados Unidos usam seu poder de veto para impedir quase todas as resoluções do Conselho de Segurança contra Israel, e não o faz por causa de "*lobbies* poderosos" (desculpe estourar sua bolha). A razão pela qual os EUA "enterram" a maioria dessas resoluções é porque entendem. Em uma reunião a portas fechadas do Conselho de Segurança em 2002, o ex-embaixador dos EUA na ONU John Negroponte teria afirmado que os EUA se oporiam a todas as resoluções da ONU contra Israel que não incluíssem também: condenação do terrorismo e incitamento ao terrorismo; condenação de vários grupos terroristas como o Hamas e a *jihad* islâmica; e uma exigência de melhoria da segurança para Israel como condição para a retirada israelense dos territórios. Se uma resolução não incluísse essa linguagem básica e racional, os EUA iriam vetá-la. Assim fizeram e assim o fazem, graças ao bom Deus, segundo o que hoje conhecemos como a Doutrina Negroponte.

A hipocrisia da ONU também foi percebida por muitos outros, incluindo Ban Ki-moon, o oitavo secretário-geral. Como ele reconheceu na véspera de sua partida, 16 de dezembro de 2016: "Décadas de manobras políticas criaram um volume desproporcional de resoluções, relatórios e conferências criticando Israel".[13]

Nas palavras desse altamente respeitado e condecorado diplomata sul-coreano, o tratamento desigual de Israel é resultado de "décadas de manobras políticas". Essa constante "indignação" internacional não é uma crítica legítima às políticas de um país; é um fantoche político de primeiro grau. Contudo, tem repercussões generalizadas. Esse contínuo ataque contra Israel por um respeitável órgão internacional confere aos movimentos anti-Israel, seja de esquerda ou de direita, uma falsa sensação de legitimidade, que chega até o seu quarto no dormitório na faculdade.

Em uma acalorada reunião do gabinete israelense em 1955, David Ben-Gurion foi citado ao rejeitar furiosamente a ONU: "*Um-Shmum!*", ele gritou, misturando o nome hebraico para a ONU e um toque inteligente de condescendência ídiche. Kofi Annan, outro ex-secretário-geral da ONU, fez uma piada sobre essa expressão quando visitou Israel. Essa expressão pegou e ainda é usada para descrever a atitude esmagadora dos israelenses: "Não importa o que fizermos, eles sempre estarão contra nós, então danem-se de qualquer maneira".

É claro que isso não é verdade. É meio como a versão do Estado-nação de um mecanismo de autoproteção: se o menino na escola não gosta de mim, bem, *quem precisa dele, afinal?* Mas nós precisamos. É extremamente importante que os israelenses sejam compreendidos e aceitos, e as Nações Unidas estão no marco zero.

Meu avô Hanan entendeu isso e se dedicou à diplomacia internacional e a servir, entre outros lugares, nas Nações Unidas. Ele deu a vida tentando transformar o mundo num lugar melhor, apenas para ver Israel ser desrespeitado por essa mesma instituição, que deveria congregar o mundo em paz.

O DIPLOMATA

Meu avô nasceu como Hans Berkowitz em Colônia, Alemanha, em 1911. Sionista, emigrou para o Mandato Britânico da Palestina em 1936, mudou-se para o recém-formado *kibutz* Kfar Maccabi, e, como havia estudado Economia na Alemanha, passou a ser o tesoureiro do *kibutz*. Em suas muitas viagens para a grande cidade de Tel Aviv, conheceu minha deslumbrante embora justificadamente alquebrada vovó, Hilda Schorr, e os dois se casaram. Tiveram minha mãe, Yael, e alguns anos depois seu irmão Noam. Meu avô tornou-se ativo no Partido Trabalhista e, a pedido de Ben-Gurion, mudou seu nome para o nome hebraico Hanan Yavor. (Lembra-se do caldeirão? Esperava-se que todos mudassem seus nomes naquela época.)

Meu avô foi capaz de retribuir não apenas ao seu novo e minúsculo país, mas também a um outro enorme continente que estava despertando. Na minha pesquisa para este livro, encontrei muitos artigos sobre a vida de meu avô e seu trabalho, porém um me emocionou mais. É uma história contada pelo jornalista Nahum (Herbert) Pundik do *Davar*, datada de 23 de setembro de 1960.[14] O artigo, cujo subtítulo era "A equipe de um homem de Israel", inclui uma entrevista com a então ministra das Relações Exteriores, sra. Golda Meir, sobre as extraordinárias relações de Israel na África e a polinização cruzada de conhecimento que viajava de ida e volta do novo Estado no Oriente Médio para os novos Estados que se formavam na África. Golda discute a importância dessas relações, explicando que, assim como Israel, as nações africanas estavam ganhando sua independência da Grã-Bretanha e correndo para construir um Estado. Escreve Golda:

> A chave para entender esses novos países é o fato de serem impacientes. Eles não querem que os europeus lhes digam que as coisas precisam caminhar devagar [...]. Eles não pensam em termos de centenas ou dezenas de anos, eles querem se desenvolver rapidamente. O que dizemos às nações africanas é

> que cometemos e ainda cometemos erros e se eles escolherem aprender de nós, tanto do nosso conhecimento quanto dos nossos erros, eles podem e irão economizar um tempo precioso.

Os novos países da África (Gana, Libéria, Nigéria, Costa do Marfim, Quênia, Camarões e outros) estavam conquistando sua independência um após o outro. Eles precisavam de ajuda, e Israel estava lá para isso. Ou, mais especificamente, meu avô estava lá para isso. Golda fala sobre meu avô extensivamente, creditando a ele essa florescente relação. Meu avô foi a primeira pessoa a representar Israel em todo o continente africano. Ele chegou a Acra em março de 1956, um ano antes da independência de Gana, e começou a trabalhar, como disse ao sr. Pundik:

> No meu primeiro ano [...] eu estava sozinho em Acra. Eu administrava meu escritório sozinho, no meu quarto de hotel, trabalhando o dia todo e datilografando à noite. Alguns meses depois, minha família se juntou a mim e minha esposa começou a me ajudar.[15]

Ao que parece, meu avô era como um pequeno *superstar*, de acordo com que a revista *West Africa* escreveu em dezembro de 1957:

> Seu trabalho árduo e o interesse autêntico que ele tem no desenvolvimento de Gana são evidentes para todos. Não há muitos ministros de Gana que não mencionarão, mais cedo ou mais tarde, uma reunião ou uma conversa que tiveram com Hanan Yavor. Ele era um homem que estava disposto a trabalhar seriamente para um desenvolvimento econômico.

Um artigo anterior, de autoria de Colin Legum, publicado em 29 de novembro de 1957 no jornal *HaBoker*, reconhece o sucesso do meu avô em tempo real:

> Gana escolheu manter relações internacionais com Israel apesar de um boicote e de advertências severas dos países árabes. Gana decidiu colaborar com Israel em várias áreas, como agricultura comunitária, água, estradas e eletricidade, infraestrutura e a marinha. É difícil

> entender por que essa afinidade com Israel, a não ser porque o povo de Gana [...] está surpreendido e curioso pelas conquistas de Israel. Este sucesso deve ser atribuído ao jovem e entusiasta Hanan Yavor.[16]

Em março de 1957, Gana ganhou sua independência e minha mãe, que já morava lá, lembra-se claramente do dia. Ela era uma garota de *kibutz* de 16 anos, cabelos curtos, dançando nas ruas de Acra com o povo ganês libertado. Não muito tempo depois, meu avô entregou o cargo de embaixador formal a Ehud Avriel e viajou para a Libéria e depois para a Nigéria, estabelecendo ali relações quando se tornou representante de um dos cinco primeiros países a apresentar uma carta credencial ao novo governo nigeriano, juntamente com os EUA, a França, o Líbano e a Alemanha Ocidental. Ele se tornou o embaixador oficial de Israel na Libéria e depois na Nigéria, continuando a impressionar seus colegas e a imprensa internacional.

Em um artigo de 2 de dezembro de 1960, o jornalista Abiodun Aloba escreveu:

> O embaixador Hanan Yavor, especialista em agricultura comunitária, afirmou mais uma vez a disposição de seu país em auxiliar o novo Estado da Nigéria no que diz respeito ao conhecimento da agricultura, com a intenção de melhorar a eficiência da agricultura nigeriana e sua economia em uma conjuntura semelhante [...]. Até alguns anos atrás, não se poderia imaginar que Israel teria essa excelente reputação na Nigéria, especialmente com toda a propaganda árabe hostil e ainda mais na Nigéria que tem maioria muçulmana. No entanto, a experiência dos últimos anos provou ao povo nigeriano que Israel não só tem o conhecimento para oferecer, mas o faz com entusiasmo e dedicação.[17]

Ok, você entendeu – meu avô arrasava. Mas ele arrasava em nome do Estado de Israel, com base em um intercâmbio no futuro. O nível de cooperação e colaboração entre Israel e as nações africanas emergentes na época foi sem precedentes. Milhares de especialistas de vários campos iam e vinham, ajudando em tudo, de agricultura, transporte, área médica, área militar, arquitetura, educação, economia, e mais. A Libéria não tinha oftalmologistas até que o Hadassah e a Universidade Hebraica abriram uma clínica na Monróvia. A Zim, empresa israelense de transporte marítimo, estava construindo ou assessorando vários países sobre como criar e manter suas frotas. Africanos e israelenses também colaboraram para trazer o conceito do *kibutz* à África, ajudando a instalar pequenos grupos de jovens em assentamentos agrícolas comunitários pelo continente.

Os anos de 1957 a 1973 foram considerados a idade de ouro das relações entre Israel e África, e meu avô liderou o esforço nos tempos em que o mundo estava disposto a receber o que Israel tinha a oferecer. Mas ele ainda estava vivo para ver o trabalho de sua vida desmoronar, à medida que a posição de Israel no mundo – com relação às nações africanas e outras – começou lentamente a piorar.

Parte meu coração pensar que o trabalho do meu avô foi em vão. Chegamos agora a um ponto em que odiar Israel não é apenas um propósito dissimulado ou um aperto de mãos secreto de diplomatas de alto escalão em quartos escuros pelo mundo. Agora é uma postura social e política legítima e popular a ser adotada. A vantagem numérica e os anos de "manobras políticas" de alguns desses países altamente antidemocráticos, que também não querem Israel por perto, combinada com o falso sentido de legitimidade de uma ONU manipulada, validaram um sentimento anti-Israel em todo o mundo.

Isso criou um "ativismo" político novinho em folha, que se orgulha em ser oh-tão-justo e que teria chocado o meu avô.

Chama-se: *antissionismo.*

UMA NOVA E DESCOLADA CAUSA DE JUSTIÇA SOCIAL

Se o sionismo é sobre o povo judeu ter direito a um Estado próprio, como se converteu em um insulto? Como ser um *antissionista* se transformou em algo que pode ser motivo de orgulho, algo que até alguns dos meus amigos carregam como um distintivo de honra? O conceito de ser antissionista é usado a torto e a direito, como se fosse uma crítica legítima às ações governamentais. "Não sou antissemita! Não sou anti-Israel! Sou apenas antissionista!" Soa bem, mas o que isso significa?

Em 1975, a Assembleia Geral das Nações Unidas aprovou a Resolução n. 3.379, que declarou "o sionismo como uma forma de discriminação racial".[18] Essa resolução da ONU estava terrivelmente errada e, com razão, foi revogada em 1991,[19] porém a concepção errônea de que sionismo é racismo só se fortaleceu. (Lembre-se, sionismo é sobre ter um Estado judeu, mas não um Estado *exclusivamente judeu*!) Algumas pessoas afirmam que ser antissionista não tem nada a ver com israelenses e tem tudo a ver com o povo palestino. Tornou-se uma forma popular de algumas pessoas descreverem como se identificam com o azarão enquanto alegam que estão querendo mudar as coisas. Mas ser antissionista não tem *nada* a ver com as políticas de um determinado governo israelense. Pelo contrário, é um repúdio ao direito de Israel de existir como um Estado, ponto-final.

O grande aiatolá do Irã, Ali Khamenei, é um antissionista ardoroso e, à semelhança de muitos outros antissionistas, ele não acredita que Israel tenha o direito de existir. Na verdade, ele nem se refere a Israel pelo nome, mas o chama de "Entidade Sionista". Ao fazer isso, rejeita a realidade de que os judeus são uma *nação* e a realidade de que Israel *é* um país em que nove milhões de pessoas vivem atualmente. Ao insistir nessa realidade alternativa, o que ele está sugerindo? Será, como bem o coloca o jornalista Bari Weiss, um chamado para que todos façam com que "um país que *existe, não* exista?" Isso certamente não pode acabar bem. Eu gostaria de pensar que meus amigos que se autodescrevem como antissionistas não entendem bem o termo, e não que defendem um massacre.

O antissionismo, por mais benigno que alguns ativistas gostariam que soasse, tem como alvo apenas uma nação. Negar o direito de uma nação de ter um Estado, e fazê-lo com vigor, brilho e falso moralismo é uma atitude que provavelmente deveria ser reservada para a Coreia do Norte. Então por que, pelo amor do bom Deus, esses guerreiros de teclado da justiça social têm como alvo o um e único Estado judeu? E a pergunta que se segue naturalmente é: o antissionismo pode ser conscientemente desvinculado do antissemitismo? O fomento da destruição de um país pode ser separado do fomento da destruição das pessoas que vivem naquele país?

VAMOS FALAR SOBRE ANTISSEMITISMO

Fiz algumas ligações para amigos e colegas para escrever este capítulo, pedindo às pessoas que me dissessem a primeira coisa que lhes vinha à mente quando eu perguntava: "Por que você acha que as pessoas odeiam Israel?" Isso claramente não é uma pesquisa acadêmica, mas pensei que essas conversas anedóticas pudessem ser reveladoras. Uma das pessoas com quem falei foi um homem chamado Maajid Nawaz.

Maajid Nawaz era um islamista radical. Nascido na Inglaterra de pais paquistaneses, foi detido no Egito em 2001 e preso por ser membro do grupo fundamentalista islâmico Hizb-ut-Tahrir, que visa restabelecer o Califado e promulgar a Sharia. Enquanto na prisão, Maajid começou a ler materiais sobre direitos humanos e foi ajudado pela Anistia Internacional, o que o obrigou a fazer um giro de 180° em seu dogma islâmico. Quando Maajid foi libertado, dedicou sua vida a transformar o islamismo a partir de dentro. Ele escreveu um *best-seller* sobre sua experiência, *Radical*, e foi coautor de outro, *Islam and the Future of Tolerance*, com Sam Harris. Ele é um fera da transformação humana e tenho orgulho de chamá-lo de amigo.

Depois que eu lhe fiz essa pergunta, Maajid não pestanejou e disse, suspirando: "Ah, Noa, isso é tão simples. As pessoas odeiam Israel por causa do antissemitismo".

Fiquei quieta.

"Oi?", exclamou ele. "Por que você ficou quieta?"

Eu disse a ele que isso era um pouco chocante.

"Você ouvirá outras respostas, mas se continuar perguntando 'mas por quê', vai acabar no fundo do poço que é o antissemitismo."

Fiquei chocada com a resposta dele. Todas as outras pessoas a quem fiz essa pergunta evitaram, com elegância, falar diretamente de antissemitismo. Em algum momento diriam algo como: "E talvez algumas pessoas não gostem de judeus". Ninguém havia dito isso com tanta clareza ou convicção. Eu também fiquei sem chão, porque realmente não queria falar disso neste livro. Cresci em um mundo que parecia *pós*-antissemitismo. Lembra-se da conversa que tive naquele barco na Grécia com aquele cara alemão gostoso no quarto capítulo? Até ouvi-lo negar o Holocausto e acusar Israel de cometer crimes de ódio sistemáticos, eu não sabia que as pessoas eram tão mal-informadas. Depois de me mudar para os Estados Unidos, conheci muitas pessoas ignorantes ou ingênuas, porém mesmo os antissionistas mais ardentes afirmavam apoiar *judeus*; na verdade, alguns *eram* judeus. Mas isso, claro, é apenas uma parte do quadro. O antissemitismo é velho e velhos hábitos custam a morrer.

O esporte de odiar os judeus remonta aos próprios judeus. Meu amiguinho Josefo, do capítulo "Que a fervura do caldeirão cultural não derreta a todos nós", escreveu uma obra em vinte volumes chamada *A Antiguidade dos Judeus*, a fim de combater o antissemitismo pagão e os conceitos equivocados sobre os judeus – e isso foi em 93-94 d.C.! Então, sim, o antissemitismo já existe há algum tempo. Infelizmente, os últimos anos nos mostraram que o antissemitismo não só ainda está por aqui, mas também que parece ter se tornado aceitável novamente. Em 2019, a Anti-Difamation League descobriu que os incidentes antissemitas atingiram um recorde histórico desde que havia começado a rastreá-los em 1979, com um aumento de 56% nos ataques.[20] Em Charlottesville, supremacistas brancos gritavam: "Os judeus não nos substituirão", orgulhosamente e sem sequer cobrir o rosto, e na sinagoga Tree of Life em Pittsburgh, 11 pessoas foram mortas a tiros. Tem havido um aumento de assassinatos, assédio, vandalismo, agressão e mortes de judeus nos EUA. Nas incríveis manifestações de justiça social que se seguiram ao assassinato de George Floyd, pessoas picharam a frase "Judeus, estamos indo atrás de vocês" em um parque perto do meu apartamento. E, claro, existem os milhões de postagens e tuítes afirmando que foram os judeus que criaram a covid-19. Os judeus constituem somente 2% da população estadunidense, mas são o alvo de 50% dos crimes de ódio baseados na religião.

Então, OK, o antissemitismo ainda é um fator, mas ainda parecia muito simplista ligá-lo ao ódio a Israel.

Maajid continuou:

> Por que as pessoas julgam os judeus por um padrão e o restante do mundo por outro? As pessoas dizem que Israel é um país colonialista; por que não eliminar também os Estados Unidos ou a Austrália? As pessoas estão indignadas por Israel ser um Estado judeu; por que não boicotar o Paquistão?

Os pais dele são ambos do Paquistão, então ele sabe.

> Quase não há diferença entre o estabelecimento de Israel e do Paquistão. Ambos foram criados como um porto seguro para grupos perseguidos: judeus e muçulmanos. Ambos estão envolvidos em disputas de terras. Ambos controlam locais religiosos de outras religiões. E inclusive nasceram com apenas alguns meses de diferença.

Maajid então me direcionou a um texto que ele escrevera e que ecoava o mesmo sentimento:

> E, no entanto, não há convocação para boicotar o Paquistão por parte da extrema esquerda e de simpatizantes islâmicos. Não existe nenhum movimento em voga que tenha como objetivo

> envergonhar os músicos que optam por ali se apresentar, não há bloqueio de palestrantes em universidades e nenhum protesto condenando as "injustiças históricas" dos punjabis. A verdade é que não existe absolutamente nada que possa ser dito sobre Israel que não possa ser dito sobre o Paquistão.[21]

Maajid continuou ao telefone:

> As pessoas simplesmente não se sentem confortáveis com a autodeterminação judaica. Me custou muito chegar a essa conclusão [sua família o repudiou], porém considerando tudo mais que está acontecendo no mundo e se você usar apenas a lógica, não posso ver outra explicação para esse ódio cruel a Israel.

*Oy vey.**

Ouvir isso me deixou mal, mas tive de admitir, ele pode ter alguma razão. Todos nós carregamos preconceitos subconscientes sobre várias raças, nacionalidades, identidades sexuais etc. Em geral, quando somos confrontados com tais acusações, partimos imediatamente para a autodefesa, fazendo *lobby* em nome das virtudes de nosso caráter. *"Eu não sou essa pessoa!"* Eu também faço isso, porém aprendi há pouco que provavelmente é melhor calar a boca e ouvir.

Creio que há um preconceito inconsciente quando se trata de Israel, e vou correr o risco e sugerir que pode ter algo a ver com uma conversa oculta que as pessoas têm em sua cabeça sobre... judeus. Ser um antissemita declarado está totalmente fora de questão, então poucas pessoas andarão por aí propagando isso. Mas como Bari Weiss descreveu tão perfeitamente: "O antissemitismo não é apenas um preconceito, é uma teoria da conspiração [...]. Diz que há uma mão secreta controlando o mundo, e essa mão secreta é chamada de judeu".[22] Em outras palavras, é um traço subconsciente. Então, se

* N.T.: Exclamação em ídiche usada quando alguém está aflito, chocado, preocupado etc. Pode ser traduzida como "Ai de mim!".

você tiver uma conversa em sua cabeça sobre judeus "controlarem o mundo", "a mídia", "o dinheiro", "os Benjamins"* ou mesmo apenas uma associação frouxa de judeus com a palavra "conspiração", não estou dizendo que você é um antissemita, mas você deveria verificar seus preconceitos subconscientes e, em seguida, reavaliar suas posições com relação a Israel com base em fatos, não em sentimentos.

O antissionismo é a versão politicamente correta do antissemitismo. É esse conceito novo e aprimorado – anti-israelismo. Dito isso, algumas das vozes mais poderosas que falam contra Israel são de fato de dentro da comunidade judaica, algo de que os grupos anti-Israel se orgulham. E deveriam! Como o judaísmo sempre defende os direitos humanos e encoraja a dissidência, sou totalmente a favor de falar contra as políticas do governo quando você não gostar delas. Mas quando os estudantes da Brandeis University, uma universidade criada para judeus quando eles não eram aceitos em faculdades da Ivy League,** choram em apoio ao BDS, não tenho certeza qual é realmente o objetivo, e estou certa de que eles tampouco sabem. Se você se opõe veementemente a certas ações tomadas pelo governo israelense, certifique-se de julgar outros países pelos mesmos parâmetros. Se você apoia movimentos de boicote, verifique quem está pagando por suas atividades e o que é que eles estão buscando atingir.

E, quando se trata da comunidade negra e da comunidade judaica, vamos lembrar das palavras de Herzl. Vamos lembrar do rabino Abraham Joshua Heschel (procure no Google essa foto da marcha de Selma), de Michael Schwerner e Andrew Goodman (ativistas de direitos civis do Mississippi que, junto com James Chaney, foram assassinados no "Freedom Summer Murders"), e muitos, muitos mais.

Não vamos deixar que o movimento BDS e outros causem uma mácula no vínculo profundo entre essas duas comunidades, e vamos

---

* N.T.: Cédulas de 100 dólares, assim apelidadas por terem nelas estampada a imagem de Benjamin Franklin.

** N.T.: Grupo formado por oito das mais prestigiadas universidades dos Estados Unidos: Harvard, Princeton, Columbia, Yale, Pennsylvania, Brown, Dartmouth e Cornell.

lembrar ao mundo, mais uma vez, que *nenhuma discriminação jamais será aceitável*. A fim de erradicar esse mal, precisamos olhar diretamente nos seus olhos – mesmo quando é desconfortável – e admitir que o antissemitismo, afinal das contas, tem algo a ver com o antissionismo.

Eu odeio bancar a vítima. E, como muitos caluniadores apontam: Israel é forte. Eles argumentam que os judeus são fortes (ou, como disse Gidi: resilientes). Os *lobbies* judeus são fortes (o que é verdade, de certa forma, e antissemita de outra). No entanto, os poderes que atuam para minar e deslegitimar Israel também são fortes e enraizados em preconceitos profundos. Sucumbir a eles seria prejudicial para o mundo em geral, sem falar na única democracia em uma região tumultuada, uma democracia que está fazendo o melhor que pode no mais volátil dos ambientes.

QUE UM PAÍS SEM PECADO ATIRE A PRIMEIRA PEDRA

Todo e qualquer país ao redor do mundo lida com um constante puxa daqui, empurra dali entre o idealismo e o pragmatismo, entre a visão para o país e a realidade – especialmente democracias. Essa é a razão pela qual os Pais Fundadores resolveram, na Constituição dos EUA, "formar uma União *mais perfeita*", indicando que essa obra jamais terminará. No entanto, a tensão entre teoria política e prática é mais evidente em Israel do que em qualquer outro lugar. É muito fácil ser idealista quando você mora em São Francisco, Londres, Paris, Seattle, Nova York, Sydney ou Los Angeles. Veja se você pode ser tão idealista quando um grupo terrorista está tentando criar um Estado de Sharia a 50 km de sua porta, e 21 países ao seu redor (mais ou menos, dependendo do ano) estão conspirando para dizimar você. A vulnerabilidade existencial de Israel é um fato que molda muitas de suas políticas e ações e, infelizmente, todas são lamentavelmente desconsideradas por guerreiros da justiça social vomitando raiva de seus sofás.

Tendo isso em mente, aqui estão alguns dos argumentos favoritos contra Israel:

- **Colonialismo.** O argumento anti-Israel mais popular é que ele é um Estado colonialista. Não é. Israel é um *Estado de refugiados*, restabelecido depois que os britânicos *saíram*, como a pátria judaica depois de milhares de anos de exílio e perseguição. Os judeus não voltaram a Israel para "colonizar" ou operar em nome de qualquer potência europeia, mas literalmente para se salvarem. O argumento de que Israel é uma colônia europeia é também falho, já que apenas 31% de seus cidadãos são de origem europeia; os demais são provenientes do Oriente Médio, árabes e judeus, o que faz com que sejam locais. (Desculpe, eu sei como isso pode soar mal. Mas ouço muito esse argumento, colocado nessa exata terminologia racista.)
- **Apartheid.** Tem havido uma tentativa de rotular Israel de um Estado de *apartheid*, semelhante à África do Sul. Isso é de enfurecer. A África do Sul tinha um regime horrível, com violenta segregação e leis discriminatórias e sem direitos para sua população majoritariamente negra. Israel concede direitos iguais a todos os seus cidadãos, incluindo, é claro, os 21% deles que são árabes. O terceiro maior partido político no parlamento israelense é um partido árabe, os árabes servem nas FDI e fazem parte do sistema judiciário, do universo acadêmico, das áreas médicas e do entretenimento – tudo isso. Não é perfeito, mas é uma democracia poderosa. Podemos e deveríamos analisar a situação na Margem Ocidental, mas, quando o fizermos, vamos também tentar ser claros sobre por que não há ainda uma Palestina nesses territórios. Pintar todo o Estado de Israel como um Estado de *apartheid* é um argumento preguiçoso, com possíveis consequências graves para a única democracia consistente na região. Também é, simplesmente, falso.

- **Limpeza étnica.** Algumas pessoas tentam alegar que os judeus em Israel estão envolvidos na limpeza étnica sistemática e pré-planejada da população árabe. Isso é absurdo. Em 1948, a ONU deu a terra tanto aos judeus quanto aos árabes. Os judeus aceitaram e os árabes recusaram. O primeiro ato dos árabes foi declarar guerra. Atacaram e perderam. Muitos árabes sofreram e ainda sofrem muito, mas não havia nenhum desejo israelense, sistemático ou não, de eliminar o povo árabe. Os que ficaram são agora cidadãos de pleno direito numa democracia imperfeita, porém florescente. Com certeza há racismo em Israel, violações dos direitos humanos de seus cidadãos árabes ocorrem, não devem ser toleradas e devem ser combatidas constantemente, mas descrever esses atos como limpeza étnica é uma calúnia intencional com um propósito bem diverso do que aparenta.
- **Guerra desigual.** Há um argumento de que Israel tem uma força militar agressiva e opressiva, muito mais avançada que a da Palestina, e que tem exercido força desnecessária em resposta a pequenos ataques. E, sim, às vezes isso é verdade. Mas pense no que aconteceria se o Canadá lançasse mísseis contra Seattle ou o México contra El Passo. O que é uma "resposta proporcional" a mil mísseis e uma centena de ataques terroristas em *sua* cidade natal?
- **Ocupação.** Sim, Israel tomou territórios em uma guerra defensiva, e depois os devolveu em troca da paz quando essa opção era viável. Israel desistiu de toda a península do Sinai, rica em petróleo (e deslumbrante), que é maior que o próprio Estado de Israel, em troca de paz com o Egito. A Faixa de Gaza foi devolvida aos palestinos, apenas para que Israel visse o Hamas se apoderar dela brutalmente, matando civis palestinos e israelenses. A Margem Ocidental está no limbo e as condições de vida ali, para muitos palestinos, são duras e opressivas. Há culpa suficiente para todos por essa situação, mas as pessoas não podem esperar que Israel resolva o problema sem a liderança palestina.

Israel não tem sido particularmente bom em lidar com esses argumentos por alguns motivos, mas acho que podemos sintetizar as explicações:

- **Força bruta sem rodeios.** Quando os israelenses *sim* tentam explicar a si mesmos, sua atitude direta, atrevida, nem sempre cai bem. Há uma lenda urbana da qual eu gosto e que não consegui corroborar, mas que, não obstante, ilustra o meu ponto. Diz a lenda que, quando o secretário de Estado dos EUA Cyrus Vance visitou Israel em 1978, o primeiro-ministro Menachem Begin pediu ao então comandante chefe das FDI, Rafael Eitan (que, aliás, também atendia por um apelido, Raful) para explicar a Vance os desafios que Israel estava enfrentando. Raful não queria dar o resumo completo, porém depois de um empurrão de Begin, ele cedeu e disse a contragosto: "Nós entramos. Nós matamos. Nós saímos". Isso sintetiza a atitude israelense ao explicar as complexidades da região: você não fala, você apenas faz o que tem de fazer a fim de sobreviver. Como resultado dessa atitude, até alguns anos atrás, Israel não investia muita reflexão ou muitos recursos na boa e velha Relações Públicas. Isso deixou Israel com uma marca incrivelmente forte e ruim. Afinal, como nove milhões de israelenses podem competir com bilhões de trolagens anti-Israel? Historicamente, grande parte da diplomacia internacional israelense veio de alguém que irá declarar, com sotaque áspero, "Israel tem o direito de se defender!" Totalmente verdade, mas não necessariamente convincente quando você não tem todos os fatos.

Ao encerrar este livro, gostaria de deixá-lo com as seguintes perguntas:

Como *você* lidaria com um aspirante Estado de Sharia a 50 km de sua casa? Como Israel deve retaliar quando o Hamas dispara milhares de mísseis em cidades do sul do país? Por que os palestinos não concordaram em fazer um acordo de paz final? A AP se unirá ao Hamas e, se isso ocorrer, o Hamas irá denunciar a violência, tipo, alguma vez? Por que Israel é colocado em destaque entre outros países? E quanto a outros Estados que de fato abusam sistematicamente dos direitos humanos? Por que os ativistas não estão focados em suas liberdades de religião, de expressão e de reunião, que Israel concede a todos os seus cidadãos? Onde estão os movimentos de boicote aos países vizinhos que literalmente matam pessoas por suas crenças, seu desejo de liberdade e de democracia ou por sua orientação sexual?

Há muitos *whataboutisms** que merecem reflexão séria e discussão. Nada do que estou dizendo é para desculpar os abusos dos direitos humanos, políticas ruins ou o uso abusivo de força. Mas o fato é que Israel não está lidando com as mesmas realidades que o restante da sociedade ocidental – nem de longe. Julgando pelo mesmo critério, quando você não entende a natureza de vida ou morte de ser israelense, é uma meia medida intelectual na melhor das hipóteses.

É com isso que Israel lida, e é isso que recebemos em troca: ativistas antissionistas e movimentos de boicote que falam merda, desfrutando de ventos favoráveis por parte de órgãos internacionais respeitados. E não precisa ser assim! Por que, pelo amor de nosso mútuo Deus, a existência de dois Estados não pode ser algo bom para ambos os lados? A região pode florescer, as fronteiras podem ser apagadas, as pessoas podem realmente se conhecer, se conectar, crescer! Entretanto, em vez disso, um jovem sírio alimentado com propaganda anti-israelense toda a sua vida, fica chocado ao encontrar um grupo de crianças vestindo uma estrela de David ajudando-o a sair do mar Mediterrâneo, mas *ainda* não pode dar uma entrevista falando disso e usando seu nome completo, temendo a morte, pelo amor de Deus!

---

* N.T.: Recurso retórico que envolve acusar o oponente de ter realizado coisa semelhante àquela de que ele te acusa, como forma de desviar a atenção de suas próprias ações.

Não sei o que acontecerá com essa região. Meu avô deu sua vida, tanto na África como nas Nações Unidas, para promover paz e colaboração e compartilhar o seu conhecimento e o conhecimento de Israel com o mundo. Contudo, nas últimas décadas, forças poderosas estão trabalhando para desfazer tudo. Não sei que tipo de Israel meu filho, Ari, crescerá conhecendo, mas essa dinâmica atual de merda, de manobras políticas, preconceitos e intenções ocultas nefastas precisa parar. Agora.

Os países da região têm uma escolha. Eles podem continuar a alimentar seus filhos com a propaganda de merda dos "Sábios de Sião" ou talvez possam vir à mesa de negociações em paz. Eventos recentes que tiveram início com o Acordo de Abraão estão dando sinais de uma nova possibilidade para a região. As nações árabes estão finalmente começando a aceitar Israel e se comprometer com a prosperidade, a colaboração e a paz. Espero que o povo palestino não resista a essas mudanças (aconchegando-se a *outras* nações da região, por exemplo) e se junte às vozes moderadas do mundo árabe, a fim de que que possamos finalmente criar esse "Novo Oriente Médio" para o futuro e uma nova realidade para nossos filhos.

Eu disse isso muitas vezes, mas, como este livro está chegando ao fim, vou repetir: Israel não é um país perfeito. Mas, se você conhece um país que nunca pecou, que ele atire a primeira pedra.

Aliás, posso trazer uma pedra muito bonita das margens do mar da Galileia.

Posfácio

É UMA PROMESSA

Eu devia ter uns 7 ou 8 anos quando me dei conta de que minha casa não se parecia com a casa de nenhum dos meus amigos. Cresci em um apartamento de quatro cômodos em um belo subúrbio de Tel Aviv. O apartamento era de classe média, simples e mobiliado de forma utilitária, sempre limpo e com um cachorro como membro da família. Tudo muito doce e normal. Mas nossas paredes eram cobertas, do chão ao teto, com enormes, detalhadas e impressionantes obras de arte africanas, máscaras e armas antigas, que faziam com que meus amigos engasgassem quando entravam. Uma misteriosa *coisa* redonda de madeira estava pendurada bem no meio da nossa sala de estar, e era causa de um verdadeiro mistério. Aquele artefato era uma antiga bandeja usada por curandeiros tribais para misturar remédios e venenos de ervas. Fora dado de presente à minha mãe pelo seu dono, Obanjo, um curandeiro da tribo ga-dangme quando ela vivia em Gana.

Enquanto eu fazia pesquisas para este livro, recebi um telefonema da profa. dra. Lynn Schler, do Departamento de Política e Governo da Universidade Ben-Gurion do Neguev. Ela é especialista em África e escreveu muitos livros sobre o continente. Atualmente, está trabalhando em um livro sobre a Nigéria e tem sido, para citá-la, "viver com seu avô por um ano inteiro". Lynn foi uma fonte incrível de materiais e informações para este livro, e seu apreço pelo trabalho e pela personalidade do meu avô eram contagiantes. Ela deve ser a maior fã dele, o que me deixa orgulhosa e feliz.

A profa. dra. Schler leu 50 mil documentos sobre o período em que meu avô foi embaixador na Nigéria e chegou a conhecê-lo intimamente. "O arquivo que seu avô deixou sobre a história da Nigéria é incomensurável", ela me disse.

A partir dos documentos você pode se deparar com um homem extremamente trabalhador, comprometido e exigente. Ele criou relações próximas e pessoais com os mais altos funcionários do governo nigeriano e se reunia regularmente com os principais líderes políticos da época. Todos jantavam à mesa dos meus avós e compartilhavam com meu avô não apenas seus *insights* políticos, mas também histórias pessoais e fofocas, que ele anotou em detalhes.

Meu avô também era extremamente sensível à linguagem usada pelo Ministério das Relações Exteriores e por outros representantes israelenses ao trabalhar com o povo nigeriano. Em um telegrama datado de 3 de agosto de 1961, ele diz o seguinte:

> Tenho um pedido importante a lhes fazer. Por favor, removam de seu léxico o uso da palavra "*kushi**". Um homem da Nigéria deve ser denominado nigeriano ou africano. O nome "*kushi*" está sendo usado há muito tempo de maneira depreciativa, assim como também nós ficávamos profundamente ofendidos quando fomos chamados de "judeus" na Europa como um termo depreciativo.

* N.T.: Em hebraico, palavra usada para se referir a pessoas geralmente de ascendência africana e de pele escura. Originalmente apenas descritiva, assumiu cada vez mais uma conotação pejorativa.

Meu avô repreende severamente seus colegas sobre serem racialmente insensíveis – em 1961! A professora Schler ficou maravilhada com a paixão e o compromisso dele e ficava me perguntando: "Por que ele era *tão* obcecado em ajudar a Nigéria?" Eu não sabia, então perguntei à minha mãe, e ela disse que a resposta era muito simples. "Meu pai via os judeus e os africanos como espíritos afins, pessoas afins, países afins", ela respondeu. "Ele sempre dizia: 'Devemos ajudá-los, pois eles estão passando pelo que passamos. Após anos de discriminação, opressão e perseguições, eles agora estão se tornando independentes e, como tal, temos a responsabilidade de ajudar.'". E assim foi. Meu avô era a personificação dos valores judaicos e sionistas. Os mesmos valores que encontrei em minha jornada.

Com o passar dos anos, percebi que esquecer tudo sobre Rosh Hashaná durante todos esses anos fora um presente. Aquele jantar no Katsu-Ya me levou a esta jornada extraordinária, que espero que você tenha achado útil.

O legado do período passado pelo meu avô na África encheu nossas paredes e foi o pano de fundo visual da minha infância, e aquela misteriosa e ornamentada bandeja de madeira era o ponto focal da nossa sala de estar. Finalmente, minha mãe me contou a história por trás dela. Havia uma loja de arte perto de sua casa em Acra, e, quando era adolescente em Gana, ficou amiga do proprietário. Certo dia, entrou na loja um homem usando seu traje tradicional completo. Ele foi apresentado à minha mãe como o homem do juju da tribo ga-dangme, um curandeiro e médico chamado Obanjo. Ele carregava aquela bandeja em uma corrente no pescoço, como um peitoral que um sumo sacerdote poderia ter usado nos tempos bíblicos. Quando minha mãe lhe perguntou o que era, ele respondeu que a bandeja era altamente venenosa, devido a anos de uso para misturar várias ervas curativas. Minha mãe e Obanjo tornaram-se amigos, e, quando a família dela estava partindo de Gana para a Nigéria, Obanjo deu à minha mãe então com 17 anos aquele peitoral sob uma condição: ela nunca deveria se separar dele, e deveria ser enterrado com ela. Minha mãe levou aquela bandeja com ela de Gana para a Nigéria e depois para Israel. Ela a levou para sua casa com seu primeiro marido, Aki, na base da força aérea em que ele foi morto. Depois a carregou para Tel Aviv, onde se casou com meu pai e eu nasci. Quando crianças, éramos proibidas de tocar naquela bandeja; eu nunca o fiz e nunca o farei. E, um dia, a bandeja será enterrada ao lado da minha mãe, como ela prometeu a Obanjo.

Este livro é o cumprimento da minha promessa à minha mãe. Minha mãe é uma guerreira, com opiniões fortes. Nem queira enfrentar o lado ninja-judaico dela quando ativado. Minha mãe, a enorme *safta* Yael, se levanta, fala e age contra qualquer coisa que não esteja em linha com seus valores. Ela lutou contra as FDI quando pararam de procurar o avião de Aki afundado no Egito, e lutou contra o governo israelense quando pensou que um sistema antimísseis guiado a laser seria melhor do que a Cúpula de Ferro contra o Hamas e o Hezbollah. Ela cruzou a fronteira para Ramallah a fim de apertar a mão de Yasser Arafat quando acreditou que ele era a maior esperança de Israel e da Palestina para a paz, e foi rápida em condená-lo quando descobriu, como o restante do mundo, quão vil ele era. É uma verdadeira guerreira da justiça social, não uma guerreira de teclado, uma integrante da velha escola que não apenas fala, mas *grita* a verdade ao poder. Seu compromisso com o liberalismo, com os princípios fundacionais de Israel, para tornar o mundo melhor, é uma força a ser reconhecida. Ela continua lutando por esses valores, os valores do país que ela e sua família ajudaram a construir, apesar de pagar um inimaginável preço quando ficou viúva aos 26 anos. Minha mãe não ficou desinteressada, desencorajada ou resignada diante de todos os obstáculos imagináveis. Seu coração se parte em um milhão de pedaços toda vez que Israel faz besteira, toda vez que um líder não adere aos valores originais do sionismo, toda vez que ela descobre corrupção, falta de ética, violência desnecessária, racismo, opressão.

Assim como seu pai antes dela, minha mãe abriu um caminho para nós sobre como lutar pelo que você acha que é certo, mesmo se você irrita um milhão de pessoas: arme-se com fatos e vá se encrencar.

Minha mãe nunca me pediu para seguir seus passos, porém suas ações falaram mais alto. Minhas palavras são o cumprimento daquela promessa não pedida.

ESSA É UMA CANÇÃO DE AMOR

No meio da escrita deste livro, o mundo mergulhou no ano de 2020. Era junho e Los Angeles estava sob *lockdown*, à medida que a covid-19 abria caminho pelo universo conhecido. Eu estava enfurnada em casa, tentando cumprir o prazo para este livro nos momentos esporádicos em que não estava ensinando Ari, de 4 anos e meio, ou cozinhando, limpando, brincando com Lego, cozinhando, limpando, assando, limpando, fazendo arte, ou tentando, como todo mundo, manter a sanidade. Ari estava amando os dias da covid. Ele tinha os pais em casa o dia todo e estava supersatisfeito na "escola da mamãe", então as vezes em que eu me escondia no quarto para fugir do pavor de uma pandemia e encontrar temas mais leves, como pesquisas sobre o Hamas, a coisa não rolava com tanta facilidade. Ari continuava a entrar e a sair do quarto, pulava na cama, brincava com o teclado, pedia para "escrever o nome dele", o que em nossa casa é sua palavra-chave para "fingir digitar muito rápido", como Jimbo faz em *Super Wings*, seu programa favorito. Ele continuava a fazer muitas perguntas: se eu sabia o que Dinotrux gosta de comer e se fôssemos todos feitos de aço ainda sentiríamos abraços e beijos. Um certo dia, ele pulou na cama e se aconchegou ao meu lado. Olhou para a tela.

"O que você está escrevendo?", perguntou.

"Estou escrevendo um livro", eu disse.

"Sobre o que ele é?", ele perguntou.

"É um livro sobre Israel", eu respondi, ainda clicando.

Ele ofegou e seus olhos se iluminaram: "Um livro sobre Israel! Eu amo isso! *É para mim???*"

Eu congelei. Meus olhos se encheram de lágrimas. Fechei meu computador, enxuguei o rosto e virei para encará-lo. "Sim, macaquinho," eu disse. "Estou escrevendo um livro para você. Agora vamos tomar banho."

Apêndice

UM GUIA MUITO MAIS RÁPIDO

Até agora você esbarrou em uma *meguilá** de histórias, fatos, História, *herstories* (histórias do ponto de vista feminino), autocontemplação, drama familiar, um pouco da Sharia e um toque de ironia – que pode ter constituído mais do que o "simples guia" pelo qual você esperava e para o qual estava preparado.

Bem, surpresa: Israel é um lugar complicado! Aqui está a verdade rápida e rasteira:

- O pedaço de terra em que Israel está localizado era um Estado soberano judeu há mais de três mil anos. Isso pode ser verificado no Antigo Testamento, no Novo Testamento e no Alcorão e corroborado por muitos achados arqueológicos com datação por carbono e outros escritos não religiosos da época.
- Essa terra foi ocupada por muitos impérios ao longo da história, mais recentemente pelos otomanos (ou turcos) e pelos britânicos.

* N.T.: Em hebraico, relato longo e detalhado.

- Nenhum desses impérios jamais abrigou um Estado palestino.
- A Palestina é uma localização geográfica e uma província em vez de um Estado, assim chamada pelos romanos após a rebelião judaica e a destruição do Segundo Templo em 135 d.C., em referência a uma tribo de fora do Oriente Médio que vivia na região na época.
- Os palestinos não são os filisteus bíblicos, nem são os canaanitas.
- Mesmo depois que os romanos exilaram os judeus, ainda havia judeus vivendo na terra de Israel, e os judeus ao redor do mundo mantinham uma forte conexão cultural e prática com Jerusalém e com Israel, esperando obter autodeterminação novamente.
- O movimento sionista moderno começou a se desenvolver na Europa no final do século XIX, em decorrência de antissemitismo, opressão, discriminação e perseguição aos judeus. O sionismo foi uma fusão de judaicidade cultural e nacional e valores liberais.
- O sionismo foi criado como um movimento de libertação judaica, é sobre o povo judeu ter autodeterminação e autogoverno em sua terra ancestral e em um Estado judeu, *mas não exclusivamente judeu*.
- Pioneiros judeus vieram de todo o mundo, compraram terras legalmente de latifundiários absentistas, turcos, cristãos e árabes, e começaram a desenvolvê-las com agricultura, indústria e sistemas de educação – uma infraestrutura para um Estado.
- A ONU concedeu aos judeus o direito a um Estado em 29 de novembro de 1947, após o Holocausto (Resolução 181).
- A ONU também concedeu aos árabes locais (que ainda não eram chamados de palestinos) um Estado independente como parte dessa mesma resolução.
- Os judeus disseram sim; os árabes disseram não.
- No dia seguinte à declaração da independência de Israel (14 de maio de 1948), os vizinhos árabes de Israel o invadiram e atacaram, visando destruí-lo.

- Israel ganhou a guerra e mais terra. Os árabes assinaram uma trégua (não um acordo de paz) e a Linha Verde foi criada.
- Antes e durante a guerra de 1948, os líderes árabes disseram aos residentes árabes que saíssem de Israel. Na guerra, alguns moradores árabes foram expulsos, alguns saíram, outros ficaram.
- Havia de 700 a 750 mil refugiados árabes depois de 1948. A maioria dos países árabes não integrou esses refugiados nem lhes concedeu direitos. Em vez disso, os colocou em campos de refugiados.
- Com a ajuda da UNRWA, uma organização da ONU dedicada inteiramente aos palestinos deslocados, há agora 5,6 milhões de refugiados palestinos registrados. O *status* de refugiado é transmitido através das gerações.
- Entrementes, os países árabes do Oriente Médio expulsaram (ou "encorajaram a partir") aproximadamente 800 mil judeus, muitos dos quais emigraram para Israel.
- Por volta de maio de 1967, os países árabes planejaram novamente destruir Israel. Isso levou à Guerra dos Seis Dias. Ao se defender, Israel tomou as Colinas de Golã da Síria, a Margem Ocidental da Jordânia e a península do Sinai e Gaza do Egito.
- Cinco meses após a Guerra dos Seis Dias, Israel aceitou a Resolução 242 da ONU, que estabeleceu a doutrina de "terra por paz", sinalizando que devolveria territórios em troca de reconhecimento e de uma paz duradoura (o que Israel fez em troca da paz com o Egito).
- Israel tinha de 13 a 18 km de um lado para o outro (ou do mar para um estado inimigo) em sua parte mais estreita, e então começou a construir assentamentos na Margem Ocidental por razões de segurança em primeiro lugar. Havia cerca de 900 mil palestinos-jordanianos que viviam na Margem Ocidental e eles, com razão, não ficaram felizes com os assentamentos. Atualmente, há cerca de 463.901 colonos judeus e 2,9 milhões de palestinos que vivem na Margem Ocidental.

- Israel manteve a Margem Ocidental sob controle militar, esperando assinar um acordo de paz e entregá-los a uma nova Palestina. Esse limbo cria um modo de vida opressivo para os palestinos que vivem nessas áreas.
- Em 6 de outubro de 1973, Israel foi atacado novamente. Esse ataque foi conduzido pelo Egito e pela Síria com a ajuda de muitos outros países árabes. A Guerra do Yom Kipur foi difícil. Israel ganhou por pouco.
- Em 26 de março de 1979, Israel e Egito assinaram um acordo de paz. O Egito reconheceu Israel; Israel desmantelou seus assentamentos e devolveu a península do Sinai, e um acordo de paz frio, mas forte, manteve-se firme desde então.
- Em 1993, começaram as negociações de paz entre israelenses e palestinos, que levaram à cerimônia de assinatura dos Acordos de Oslo em 20 de agosto e ao estabelecimento da Autoridade Palestina (AP), que então começou a obter soberania sobre territórios na Margem Ocidental e em Gaza para um futuro Estado palestino.
- O líder da AP era Yasser Arafat. Ele se recusou a assinar um acordo de paz final no ano 2000, as conversações entraram em colapso e teve início um ciclo de derramamento de sangue na região.
- Em 26 de outubro de 1994, Israel assinou um acordo de paz com a Jordânia, que não pediu a Margem Ocidental de volta. Outra paz fria, porém sólida, permanece.
- Em setembro de 2005, Israel concluiu a retirada de Gaza e desmantelou todos os assentamentos, com a intenção de entregar Gaza à AP para o futuro Estado palestino.
- Em 25 de janeiro de 2006, o Hamas (uma ramificação da Irmandade Muçulmana) ganhou as eleições para o parlamento palestino e um ano depois tomou Gaza pela força, assassinando membros opositores da Autoridade Palestina. O Hamas é uma organização terrorista que quer promulgar a Sharia e varrer Israel do mapa.

- O Hamas vem controlando Gaza desde então, disparando milhares de mísseis e morteiros sobre Israel. Construiu uma sofisticada e bem financiada rede de túneis subterrâneos a fim de executar ataques terroristas a civis dentro das fronteiras de Israel.
- Israel reage consistentemente contra os mísseis e o terror dos ataques do Hamas. A mídia muitas vezes se refere a essas retaliações como "respostas desproporcionais", e às vezes elas são mesmo.
- O Hamas recebe centenas de milhões de dólares principalmente do Irã, mas as condições de vida dos palestinos em Gaza são abomináveis.
- Para evitar que a munição chegue ao Hamas, *Israel e Egito* decretaram um bloqueio a Gaza para examinar e controlar todas as entradas de mercadorias.
- O conflito de décadas na região não é um conflito israelo-palestino; é um conflito entre Israel e todo o mundo árabe, e vem acontecendo há quase um século, desde muito antes da criação do Estado de Israel. A corrida para exterminar Israel tem sido liderada por diferentes países ao longo dos anos e agora é executada principalmente por atores não estatais, como o Hamas em Gaza e o Hezbollah no Líbano, ambos patrocinados e apoiados pelo Irã.
- O Irã percebe Israel como o Pequeno Satã, em relação ao Grande Satã que são os EUA, e tem trabalhado ativamente para conseguir energia e armas nucleares. Esse conflito não se baseia em nenhuma disputa territorial; é um choque de culturas e valores.
- O BDS não é um movimento sobre paz ou justiça, nem sobre os assentamentos da Margem Ocidental. Os líderes do BDS não querem que Israel exista, e entre os patrocinadores do movimento estão defensores do terrorismo.
- Israel é um caldeirão multicultural, barulhento e democrático. Há racismo e desigualdade, mas todas as pessoas têm os mesmos direitos, sejam judeus, muçulmanos ou cristãos.
- Árabes que vivem em Israel têm mais direitos e liberdades do que seus irmãos que vivem em quase todos os demais países árabes.

- Debater ou criticar as políticas do governo de Israel é saudável e bom; debater ou criticar o direito de existência de Israel é antissionista.
- O antissionismo pode não ser abertamente antissemita, porém ambos estão inextricavelmente vinculados. Então, se você é um antissionista e apenas contra a existência de um Estado para uma nação, você deve pensar nisso.
- O Oriente Médio é confuso.
- Israel quer paz.
- Israel.
- Quer.
- PAZ.

Glossário

Agal – Acessório de corda, usado geralmente por homens árabes, para amarrar na cabeça um lenço chamado *kafiya*.

Aliyá – Da palavra hebraica para "subida", usada para descrever a emigração judaica a Israel.

Anexação – Termo jurídico internacional usado para descrever quando um Estado aplica soberania a um território fora de suas fronteiras. Hoje é frequentemente usado no contexto israelense ao se falar sobre a Margem Ocidental.

Primavera Árabe – Série de protestos antigovernamentais, revoltas e rebeliões armadas que irromperam em grande parte do mundo árabe no início de 2010.

BDS – Movimento que promove boicote, desinvestimento e sanções com relação a Israel.

Benjamin Netanyahu – Primeiro-ministro de longa data de Israel, de 1996 a 1999 e 2009 a?...*

Haredim – Grupo judeu ultraortodoxo.

* N.T.: A autora escreveu o livro antes de Benjamin Netanyahu ser derrotado pelo acordo feito entre Naftali Bennett, do partido Yamina e Yair Lapid, líder da oposição. Ele deixou o cargo de primeiro-ministro em 13 de junho de 2021, encerrando quatro mandatos consecutivos.

David Ben-Gurion – Primeiro primeiro-ministro de Israel e ministro da Defesa.

Dawah – Em árabe significa "emitir uma convocação" ou "fazer um convite". O termo é usado para descrever o lado caridoso do islamismo.

Etzel – Também chamado de "o Irgun", é uma organização paramilitar linha-dura ativa na Palestina antes do estabelecimento do Estado de Israel, que aderiu a uma doutrina de retaliação judaica contra alvos árabes e britânicos.

Fatwa – Uma decisão não vinculativa sobre um ponto da lei islâmica proferida geralmente por um *mufti*, um jurisconsulto islâmico, em resposta a uma pergunta feita por um indivíduo particular, um juiz ou um governo.

FDI – Forças de Defesa de Israel, as forças militares israelenses.

Golda Meir – Quarta primeira-ministra de Israel (1969-1974).

Haganá – A principal organização paramilitar do *yishuv* judaico no Mandato Britânico da Palestina antes do estabelecimento do Estado de Israel.

Hamã – Um cara mau, o principal antagonista no livro bíblico de Ester.

Hamula – Termo para descrever uma unidade familiar extensa.

Hilltop Youth – Um grupo nacionalista religioso extremista de linha-dura, formado majoritariamente por homens jovens, que muitas vezes monta postos avançados ilegais na Margem Ocidental.

Jihad – Termo árabe que significa "lutar" ou "esforçar-se". Pode ser interpretado como uma luta interior para se tornar um muçulmano melhor; no entanto, geralmente se destina a descrever uma guerra santa islâmica.

Kibutz – Comunidade coletiva judaica tradicionalmente baseada na agricultura, originalmente criada como um modo de vida utópico, combinando elementos do socialismo e da ideologia sionista.

Knesset – O corpo legislativo (Parlamento) do governo israelense. O Knesset aprova leis, elege o primeiro-ministro e o presidente e supervisiona o trabalho do governo.

Lehi – Organização paramilitar que procurou usar de força e violência para expulsar os britânicos na época do Mandato; também conhecida como a "Gangue Stern".

Likud – Também conhecido pelo seu nome completo, Partido Liberal Nacional. O Likud é um partido de centro-direita com tendências para a direita, criado em 1973. Ganhou as eleições em 1977 e é o partido político dominante em Israel desde então.

Ma'abarot – Campos de absorção de refugiados estabelecidos para prover acomodação ao afluxo de refugiados que chegou a Israel nos primórdios do Estado.

Mahmoud Abbas – Também conhecido como Abu Mazen, presidente do Estado da Palestina e da Autoridade Palestina desde 2005.

Mapai – Partido dos Trabalhadores da Terra de Israel, um partido socialista democrático que foi essencial ao estabelecimento do Estado de Israel e atuou de 1930 a 1968. O Mapai e seus partidos sucessores lideraram todos os governos israelenses de 1948 a 1977.

Margem Ocidental – Um pedaço de terra de 3.500 km^2 a oeste do rio Jordão, localizado entre Israel e a Jordânia.

Menachem Begin – Fundador do Partido Likud, ex-líder do Etzel e primeiro-ministro de Israel de 1977 a 1983.

Moshavá (plural: *moshavot*) – Uma comunidade agrícola ou um grupo de pessoas que vivem juntas em terras de propriedade privada, cultivando-as e aderindo a um estatuto que delineia princípios comunitários.

Movimento Sionista Revisionista – A ideologia de "revisar" o sionismo prático" defendido pelos fundadores de Israel, como David Ben-Gurion, que aceitou o Plano de Partilha da ONU. Em contraste, os revisionistas, como Menachem Begin, pressionaram pelo objetivo maximalista de um Estado judeu em todas as terras da Liga das Nações, incluindo a Transjordânia.

Occupatio Bellica (ocupação beligerante) – Ocupação e administração temporárias de um território sob a lei militar que não está anexado. Infelizmente, não é mais tão temporário na Margem Ocidental.

Safta – Termo hebraico para "avó".

Assentamentos – Termo usado em referência a cidades e aldeias judaicas na Margem Ocidental.

Shahid – Mártir islâmico que morre em nome de uma causa ou de uma *jihad*.

Sionismo – Movimento para restabelecer um Estado judeu em Israel.

Solução de dois Estados – A maneira mais comumente aceita de resolver o conflito israelo-palestino: dois Estados para duas nações.

Tchahtchahim – Palavra depreciativa em gíria usada para descrever uma pessoa que age de forma imprudente e sem educação.

Yishuv – Nome dado à rede de cidades, aldeias, organizações comunais e *kibutzim* judaicos durante o Mandato Britânico da Palestina, antes do estabelecimento do Estado de Israel.

Notas

CAPÍTULO "UMA BREVE HISTÓRIA DA MINHA VIDA"

[1] De acordo com o Relatório do Painel de Inquérito do Secretário-Geral da ONU, de setembro de 2011 sobre o incidente da flotilha, ocorrido em 31 de maio de 2010. Disponível em: <https://www.un.org/unispal/document/auto-insert-205969/>.

[2] Nove homens morreram naquele dia; outro faleceu alguns dias mais tarde.

CAPÍTULO "UMA BREVE HISTÓRIA DA TERRA DE ISRAEL"

[1] Sobre o número de membros da Liga Árabe, ver: <https://arab.org/directory/league-of-arab-states/>.

[2] Disponível em: <https://quran.com/17>.

[3] Disponível em: <https://quran.com/10 /93>.

[4] Disponível em: <https://quran.com/7/137>.

[5] Biblical Archaeology Society, "Does the Merneptah Stele Contain the First Mention of Israel?", 17 jan. 2012, disponível em: <https://www.biblicalarchaeology.org/daily/ancient-cultures/ancient-israel/does-the-merneptah-stele-contain-the-first-mention-of-israel/>.

[6] Resolução 181 das Nações Unidas, disponível em: <https://unispal.un.org/unispal.nsf/0/7F0AF2BD 897689B785256C330061D253>.

CAPÍTULO "UMA BREVE HISTÓRIA DO ORIENTE MÉDIO NO ÚLTIMO SÉCULO"

[1] Apenas um aparte para dizer que o Burning Man começou como uma autêntica celebração da engenhosidade da humanidade, mas, infelizmente, meio que se transformou em uma espécie de miscelânea libertária de capitalismo e autoindulgência... Eu realmente espero que retorne à sua essência original.

[2] Essas imagens mais tarde inspiraram o incrível filme vencedor do Oscar *Lawrence da Arábia*, que recomendo. Para saber mais sobre a vida desse grande homem você deveria ler a obra de Michael Korda: *Hero: The Life and Legend of Lawrence of Arábia*, New York: HarperCollins, 2010.

[3] David Garnett (ed.), *The Letters of T. E. Lawrence*, New York: Doubleday, Doran, 1938, p. 71.

[4] Carta de Faiçal ao sionista estadunidense Felix Frankfurter, 1º mar. 1919.

5 Yale Law School, The Avalon Project, The Palestine Mandate, The Council of the League of Nations, Artigo 2, disponível em: <https://avalon.law.yale.edu/20th_century/palmanda.asp>.
6 Michael Korda, op. cit., p. 418.
7 Lowell Thomas, *With Lawrence in Arabia,* Charles River Editors, 2018, p. 15.
8 Ibidem.
9 Joel Hodson, Lowell Thomas, "T. E. Lawrence and the Creation of a Legend," History Net, disponível em: <https://www.historynet.com/lowell-thomas-t-e-lawrence-and-the-creation-of-a-legend.htm>.
10 Michael Korda, op. cit., p. 560.
11 T. E. Lawrence, "The Changing East," *Round Table*, set. 1920, disponível em: <http://www.telstudies.org/writings/works/articles_essays/1920_changing_east.shtml>.

CAPÍTULO "UMA BREVE HISTÓRIA DO SIONISMO"

1 Minha avó escreveu em seus diários que, na época, pensou que eles fossem os únicos que haviam criado o conceito dos grupos "Jovem Pioneiro", porém mais tarde descobriu que grupos similares já existiam em outros lugares, como na Letônia e na Polônia.
2 Jonathan Freedland, "Antisemitism Matters: Jews Are the Canary in the Coalmine", *The Guardian*, 30 mar. 2018, disponível em: <https://www.theguardian.com/commentisfree/2018/mar/30/antisemitism-jews-canary-coalmine-fake-news>.
3 O "Departamento para a Proteção da Segurança e da Ordem Públicas" – o Okhrana, um grupo detestável.
4 Sobre o antissemitismo de Ford, ver *Public Broadcasting Service* (PBS), disponível em: <https://www.pbs.org/wgbh/americanexperience/features/henryford-antisemitism/>.
5 Ruth Harris, *Dreyfus*, New York: Henry Holt and Co., 2010, p. 18.
6 Theodor Herzl, *The Jewish State*, New Orleans, LA: Quid Pro Books, 2014, pp. 36, 53, 60.
7 *The Diaries of Theodor Herzl*, de Theodor Herzl e Marvin Lowenthal, resenha de Franz Kobler, *Jewish Social Studies*, v.19, no. 3/4, 1957, pp. 141-45, disponível em: <www.jstor.org/stable/4465553>. Acesso em: 23 set. 2020.
8 Theodor Herzl, *Altneuland: The Old-New-Land,* Rockville, MD: Wild Side Press LLC., 2018, p. 261.

CAPÍTULO "PERSEGUINDO O SONHO"

1 A lei foi aprovada em 2001, porém as mulheres de fato votaram pela primeira vez na Arábia Saudita em 2015.
2 Revelação total: Gal é minha amiga, e sou superfã dela. Ela conseguiu o papel não por ser israelense, mas porque é uma atriz incrível. Sabendo como são as mulheres israelenses, quem é a Mulher Maravilha e quem é Gal, apenas pensei que a correlação seria interessante.
3 Essa unidade fazia parte do *Gdud Haavodá*, o Corpo dos Trabalhadores, uma entidade sindicalizada que percorria o país e fornecia trabalhadores em pequenas "unidades" para a construção de estradas e de infraestrutura, onde quer que fosse necessário.
4 Um censo britânico de 23 de outubro de 1922 registra 13.413 árabes, 14.699 cristãos e 33.971 judeus vivendo em Jerusalém. Disponível em: <https://archive.org/details/PalestineCensus1922/page/n3/mode/2up>.
5 Eyal Barouch; Ayelet Levi-Riper; Avraham Faust, "Advancement in the Research of Jerusalem", Bar Ilan University, Israel, studies faculty, Ramat Gan, 2010. Disponível em: <https://www.ariel.ac.il/wp/oded-shay/wp-content/uploads/sites/194/2019/04/-אבלס-חידושים חקר-ירושלים.pdf>.
6 Aqaba foi mantida sob o mandato britânico da Transjordânia, povoada por 322 muçulmanos e 8 residentes cristãos, de acordo com um censo britânico de 1922. Disponível em: <https://archive.org/details/PalestineCensus1922/page/n3/mode/2up>.
7 Roberto Bachi, *The Population of Israel* (CICRED, 1974), disponível em: <http://www.cicred.org/Eng/Publications/pdf/c-c26.pdf>; David Wollenberg, "The Myth of Jewish 'Colonialism': Demographics and Development in Palestine", *Harvard Israel Review*, disponível em: <http://www.hcs.harvard.edu/~hireview/content.php?type=article&issue=spring01/&name=myth>.
8 US Census, disponível em: <https://openstax.org/books/us-history/pages/f-united-states-population-chart>.

[9] Países como os EUA, o Reino Unido etc., tiveram um enorme crescimento populacional por causa da Revolução Industrial, enquanto na Palestina houve muito pouca industrialização ou crescimento na época.

[10] Mark Twain, *The Innocents Abroad, or The New Pilgrims' Progress*, New York: American Publishing Company, Harper and Brothers Publishers, 1869, p. 606.

[11] David Wollenberg, "The Myth of Jewish 'Colonialism': Demographics and Development in Palestine, *Harvard Israel Review*, disponível em: <http://www.hcs.harvard.edu/~hireview/content.php?type=article&issue=spring01/&name=myth>.

[12] Gershon Gera (ed.), *Kineret Yard and Her People: The Story of the First National Farm, 1922-2002*, 1996.

[13] *Establishment of a National Home in Palestine*, Hearings Before the Committee on Foreign Affairs, House of Representatives, Sixty-Seventh Congress, second session, Washington, DC, 18-21 abr. 1922. Disponível em: <https://bit.ly/3jQxaj5>.

CAPÍTULO "NASCE UM ESTADO"

[1] De acordo com o Yad Vashem: The World Holocaust Remembrance Center, disponível em: <https://www.yadvashem.org/articles/general/displaced-persons-camps.html>.

[2] Elad Ben-Dror, *Ralph Bunche and the Arab-Israeli Conflict: Mediation and the UN, 1947-1949*, Abingdon-on-Thames, UK: Taylor & Francis Ltd., 2015, pp. 53-43.

[3] Yoram Shahar, "The Early Drafts of the Declaration on Independence", Iyunei Mishpat, nov. 2002. Disponível em: <http://ihi.org.il/media/1168/http://ihi.org.il/media/1168 הליגמ-רמאמ-רחש-םרוי-פורפ-תומדקומה-תוטויטה/.pdf>.

[4] Toda a Declaração em hebraico disponível em: <https://main.knesset.gov.il/About/Occasion/Pages/IndDeclaration.aspx>.

[5] Benny Morris, *The Birth of the Palestinian Refugee Problem Revisited*, Cambridge, UK: Cambridge University Press, 2012, p. 53.

[6] David Ben-Gurion, *My Talks with Arab Leaders*, Jerusalem: Keter Books, 1972, capítulo 5.

[7] Elad Ben-Dror, *Ralph Bunche and the Arab-Israeli Conflict: Mediation and the UN, 1947-1949*, Abingdon-on-Thames, UK: Taylor & Francis Ltd., 2015, pp. 43-53.

[8] Benny Morris, "Gideon Levy Is Wrong About the Past, the Present, and I Believe the Future as Well", *Haaretz*, 21 jan. 2019. Disponível em: <https://www.haaretz.com/opinion/.premium-eventually-there-will-be-one-state-between-the-mediterranean-and-the-jordan-1.6856140>.

[9] Idem, "For the Record," *The Guardian*, 13 jan. 2004. Disponível em: <https://www.theguardian.com/world/2004/jan/14/Israel>.

[10] Excluindo a Jordânia, que lhes conferiu cidadania enquanto ainda mantinham o *status* de refugiados junto à ONU.

[11] "Jewish Refugees from Arab and Muslim Countries", Israel Ministry of Foreign Affairs, 3 abr. 2012. Disponível em: <https://mfa.gov.il/mfa/foreignpolicy/peace/guide/pages/jewish_refugees_from_arab_and_muslim_countries-apr_2012.aspx>.

[12] Constantine Zureiq, *The Meaning of the Disaster* (Ma'na al-Nakba), 5 ago. 1948.

[13] Dr. Rafael G. Bouchnik-Chen, "The False Nakba Narrative". Begin-Sadat (BESA) Center for Strategic Studies Perspectives Paper no. 1,143, 16 abr. 2019. Disponível em: <https://besacenter.org/wp-content/uploads/2019/04/1143-The-False-Nakba-Narrative-Bouchnik-Chen-final-1.pdf>.

[14] Outra agência, a UNKRA, foi criada para os refugiados da Guerra da Coreia. Ela operou de 1950 a 1953, e quando terminou seu trabalho foi fechada – ao contrário da UNRWA, que não fez o seu trabalho e não ainda não foi fechada.

[15] Ver Resolução 302 da ONU, 8 dez. 1949. Disponível em: <https://www.unrwa.org/content/general-assembly-resolution-302>.

[16] Um pouco menos hoje em dia, já que os EUA deixaram de prover os fundos em 2018.

[17] Adi Schwartz; Einat Wilf, *The War of Return: How Western Indulgence of the Palestinian Dream Has Obstructed the Path for Peace*, New York: St. Martin's Publishing Group, 2020, p. 107.

[18] Ibidem.

[19] Ibidem.

20 Chloé Benoist, "Sixty-Eight Years of Temporary Aid – The Curious Case of UNRWA", *Equal Times*, 19 mar. 2018. Disponível em: <https://www.equaltimes.org/sixty-eight-years-of-temporary-aid#.X0auoS-z2jQ>.

21 Ibidem.

22 The New Palestinian School Curriculum, grades 1-12 –2016-2019, abr. 2019. Disponível em: <http://www.impact-se.org/wp-content/uploads/PA-Reports_Combined-Selected-Examples.pdf>.

23 Neville Teller "UNRWA in Trouble", *Jerusalem Post*, 14 out. 2019. Disponível em: <https://www.jpost.com/opinion/unrwa-in-trouble-604632>.

CAPÍTULO "UM CABO DE GUERRA – E PAZ"

1 A Jordânia renunciou oficialmente às suas exigências com relação à Margem Ocidental em 1988, durante e por causa da Primeira Intifada.

2 Yael Hadar, "A Historic Overview: Israeli Public Opinion on Peace Between Israel and Egypt", Israel Democracy Institute, 5 mar. 2009. Disponível em: <https://www.idi.org.il /articles/8609>.

3 "1979: Israel and Egypt Shake Hands on Peace Deal", *BBC*. Disponível em:<http:// news.bbc.co.uk/onthisday/hi/dates/stories/march/26/newsid_2806000/2806245.stm>.

4 Na época em que este livro ia ser impresso, conversas sobre a normalização com Marrocos, Sudão, Omã e Arábia Saudita ganhavam força e espero que se tornem realidade quando estiver publicado.

CAPÍTULO "ASSENTAMENTOS"

1 E que fora tomada pela Jordânia em 1948, que estava sob o domínio britânico desde 1917 e sob os otomanos desde 1516 etc. Ver o capítulo "Uma breve história da terra de israel" para uma atualização.

2 A Jordânia anexou a Margem Ocidental depois de 1948, mas grande parte da comunidade internacional não reconheceu a legitimidade dessa anexação.

3 Se bem que não por parte da Jordânia. O rei Hussein, da Jordânia, não queria oficialmente abrir outra frente de guerra em sua fronteira e só ajudou após a pressão árabe, enviando divisões jordanianas à Síria para combater Israel no Norte.

4 Eshkol tinha um senso de humor seco e muito politicamente incorreto. Ele estava claramente fazendo uma piada ruim, porém a mensagem é clara: Israel sabia que as 900 mil pessoas que viviam na Margem Ocidental não ficariam felizes com essa nova realidade.

5 Há muitos artigos sobre esse tópico, mas, por enquanto, você pode ver: Tricia McDermott, "Arafat's Billions: One Man's Quest to Track Down Unaccounted-for Public Funds", CBS *60 Minutes*, 7 nov. 2003. Disponível em:< https://www.cbsnews.com/news/arafats-billions/>; David Samuels, "In a Ruined Country: How Yasir Arafat destroyed Palestine", *The Atlantic*, set. 2005. Disponível em: <https://www.theatlantic.com /magazine /archive /2005 /09 /in-a-ruined-country /304167/>.

6 Noor Dahri, "Yasser Arafat, a Fake Hero, a Lord of Corruption", *Times of Israel*, *Jewish News* (blog), 2 abr. 2017. Disponível em: <https://blogs.timesofisrael.com/yasser-arafat-a-fake-hero-a-lord-of-corruption/>.

7 Esta não é uma citação de ninguém. Estou apenas parafraseando o que pressuponho (com bastante segurança) que seria a *vibe* geral da população israelense se um verdadeiro acordo realmente estivesse disponível.

8 Yair Atinger, "Let Me Speak to Hamas", *Haaretz*, 26 jun. 2006. Disponível em: <https://www.haaretz.co.il /misc /1.1115402>.

9 Um link para o versículo, apenas para economizar um pouco do seu tempo procurando no Google. Disponível em: <https://quran.com/17/104?translations=48,27,41,40,101,85,84,21,20,17,22,19,95,18>.

CAPÍTULO "ÁRABES"

1 Michal Feldman; Daniel M. Master; Raffaela A. Bianco; Marta Burri; Philipp W. Stockhammer; Alissa Mittnik; Adam J. Aja; Choongwon Jeong; Johannes Krause,"Ancient DNA Sheds Light on the Genetic Origins of Early Iron Age Philistines", *Science Advances*, v. 5, n. 7 (3 jul. 2019), eaax0061, DOI: 10.1126 / sciadv.aax0061. Disponível em:<https://advances.sciencemag.org/content/5/7/eaax0061>.

2 O nome *Palestina* foi usado em vários escritos já no século V a.C. para descrever a localização geográfica, mas os romanos foram os primeiros a designar oficialmente o local com esse nome.

[3] A tradição data o início do islamismo em aproximadamente 610 d.C.
[4] "Golda Meir Prime Minister Interview", *Thames TV This Week*, 1970. Disponível em: <https://www.youtube.com/watch?v= w3FGvAMvYpc>.
[5] Thomas Friedman, "This Is Just the Start," *New York Times*, 1º mar. 2011. Disponível em: <https://www.nytimes.com/2011/03/02/opinion/02friedman.html?referringSource=articleShare.
[6] Israeli Central Bureau of Statistics, Jerusalem, 16 set. 2020. Disponível em: <https://www.cbs.gov.il / he /mediarelease/DocLib/2020/296/11_20 296b.pdf>.
[7] Ahia Rabed, *Ynet*, 7 mar. 2018. Disponível em: <https://www.ynet.co.il/articles/0,7340,L-5148666,00.html>.
[8] Alcorão, capítulo 4, versículo 34. Disponível em: <https://quran.com /4/34>.
[9] Ronen Bergman, *Rise and Kill First: The Secret History of Israel's Targeted Assassinations*, New York: Penguin Random House, 2018, p. 616.
[10] *Real Time with Bill Maher*, HBO, 6 out. 2014. Disponível em: <https://www.youtube.com/watch?v= vln9D81eO60>.
[11] Aí vai: Hamas Charter, Yale Law School, the Avalon Project, 18 ago. 1988. Disponível em: <https://avalon.law.yale.edu/20th_century/hamas.asp>.
[12] Ronen Bergman, op. cit., p. 626.
[13] Ian Black; Mark Tran, "Hamas Takes Control of Gaza", *The Guardian*, 15 jun. 2007. Disponível em: <https://www.theguardian.com/world/2007/jun/15/israel4>.
[14] Benny Morris, *The Birth of the Palestinian Refugee Problem Revisited*, Cambridge, UK: Cambridge University Press, 2012, p. 95.

CAPÍTULO "BDS"

[1] Esta citação é de Omar Barghouti, fundador do BDS, e pode ser lida em BDS, "In Their Own Words", CUFI.ORG. Disponível em: <https://www.cufi.org/bds-in-their-own-words/>. Ver o vídeo de 26 maio 2014, disponível em: <https://www.youtube.com/watch?v=vYvpsGd8K4Y &feature= youtu.be>.
[2] Benny Morris, *The Birth of the Palestinian Refugee Problem Revisited*, Cambridge, UK: Cambridge University Press, 2012, p. 94.
[3] David M. Halbfinger; Michael Winers; Steven Erlanger, "Is BDS Antisemitic? A Closer Look at the Boycott Israel Campaign", *New York Times*, 27 jul. 2019. Disponível em: <https://www.nytimes.com /2019/07/27/world/middleeast/bds-israel-boycott-antisemitic.html>.
[4] BDS, "In Their Own Words".
[5] "Defeating Denormalization: Shared Palestinian and Israeli Perspectives on a New Path to Peace", em Khaled Abu Toameh, *The Palestinian Authority's Policy of Denormalization*, Jerusalem Center for Public Affairs, November 2017.
[6] Keren Zuriel-Harari, "Producing Peace, and on the Way – Soda", *Calcalist*, 24 dez. 2018. Disponível em: < https://www.calcalist.co.il/local/articles/0,7340,L-3752290,00.html>.
[7] Nabil Bashrat, "BDS Causes the Most Damage to Palestinians", *Mida*, 18 jun. 2018. Disponível em: <https://mida.org.il/2018/06/18/ תנועת-ה -bds- גורמת-נזק-בעיקר-לעובדים-פלסט/?fbclid=IwAR0pYJ1yI9_l6fJBEJU1ko1-UvQzyCkKA4vkkSpdi7IztmNr3DLKcJzfYoE2018>.
[8] RAND International, "Calculating the Costs of the Israeli-Palestinian Conflict". Disponível em: <https://www.rand.org/international/cmepp/costs-of-conflict/calculator.html>.
[9] "BDS Co-Founder Omar Barghouti Warns the First Bank of Abu Dhabi and the Other UAE Companies Against Doing Business with Israel: We Will Call for Boycott of Any Such Company or Bank", MEMRI, 17 set. 2020. Disponível em: < https://www.memri.org/tv/bds-co-founder-omar-barghouthi-warns-abu-dhabi-uae-banks-companies-business-israel>.
[10] *Israel Imperiled: Threats to the Jewish State*, Joint Hearing Before the House Foreign Affairs Committee, Subcommittee on Terrorism, Nonproliferation, and Trade and the Subcommittee on the Middle East and North Africa, Washington, DC, 19 abr. 2016. Disponível em: <https://docs.house.gov /meetings /FA /FA18 /20160419 /104817 /HHRG-114-FA18-Wstate-SchanzerJ-20160419.pdf>.

11 Apesar das alegações do BDS / AMP de estar trabalhando com recursos limitados – e eu dei uma olhada na declaração deles à Receita do Governo Federal dos Estados Unidos, que fornece publicamente informações financeiras sobre uma organização sem fins lucrativos –, o que eles fazem parece muito mais caro para produzir do que a quantidade de dinheiro que mostram em sua conta bancária, que é o que leva os especialistas a exigir uma revisão financeira adequada.

12 NGO Monitor, 23 mar. 2020. Disponível em: <https: / / www.ngo-monitor.org / ngos / american-muslims-for-palestine-amp / >; <http: / / www.ngo-monitor.org / nm / wp-content / uploads / 2016 / 05 / AMP-nonprofit-1.jpg>.

13 *Israel Imperiled: Threats to the Jewish State.*

14 Ibidem.

15 Ofir Hovav, "Despite Pressure from BDS This Successful Jordanian Artist Was Not Afraid to Perform in Israel", *Haaretz*, 15 jan. 2020. Disponível em: <https: / / www.haaretz.co.il / gallery / music / .premium-1.8403895>.

16 *Israel Imperiled: Threats to the Jewish State.*

CAPÍTULO "QUE A FERVURA DO CALDEIRÃO CULTURAL NÃO DERRETA A TODOS NÓS"

1 Israeli Center Bureau of Statistics, Jerusalem, 31 dez. 2019. Disponível em: <https: / / www.cbs.gov.il / he / mdeiarealease / DocLib / 2020 / 296 / 11_20_296b.pdf>.

2 Israeli Central Bureau of Statistics, 27 jun. 2018. Disponível em: <https: / / www.cbs.gov.il / he / mediarelease / pages / 2018 / - סמ-הרבחה-ינפ-חוד-ךותמ-םירחבנ-םינותנ-תויתד-תדימ-לש תימצע-הרדגהו-תד-יפל-לארשי-תייסולכוא 10- .aspx>.

3 PEW Research Center, "Religious Divide in Israeli Society", p. 21. Disponível em: <https: / / www.pewresearch.org / wp-content / uploads / sites / 7 / 2016 / 03 / israel_survey_overview.hebrew_final.pdf>.

4 Para ajudar: <https: / / 18e9cae9-a-62cb3a1a-s-sites.googlegroups .com / site / debiprueba / home / research / Picture2.jpg?attachauth=ANoY7cqrO9jdXiDx29b8gw1yoTcbXXmt2wfZXePvcuaaKSy1m5iuaDtEuNdFbUXgPmEL8qCGlyEfU15_upc1yvJvMvPhBW_2dlEiF6jLidz4-mFdJJnzVtOvLvT3gl8mTu6wFzKjL0lR-n9UnnxKytg0Tzb6ufcdCySd726Pk3lNFUZzWEd_LQ9JvZ1JTaw8gmPbJHgReFuIBFndxrbXVolkUX-fDvFqFO-Tq7MBkPUCUNbmKcpdlM%3D&attredirects= 0>.

5 Se você entende hebraico, pode ouvir o discurso original de Begin, disponível em: <https: / / www.youtube .com / watch?v=Tx4vdUqOW2o>.

6 A origem do termo é do livro de Isaías (66:5), usado para descrever as pessoas que "temem" diante de Deus: "Ouvi a palavra do Senhor, vós que a temeis!"

7 Israel Democracy Institute, 2018, p. 3. Disponível em: <https: / / www.idi.org.il / media / 11852 / haredim-2018-summary.pdf>.

8 "Religious Divide in Israeli Society", PEW Research Center, p. 23. Disponível em: <https: / / www.pewresearch.org / wp- content / uploads / sites / 7 / 2016 / 03 / israel_survey_overview.hebrew_final.pdf>.

9 Josephus Flavius, *The Jewish War 4*, (d. C. 75), pp. 241-43.

10 Josephus Flavius, *The Jewish War 5*, (d. C. 75), pp. 363-74.

11 Escolhi o título desta seção a partir do incrível livro homônimo de Desmond Seward.

CAPÍTULO "UMA NAÇÃO EMPREENDEDORA"

1 Ronny Linder, "How an Israeli Hospital Took in Syrians and Became the World Leader in Treating War Wounds", *Haaretz*, 24 abr. 2018. Disponível em: <https: / / www.haaretz.com / middle-east-news / syria / .premium-israeli-hospital-takes-in-syrians-leads-world-in-treating-war-wounds-1.5467873>.

2 Ibidem.

3 Dror Feuer, "Israeli Hospitals Provide Care to Thousands of Syrians", *Globes*, 26 mar. 2018. Disponível em: <https: / / en.globes.co.il / en / article-israel-becomes-health-center-for-syrian-children-1001229351>.

4 Israeli Humanitarian Relief: MASHAV – Israel's Agency for International Development Cooperation [Agência Israelense para o Desenvolvimento de Cooperação Internacional]. Disponível em: <http: / / www.israel.org / MFA / ForeignPolicy / Aid / Pages / Israeli%20Humanitarian%20Relief-%20MASHAV%20%20the%20Israel%20F.aspx>.

5 "Haiti: First Baby Born in IDF Field Hospital", 17 jan. 2010. Disponível em: <https: / / www.makorrishon.co.il / nrg / online / 1 / ART2 / 041 / 392.html>.

6 Para mais informações, ver: <https: / /www.israaid.org /about>.

7 "Could Israeli Expertise Save Flood Survivors in Japan?", *MAKO*, 10 jul. 2018. Disponível em: <https: / /www.mako.co.il / good-news-news / Article-500b8c7d3a38461006.htm>.

8 Ido Efrati, "The Recovery of Traumatized Yazidi Women Goes Through Israel", *Haaretz*, 4 jul. 2019. Disponível em: <https: / /www.haaretz.co.il / news / education / .premium-1.7449804>.

9 Liad Osmo, "With the Syrian Refugees in Lesbos: Israel Is No Longer the Enemy", *Ynet*, 3 mar. 2019. Disponível em: <https: / /www.ynet.co.il / articles / 0,7340,L-5472523,00.html>.

10 Dan Senor; Saul Singer, *Start-Up Nation: The Story of Israel's Economic Miracle*, New York: Hachette Book Group, 2009. (Edição brasileira: *Nação empreendedora: o milagre econômico de Israel e o que ele nos ensina*, São Paulo, Évora, 2011.)

11 Mike Hale, "The 30 Best International Shows of the Decade", *New York Times*, 20 dez. 2019. Disponível em: <https: / /www.nytimes.com / 2019 / 12 / 20 / arts / television / best-international-tv-shows.html>.

12 Israeli Ministry of Economic and Industry Innovation Authority, <https: / /innovationisrael.org.il / sites / default / files /books / Innovation_Authority BOOK_PRESS.pdf>.

13 "Best Inventions 2019", *Time*. Disponível em: <https: / /time.com / collection / best-inventions-2019 / >.

14 Você pode curtir algumas dessas belezuras estilosas em: <https: / /www.nununuworld.com / Nununu_press / >.

15 Israeli Ministry of Economic and Industry Innovation Authority, <https: / /innovationisrael.org.il / sites / default / files / books / Innovation_Authority BOOK_PRESS.pdf>.

CAPÍTULO "QUE OBSESSÃO É ESSA, MUNDO?"

1 Ver: https: / /www.vmlyr.com / sites / www / files / 2020-11 / Brand%20Israel%202019%20Deck%2011%2013%2019.pdf.

2 ONG UN Watch. Disponível em: <https: / /unwatch.org /database / >.

3 Theodor Herzl, *Altneuland: The Old-New-Land*, Rockville, MD: Wild Side Press LLC., 2018, p. 191. A terrível expressão "problema negro" ainda era aceitável em 1902.

4 Resolução adotada pela Comissão Política Especial. Disponível em: <https: / /www.un.org / ga / search / view doc.asp?symbol= A /RES /1192(XII)>.

5 Resoluções da Assembleia Geral da ONU destacando Israel, UN Watch, 24 set. 2020. Disponível em: <https: / /unwatch .org / 2019-un-general-assembly-resolutions-singling-out-israel-texts-votes-analysis / >.

6 Ibidem.

7 "UN Resolutions Disproportionately Condemn Israel", UN Watch. Disponível em: <https: / /unwatch.org /database / >.

8 Ver Sinopse do Debate Geral, 2018, UN DGACM (Departamento da Assembleia Geral e Gestão da Conferência).

9 Essas estatísticas se referem apenas a resoluções temáticas e não a resoluções relacionadas à ajuda técnica.

10 Para uma relação abrangente dessas comissões de inquéritos e missões de averiguação de fatos, ver: <ohchr.org /EN /HRBodies /HRC /Pages /ListHRCMandat.aspx>.

11 Embora a OMS também informe sobre outros países e regiões, ela o faz em relatórios que cobrem tendências e fenômenos globais ou regionais; nenhum outro país além de Israel tem um relatório que se concentre exclusivamente nele.

12 A décima Sessão de Emergência – que também foi estabelecida para tratar de supostas "ações israelenses ilegais..." – nunca foi formalmente concluída, razão pela qual, em essência, permanece pendente. Ver <https: / /www.un.org / en / ga / sessions / emergency.shtml>.

13 *Briefing* do secretário-geral ao Conselho de Segurança sobre a situação no Oriente Médio, incluindo a questão palestina [conforme entregue]. Disponível em: <https: / /www.un.org / sg / en /content /sg / statement /2016-12-16 /secretary-generals-briefing-security-council-situation-middle-east>.

14 Todos os artigos citados estão disponíveis na National Library of Israel, Tel Aviv University. Disponível em: <https: / /web.nli.org.il / sites / JPress / English / Pages / default.aspx>.

15 Ibidem.

16 Ibidem.

[17] Ibidem.

[18] A resolução completa está disponível em: <https://unispal.un.org/UNISPAL.NSF/0/761C1063530766A7052566A2005B74D1>.

[19] Revogação 3379 da ONU. Disponível em: <https://www.un.org /unispal/document/auto-insert-180327/>.

[20] "Antisemitic Incidents Hit All-Time High in 2019", New York, ADL, 12 maio 2020. Disponível em: <https://www.adl.org/news/press-releases/antisemitic-incidents-hit-all-time-high-in-2019>.

[21] Maajid Nawaz, "We Muslims Are Totally Self-Unaware Cry-Bullies in the School Playground", *Times of Israel*, 23 ago. 2017. Disponível em: <https://blogs.timesofisrael.com/we-muslims-are-totally-self-unaware-cry-bullies-in-the-school-playground/>.

[22] Ver meus dois animais espirituais tendo uma conversa profunda em: *Real Time with Bill Maher*, HBO, 2 nov. 2018. Disponível em: <https://www.youtube.com/watch?v=U-9ry71e0fU>.

Agradecimentos

Este livro não é apenas um trabalho de amor, é um projeto comunitário completo. Gostaria de agradecer a esses anjos humanos que me ajudaram ao longo do caminho.

Primeiro quero agradecer a todas as pessoas que me fizeram parecer que sei do que estou falando. Sei que nem sempre foi fácil. Dr. Rob Geist Pinfold, por checar cada palavra e depois fazê-lo de novo, por via das dúvidas. Einat Wilf e Adi Schwartz, por todo o conhecimento sobre a UNRWA, informações e depurações. À dra. Leah Kinberg, por ter certeza de que citei o Alcorão corretamente sem ser objeto de uma *fatwa* no processo. A Yael Abadi Nofar, dos arquivos de Degania Alef, por me fornecer os inestimáveis diários e escritos de minha amada avó *safta* Fania, e à profa. dra. Lynn Schler, pelo material inestimável do meu avô Hanan. A Lior Khayat, pela assistência em pesquisa em todas as horas da noite. Ao embaixador Gilad Erdan, a Sarah Weiss Ma'udi, a Dina Rovner e a Hillel Neuer, por garantirem que mencionei todos os fatos relacionados à ONU corretamente. A David Sable, por suas informações sobre a "marca de Israel", a Ido Daniel e a Tzahi Gabrieli, por informações sobre o BDS e a Naomi Firestone Teeter, por apoiar a mim e a este livro desde o primeiro dia. Ao dr. Jonathan Schezner e a Julia Schulman, por todos os detalhes mais difíceis sobre o BDS; Julia, nossas conversas noturnas se tornaram uma fonte de alegria. A David May, por mais uma rodada final de última hora de verificação de fatos. E por último, mas certamente não menos importante, ao meu anjo, dr. Ehud Eiran, por horas e horas de conversas sobre história, filosofia e o significado da vida. Eu não teria sido capaz de fazer nada disso sem você. Obrigada pelo seu tempo e por literalmente estar sempre disponível para que eu falasse interminavelmente e o aborrecesse. Você é a definição de um *mentsch* [Em ídiche, uma boa pessoa.].

Aos meus segundos leitores, que também são alguns dos melhores artistas do mundo, sou muito grata pelo seu tempo e cuidado. Eu estava aterrorizada por vocês lerem este texto, fiquei aliviada quando não o destruíram e me senti honrada por seus *feedbacks* generosos. Rodrigo Garcia, você foi minha primeira cobaia, e seus comentários me deram a força de que eu precisava. Gideon Raff, você e Udi Peleg são minha família e, como sempre, vocês me deram os conselhos de vida mais criativos e completos. A Gahl Sasson, por ótimas observações e anos de profunda amizade e conselhos no que diz respeito a tudo e a qualquer coisa neste mundo e no além. Sara Treem, você é minha inspiração em todos os níveis, e eu te agradeço por seu apoio ao longo dos anos. Emmanuelle Chriqui, você é minha família por toda a vida, e eu estaria perdida sem os seus *insights* inspiradores e amorosos. E Cal Fussman, você me deu a maior das dicas, que levou este livro a um outro nível.

Ao meu espírito animal, Becky Sweren, a mais apaixonada, focada, inteligente e atrevida agente que um humano pode ter. Becky, sua velocidade em fazer observações sobre qualquer material escrito faz com que toda a indústria do entretenimento se envergonhe. Você me entendeu e entendeu minha voz mais rápido e melhor do que eu mesma, e você o fez com tanta diversão, elegância e facilidade. Tenho muita sorte de ter você por perto

À minha irmã em fascínio esotérico – um casamento arranjado no céu –, minha editora Natasha Simons. Nem percebemos o quanto temos em comum até o contrato ser assinado, mas está claro agora que isso estava além do que deveria ser. Foi um prazer falar com você tanto sobre o trabalho como sobre a vida. Você é uma mulher poderosa. Eu te amo e te admiro muito.

Obrigada a toda a equipe da Simon & Schuster: a Maggie Loughran, editora assistente, por suas incríveis anotações de segunda leitura e por ser minha garota de TI pessoal; a Kirstin Berndt, gênio de relações públicas, Jackie Seow, Kimberly Goldstein, Beth Maglione, Stephen Bedford e Richard Rhorer. A Julia Prosser, diretora de publicidade pelo nosso atrevido e incrível primeiro encontro; espero ter cumprido o que você disse que estava procurando. Agradecimentos especiais a Jonathan Karp, por ter a visão de adquirir este livro, e a Dana Canedy, pela coragem de publicá-lo.

A Jeff e Lesley Wolman – eu teria que escrever outro livro só para começar a expressar o quanto vocês fizeram por mim durante todos os anos. Vocês são minha família adotiva nos EUA, e não há chance de que eu teria sobrevivido aqui sem seu apoio contínuo. Eu amo vocês.

Um enorme obrigada ao meu advogado, que cuidou das questões referentes a este livro, Jeremy Weitz, e a Douglas Stone, meu advogado de muitos anos, que me ajudou a enfrentar provações e tribulações.

A Max Neuberger, que acidentalmente acendeu uma fogueira debaixo do meu traseiro e me levou a escrever este livro em alta velocidade. A Sara Hurwitz, por ser a minha primeira leitora do projeto e a minha primeira *cheerleader* e por seu amor e apoio contínuos. A Mosab Hassan Yousef, que infinitamente me inspira e me ensina; o mundo é um lugar melhor por sua causa. A Zohar Yakobson, minha empresária, irmã, ouvinte e apoio na vida, para tudo, sempre. A Michael Kives – ser sua amiga tem tantas vantagens, meu senhor. Você é único, e eu sou eternamente grata. A Galit Wertheim, Or Ohana, Reuven Cohen e Alon Shafransky, por anos de criatividade e uma ótima foto de autora. A Yoav Gati, pelo design de capa perfeito após horas de conversas e um milhões de rascunhos, enquanto você estava tendo um segundo bebê. Obrigada, Lior, por ser paciente com ele.

Aos meus amigos de tantos anos, cada um de vocês tem uma parte em quem eu sou e neste livro. A Yaeli Avnery; Keren Amishay (por amizades *e* mapas!); Nurit Rimon; Yaron Kafkafi e Ofer Shovavi Regirer; Moti Vavi Reif e Simor Baa'looli Louzon; Sharon Rechter; Guy Oranim; Noa, Netta Dan e Ron Oranim; Chani Shvimmer; Alona Tal; Marco Ferez; Elliot Bisnow; Nicole Davis; Oferece Hava; Freddy Wexler; Olivia Wexler; Jonathan Bronitsky; Gala Asher; Ron Prosor; Ram Bergman; Yuli Tamir; Andi Cohen; Alon Shalom; Guy Sagy, Ivana Milicevic; Ester Perel; Benny Radom; Eric e Pia Weinstein; David Wolpe; Adam IN-Q Schmalholz; Alex Banaya; Stephanie Jordan; Mali Damari; Ronen Bergman; Maajid Nawaz; Lynn Schusterman; e Gidi e Betty Grinstein. Cada um de vocês sabe exatamente o que fez por mim, e se não sabe farei com que saiba! Agradeço a Tova Eisenthal, minha professora de literatura da sétima à nona séries, que sempre me deixava escrever sobre o que eu quisesse. E a Yair Lapid, que me disse há 23 anos que sou, de fato, uma escritora. Levou todo esse tempo, mas você tinha razão.

À minha família: Nir, Guy, Omer e Maayan Padan; Eran, Maya, Ella e Adam Krystal; Jonathan e Lanuel Tishby-Tiran; Sean Mautner; Anna e Olie Tishby-Mautner; Daniella Or-El; Margalit Tishby; Guy Harlap; Roni, Rakefet, Yonat e Shira Efrat e suas famílias; Oded, Hani, Riki Schorr e suas famílias; Noam, Emília e Hilli Yavor; Rafi, Yaron e Galia Tishby, e à família Hinkle. A Ross Hinkle, por suas tão necessárias e didáticas anotações e por me fornecer a base para escrever este livro. Você é o maior pai que Ari poderia ter pedido. Somos a Equipe A.

E principalmente a minhas irmãs: Mira Artzi-Padan, Iris Tishby, Michal Artzi-Krystal e Tomoosh Tishby: eu não sou eu sem vocês; caras, vocês são minha tábua de salvação e minha sanidade. Amo vocês mais do que posso expressar. Ao meu pai, Daniel, que não conseguiu ver este livro em vida. Eu sinto você; sei que você está nos ajudando, e sei que você adoraria este livro. E à minha mãe, a *safta* Yael, única na vida, por mostrar a todos nós como é viver uma vida apaixonada, inabalável e sem arrependimento. Seu amor pelo conhecimento e suas lutas por justiça pavimentaram o caminho para todos nós. Você nos ensinou tanto, e nós te amamos por isso.

E por último, ao Ari. Eu te disse que estava escrevendo um livro para você, e aqui está ele.

Você é a coisa mais importante que já me aconteceu, e sou eternamente grata por ter me escolhido para ser sua mãe. Obrigada por horas aconchegantes, risadas intermináveis e conversas profundas e significativas. Sinto muito por te alimentar de colher, literal, não figurativamente, até tarde demais, e me desculpe por praticar o velho hábito da mãe judia: "Estou com frio, você deveria usar um suéter". Ah, e obrigada por me transformar em avó!

Cedo demais?*

Eu te amo mais do que as palavras podem sequer começar a descrever.

---

* Quando este livro foi lançado, Ari tinha cinco anos e meio. Então, sim, provavelmente cedo demais.

A autora

Noa Tishby é atriz, produtora, escritora e ativista. Nasceu e cresceu em Tel Aviv e serviu nas forças militares por dois anos e meio antes de fazer o papel de protagonista na série dramática de maior audiência em horário nobre local, *Ramat Aviv Gimel*. Ela se tornou referência, participando de inúmeros programas televisivos, filmes, produções teatrais e campanhas de moda nacionais, antes de se mudar para Los Angeles, onde vendeu a série televisiva israelense *In Treatment* para a HBO. Tishby fundou o Act for Israel, organização sem fins lucrativos, que foi a primeira trincheira on-line de combate às *fake news* sobre o país e, em 2022, foi nomeada pelo governo de Israel enviada especial no combate ao antissemitismo e à deslegitimização.

GRÁFICA PAYM
Tel. [11] 4392-3344
paym@graficapaym.com.br